Gerd Käfer

Prima Partys frohe Feste

Ideen * Tips * Rezepte

Hoffmann und Campe

© Hoffmann und Campe Verlag, Hamburg 1977

Fachliche Beratung: Irmgard Idler, Wolfgang Haacker, Heinz Schmoll
Illustrationen: Katja Mackens-Hassler
Fotos: Hans-Dieter Kellner/Ursula Sonnenberg
Jahreszeiten-Verlag
Verlag Gruner + Jahr
Layout und Schutzumschlag: Jan Buchholz und Reni Hinsch
Schlußredaktion: Regine Stützner

Produktionsleitung: Dieter Einsle
Satz: Alfred Utesch, Hamburg
Reproduktion: Nelles & Co., Hamburg
Druck- und Bindearbeiten: Richterdruck, Würzburg

Projektleitung: Hans-Helmut Röhring

ISBN 3-455-08945-3 Printed in Germany

Zum Auftakt

Zur Freude am Leben gehören gute Freunde. Und gute Freunde zu Hause bewirten, gehört zu den schönsten Freuden unseres Lebens. Das sagt sich jedoch leichter, als es getan ist. Denn ein guter Gastgeber zu sein, ist nicht nur ein Vergnügen, es stellt auch eine Verpflichtung dar. Damit wird nicht gesagt, daß unser Aufwand und unser Geldbeutel einen gelungenen Abend ausmachen, sondern vielmehr Phantasie und Engagement. Eine Einladung ist eine viel zu wichtige Unternehmung, als daß wir ohne Ideen und ohne planvolle Vorbereitung Gäste in unser Heim bitten dürften.

Gerd Käfer, der Münchner Feinkostspezialist und Gastronom, ist ein König unter den Gastgebern. In 25 Jahren hat er als Veranstalter von Partys und Festen jeder Art eine Fülle von Erfahrungen gesammelt und dabei auch allerlei Kurioses erlebt.

Ein Geheimnis seines Erfolgs ist sein Reichtum an originellen Ideen. Fast jedes Fest eröffnet er mit einem besonderen Einfall, einem launigen Gag. Darüber berichtet er in diesem Buch. Nicht nur, um Sie zum Schmunzeln zu bringen, sondern auch um Sie anzuregen, bei der Bewirtung Ihrer Gäste in erster Linie Ihrem Einfallsreichtum freies Spiel zu lassen.

Gerd Käfer erzählt von einfachen und ausgefallenen Partys, von amüsanten Festen und zufriedenen Gästen. So hat er aus unzähligen Ideen, Tips und Rezepten einen Ratgeber für Feste im Kreis der Familie und von Freunden geschaffen. Essen und Trinken stehen fast immer im Mittelpunkt erfolgreicher Gastlichkeit.

Gerd Käfer verrät auch eine stattliche Reihe der »Geheim-Rezepte« seiner Küche, von denen er einige ausführlich beschreibt. »Prima Partys, frohe Feste« ist ein praktisches und ungewöhnliches Buch – etwas Besonderes für Sie aus Anlaß des 50jährigen Jubiläums des Hauses Kraft. Denn gut essen und trinken gehören zum Festefeiern ebenso wie der besondere Rahmen und fröhliche Gäste.

Wir wünschen Ihnen viel Freude beim Lesen, beim Vorbereiten Ihrer Partys und Feste und – gutes Gelingen.

Hoffmann und Campe Verlag

Für gutes Essen

Inhalt

Freude am Feiern

Mit neunzehn Jahren versuchte ich bereits mein Glück auf eigene Faust und machte mich in Schwabing mit einer Feinkost-Boutique selbständig. Damit hatte ich wohl meine kaufmännischen Fähigkeiten etwas zu früh zu hoch eingeschätzt. Ich hatte zwar viele Kunden und recht schnell einen beachtlichen Umsatz, aber die Kasse stimmte an zu wenigen Abenden. So mußte ich sehr bald überlegen, ob es nicht klüger sei, wieder in Vaters Geschäft unterzuschlüpfen.

Da erhielt ich den ersten Auftrag, eine Party auszurichten. Ein Freund bat mich, die Regie für seine Hochzeitsfeier zu übernehmen und vor allem für das leibliche Wohl seiner Freunde zu sorgen. Er verwies auf meine Regale mit köstlichen Delikatessen und auf den Keller voller Getränke. Und kochen könnte ich doch auch. Ich ließ mich breitschlagen und inszenierte in einer geräumigen Garage für mehr als 100 Personen meine erste große Party. Die Hochzeit wurde ein Erfolg – die Ehe leider weniger. Da erkannte ich meinen Spaß und auch mein Talent an einer neuen Tätigkeit: anderen Menschen zu helfen, fröhliche Feste zu feiern. Ich wagte, kurz entschlossen, einen neuen Start. Das war im Jahre 1952. Von da an ging's bergauf. Bis heute habe ich über 30 000 Partys, große und kleine Essen, private und hochoffizielle Empfänge und Feste organisiert, ausgestaltet und Speis und Trank auf die Tische gebracht. In München und in vielen Winkeln dieser Erde. Selbst die Großen unserer Welt – ob Königin Elizabeth, Präsident Gerald Ford oder Nikolai Podgorny – haben sich an meinen Tafeln und Buffets gelabt.

Meine Mitarbeiter und ich haben so im Laufe der letzten Jahrzehnte eine Unmenge Erfahrungen, sachlicher wie menschlicher Natur, sammeln können. Vieles haben wir gelernt. Und so blieb es nicht aus, daß uns immer mehr Menschen um Rat bitten, wenn es gilt, ein Fest, eine Party zu gestalten. Das hat mich bewogen, mit einem Buch Antwort zu geben auf die vielen Fragen nach Ideen, Tips und Rezepten für gelungene Partys und fröhliche Feste.

Essen und Trinken in guter Gesellschaft und in festlichem Rahmen sind für mich jedoch nicht nur eine berufliche Aufgabe. Ich zähle sie zu den schönsten Freuden des Lebens. Vielleicht ist es mir gelungen, das meinen Kunden wie meinen Freunden mitzuteilen. Und vielleicht liegt darin auch das Geheimnis für meine glückliche Karriere begründet.

Ich wünsche Ihnen mit meinen Erfahrungen und Rezepten viel Freude am Feiern in Ihrem Heim.

Gerd Käfer

Darf ich Sie bitten, mein Gast zu sein!

Es ist Samstag, wenige Minuten vor neunzehn Uhr. Gleich werden die ersten Gäste eintreffen. Ich genehmige mir ein Glas Sekt zur Einstimmung für einen hoffentlich schönen Abend. Meine Frau und ich haben alle Vorbereitungen für ein Essen ohne besonderen Anlaß abgeschlossen. Wir freuen uns, wieder einmal gute Freunde einen Abend lang um uns zu haben. Das geschieht vier- bis fünfmal im Jahr. Ich mache mir immer ein Vergnügen daraus, meine Freunde nicht nur einzuladen, sondern auch selbst für sie zu kochen und sie selbst zu bedienen.

Die Bitte, mich zu besuchen, verschicke ich immer mit ein paar handgeschriebenen Zeilen. Dabei bemühe ich mich stets, der Einladung eine besondere persönliche Note zu geben. Für das heutige Beisammensein habe ich mir auf eine holzgerahmte Glasscheibe ein fränkisches Bauernpaar malen lassen (Kostenpunkt sechs Mark) und darauf den Text geschrieben. Diese Aufforderung hat meine Frau vor vierzehn Tagen den einzelnen Freunden ins Haus gebracht, nachdem sie sich telefonisch vergewissert hatte, daß sie an diesem Abend nichts Besseres vorhaben.

Als Gerd Käfer privat bevorzuge ich einfache bayerische Kost. Und ich lasse es mir auch zur Ehre gereichen, diese meinen Freunden so oft wie möglich schmackhaft zu machen.

Ich biete meistens nur drei Gänge: eine unkomplizierte Vorspeise, das Hauptgericht und ein leichtes Dessert. Diese einfachen Menüs erleichtern es uns natürlich, ohne fremde Hilfe auszukommen. Meine Frau fängt mittags mit den Vorbereitungen an. Sie richtet das Gemüse. Ich beginne am Nachmittag zwischen vier und fünf Uhr zu kochen oder zu braten.

Kurz vor dem Eintreffen meiner Gäste gehe ich noch einmal durch die Zimmer und überzeuge mich, daß die Farbnuancen der Blumen harmonieren. Dann drehe ich noch ein zusätzliches Licht an. Anfangs sollen die Räume in hellem Glanz erstrahlen. Erst später kommen Kerzen zur Geltung und schummriges Licht. Ich schalte auch das Tonbandgerät ein: Vivaldi und Händel. Erst zum zweiten Teil des Abends lasse ich flottere Weisen erklingen. Den Tisch habe ich nicht mit Blumen, sondern mit bunten Gemüsen der Jahreszeit dekoriert. Ich stelle noch einen Korb Brot bereit. Brot sollte immer genügend vorhanden sein. Ich toaste jede Scheibe leicht an und stelle es so auf den Tisch, daß jeder Gast, wenn er Platz genommen hat, bereits eine Beschäftigung mit dem frisch getoasteten, möglichst noch warmen Brot hat. Diese Art von Vorspeise, zusammen mit frischem Gemüse und angemachtem Kräuterquark, hat mir schon manches Lob eingebracht.

Ich weiß, die Tischetikette verlangt ein Glas für den Weißwein, eines für den Rotwein, eines für Saft, eines für Wasser und vielleicht noch ein Sektglas. Ich decke zu Hause jedoch nur zwei Gläser. Ich will damit auch das Durcheinandertrinken verhindern.

Höfliche Gäste erscheinen pünktlich. Oft öffne ich ihnen die Tür noch in meinem Küchendreß. Bei mir wird nämlich alles erst in letzter Minute fertig. Ich schwimme meistens bei meinen eigenen Einladungen, weil ich viel aufgeregter bin, als wenn ich eine Großveranstaltung für 1000 Personen zu bewältigen habe.

Hin und wieder bieten wir auch schon während des Cocktails kleine Vorspeisen an, einen ausgestochenen Toast mit Entenpastete oder einen kleinen Happen mit etwas Lachs oder einen Spieß mit einem Stück Aal mit Meerrettich. Am Tisch wird dann aber immer eine Suppe gereicht.

Bin ich endlich fertig mit meinen Kochkünsten, bitte ich mit einer alten Glocke, Platz zu nehmen. Eine Sitzordnung ist unter Freunden nicht so wichtig. Bei größeren Gesellschaften sollte man sich aber dazu auch etwas einfallen lassen. Wollen Sie die anfängliche Steifheit auflockern und Ihrer Party gleich die entsprechende Anfangsgeschwindigkeit geben, lassen Sie die männlichen Gäste mit Tennisbällen auf eine Reihe von Blechdosen werfen. Die Dosen enthalten die Namen der Damen. Sie glauben gar nicht, welches Hallo Sie mit dieser Art von Damenwahl anrichten!

Am Tisch finden meine Gäste oft eine kleine Aufmerksamkeit: im Mai (wie originell, ich weiß) einen Schokoladenkäfer, zur Kartoffelparty einen kleinen Sack mit Marzipankartoffeln, zum Nikolausessen oder Weihnachten ein Sackerl mit Gebäck, Nüssen, Datteln. Damen finden auch einmal ein winziges Fläschchen Parfüm. An diesem Abend, zu einem fränkischen Essen, habe ich neben jedes Gedeck ein Kochbücherl gelegt mit der Widmung: »Ihr aßet heute das Menü von Seite 47. Es hat Euch sicherlich gut geschmeckt. Der Chef hat selbst gekocht.« Seit dem Abend gibt es wohl einige neue Freunde der fränkischen Küche.

Getrunken haben wir natürlich Frankenwein, den ich übrigens manchem großen französischen Wein vorziehe.

Beim Nachtisch bitte ich meistens um Selbstbedienung. Ich stelle eine große Schüssel Dessert oder ein großes Brett mit allen möglichen Käsesorten auf den Tisch.

Nach dem Essen räume ich nicht sofort ab. Mit befreundeten Gästen ist das auch erlaubt. Ich liebe es, noch am Tisch sitzen zu bleiben und zu ratschen. Ein klarer Schnaps, ein Obstler oder auch ein Schluck Sekt nach dem Essen tun immer gut.

Ist die Konversation jedoch bereits in harte Diskussion ausgeartet oder auch in das Gegenteil, daß das Gespräch zu erlahmen droht, so erheben Sie sich, um die Gesellschaft in der Sesselecke oder vor dem Kamin neu zu mischen. Jetzt kann jeder trinken, was er will. Whisky, ein Helles oder Wein oder Sekt.

Ist die Nacht zu weit fortgeschritten, und gefällt es meinen Freunden bei mir einfach zu gut, um das zu tun, was einen guten Gast ausmacht, nämlich zu gehen, wenn es an der Zeit ist, so kann es passieren, daß ich mich fortschleiche. Möglichst unauffällig gehe ich zu Bett. Meine Frau muß dann die Stellung halten. Doch die kann am nächsten Tag ja ausschlafen. Meine Freunde kennen das schon. Sie nehmen es mir auch nicht mehr übel. Ebensowenig, wenn ich, ein ausgesprochener Morgenmuffel, sie am nächsten Morgen noch beim Frühstück antreffe und sie mit der nicht sehr intelligenten Frage begrüße, ob sie schon wieder da seien. Unter Freunden, das ist ja das Schöne, kann man sich eben – fast – alles erlauben.

Bleibe ich in der Runde, so achte ich unbedingt darauf, daß niemand berauscht mit dem eigenen Wagen nach Hause fährt. Irgendwann im Laufe des Abends komme ich sicherlich an seine Autoschlüssel.

Nun, ich hoffe, die Mehrzahl meiner Freunde erinnert sich gern meiner Partys und Feste und freut sich auf die nächste Einladung so sehr, wie ich mich auf meine Gäste freue. Auch wenn die Gastgeberrolle nicht immer nur amüsant ist. Doch vergnügen kann ich mich auf anderer Leute Party – und das tue ich auch!

13

Familienfeiern

Geburtstag

Der Geburtstag ist ein Fest, das man eigentlich immer feiern sollte. Weiß man denn, wie oft man im Leben dazu noch Gelegenheit haben wird! Es gibt sehr unterschiedliche Möglichkeiten, seinen Jubeltag zu feiern. Doch davon später. Lassen Sie mich von der wohl denkwürdigsten Geburtstagsparty berichten, die ich miterlebt habe:

Ein Geschäftsfreund, der eine große Familie hat und seinen 50. Geburtstag ganz groß – mit Festzelt und allem Drum und Dran – feiern wollte, kam zu mir. Aus irgendeinem Grund, vielleicht bedrückte ihn momentaner Ärger mit der Verwandtschaft, hatte er seine Pläne geändert und sagte zu mir: »Käfer, ich feiere meinen Geburtstag ganz allein. Keine Frau, keine Kinder, keine Verwandten, keine Freunde und keine Mitarbeiter! Ich möchte niemand sehen, verstehen Sie? Arrangieren Sie ein Fest für mich allein. «

Da mußten wir uns natürlich etwas einfallen lassen. Wir haben unser Geburtstagskind, das den ganzen Tag allein in seinem Landhaus irgendwo in den Bergen verbrachte, nach Strich und Faden verwöhnt, von 7 Uhr morgens bis nach Mitternacht. Geweckt wurde er mit einem Trompetensolo. Dann brachte ihm ein Diener das Frühstück auf sein Zimmer. Dieses Frühstück kann man gar nicht beschreiben. Man müßte es gesehen haben – so malerisch wie ein holländisches Stilleben! Da wir wußten, daß der Mann Zithermusik liebt, haben wir den Morgenkaffee durch den besten Zitherspieler, den es in Österreich gibt, untermalen lassen.

Am Vormittag unternahm unser Freund einen Ausritt in den Wald. Unterwegs überraschten wir ihn mit einem kleinen Imbiß auf einer Lichtung, auf der wir ein paar Zigeunermusiker aufspielen ließen. Gemeinsam mit ihm aßen sie dann den Eintopf. Ein eigens von uns abgestellter reitender Bote brachte dorthin Mengen von Glückwunschtelegrammen. Denn der Jubilar war ein prominenter Mann, und alle Welt wollte ihm natürlich gratulieren.

Nach dem Ausritt durfte sich das Geburtstagskind eine gute Stunde ausruhen. Dann wurde das große Mittagsdiner aufgetragen. Dieses Essen hatte sich unser Kunde von einem berühmten französischen Koch gewünscht. Er sollte ihm ein leichtes Menü mit sechs Gängen komponieren. Das Geburtstagskind speiste wieder ganz allein. Das heißt, ganz allein auch wieder nicht. Einige Stehgeiger im Frack begleiteten das Diner mit Operettenmelodien.

Nach Tisch wurde das Geburtstagskind von uns spazieren geschickt. Da gab es kein Pardon. Unser Freund marschierte also los, nur von seinen beiden Schäferhunden begleitet. Und diesmal konnte er sogar gehen, wohin er wollte, denn unterwegs gab es kein Programm. Nach seinem ausgedehnten Spaziergang wollte er schwimmen. Da erwartete ihn die nächste Überraschung: In seinem geräumigen Schwimmbad plätscherten bereits die »Isarnixen« aus München und führten ein bezauberndes Wasserballett auf. Anschließend war die große Kaffeetafel angerichtet. Wir hatten eine fünfstöckige Geburtstagtorte bereitet, die er allein anschneiden mußte. Nur ich durfte ihm dabei Gesellschaft leisten. Die Musikbegleitung dazu – diesmal auf südamerikanisch – lieferte die Band »Los Paraguayos«. Danach durfte das Geburtstagskind wieder eine Ruhepause einlegen bis zum Abendessen. Das bestand aus einer deftigen bäuerlichen Mahlzeit. Dazu spielte eine Bayerische Stubenmusik, eine Art rustikal-barocker Kammermusik – sehr stimmungsvoll!

Der Festtag mußte selbstverständlich noch einen großen feierlichen Abschluß erhalten. Das Finale begann gegen 22 Uhr mit dem Auftritt eines Operetten-Balletts. Das tanzte nach den Melodien aus der »Fledermaus«, der »Lustigen Witwe« und dem »Vogelhändler«. Dazu noch einen Cancan und einen Charleston. Das Ganze natürlich mit Orchesterbegleitung! Der Mann saß in einem großen alten Sessel, den ich ihm so aufgestellt hatte, daß er – mit Hilfe von Kerzenbeleuchtung – nicht das Gefühl bekommen mußte, sich allein in einem Saal zu befinden. Mit geschickter Lichtführung kann man ja fast jede gewünschte Wirkung erzielen. Ein Gesichtspunkt übrigens, der leider bei vielen Festen sträflich vernachlässigt wird.

Pünktlich um Mitternacht boten wir dann die große Sektpyramide, eine Art Champagner-Springbrunnen. Dazu werden die Sektgläser in mehreren Etagen so aufgebaut, daß keine Lücke entsteht. In das oberste Glas wird der Champagner gegossen, bis er überläuft und so

auch die unteren Gläser füllt – gewissermaßen nach dem Prinzip eines römischen Brunnens. Das Ganze wird von unten angestrahlt und ergibt eine zauberhafte Wirkung. Gerade der richtige Abschluß eines solchen denkwürdigen Tages.

Die Familie kam auch nicht zu kurz. Sie feierte am nächsten Tag noch ausgiebig und amüsierte sich neidlos über den farbigen Bericht, den das Geburtstagskind über das ungewöhnliche Fest erstattete.

Wie ich am Anfang des Kapitels bereits sagte: Geburtstage sollte man wirklich immer feiern. Auch, wenn sie nicht rund, sondern vielleicht ganz »krumm« sind und kaum so luxuriös wie der berichtete verlaufen können. Ich möchte hier ganz ausdrücklich eine Lanze für die Geburtstagsfeier brechen. Auch Männer glauben nämlich oft, es könnte ihrem jugendlichen Ansehen, ihrem Image abträglich sein, wenn sie das jährliche Älterwerden publik machen. Und Frauen – na ja, die wollen sowieso über ihre Geburtstage gern den Mantel der Nächstenliebe gebreitet sehen. Sie übergehen ihn oft mit Stillschweigen. Die neue Zahl, mit der sie leben müssen, möchten sie am liebsten verdrängen.

Doch älter werden wir nun einmal. Ob wir feiern oder nicht. Dann schon lieber feiern!

Die erste Gelegenheit bietet natürlich die fröhliche Familienfeier beim Frühstück. Es lohnt sich, an einem solchen Tag etwas früher aufzustehen. Mit der gewonnenen Zeit haben wir die heraufziehenden Verpflichtungen des Alltags hinausgeschoben. Sie können uns nicht das Frühstück hinunterschlingen lassen. Und die Ruhe, mit der sich Gratulanten und Geburtstagskind am festlich gedeckten Kaffeetisch vor dem besten Geschirr, einem bunten Blumenarrangement und dem Geburtstagskuchen zusammengefunden haben, ist bereits ein Geschenk, das sich alle an diesem Tag gemacht haben.

Zuppa Romana

1 Biskuit-Tortenboden
¼ l Leuterzucker (halbe Tasse Zucker
mit einer halben Tasse Wasser
aufkochen und abkühlen lassen)
6 cl Cognac
⅓ l Vanillecreme
750 g Fruchtfüllung
⅓ l geschlagene Sahne
100 g kandierte Früchte

Biskuitboden dreimal durchschneiden, mit Leuterzucker und Cognac tränken. Drei Böden mit Vanillecreme bestreichen, darauf die Fruchtfüllung (bestehend aus einer Mischung von Himbeeren, Johannisbeeren, Johannisbeergelee und Erdbeeren) geben.
Torte zusammensetzen, den vierten Boden auflegen, die Torte mit Sahne umkleiden. Mit kandierten Früchten verzieren.

Ich kann nicht oft genug darauf hinweisen: setzen Sie in all Ihre Fest- und Partypläne stets genügend Zeit ein. Sowohl für die Vorbereitungen, die eine wesentliche Voraussetzung für eine gelungene Veranstaltung sind, als auch für den Verlauf der Party selbst.

Für besonders hungrige Gäste: eine
Zuppa Romana dreistöckig

Erlaubt Ihnen der Kalender, das Fest an einem Sonn- oder Feiertag zu begehen, bietet sich neben dem etwas förmlicheren Empfang (siehe S. 266) am Vormittag auch die mehr familiäre Einladung für die guten Freunde zum Kaffeetrinken an. Der nachmittägliche Geburtstagskaffee sollte zwar festlich, aber nicht formell-steif begangen werden. Zählen Sie sich noch nicht zu den Senioren, so kann ein Tanzabend (siehe S. 222) mit einer gut assortierten Bar verschiedener Getränke und einem mehr oder weniger aufwendigen Kalten Buffet (siehe S. 170), je nach der Anzahl der zu erwartenden Gäste, ebenfalls eine fröhliche Geburtstagsfeier garantieren.

Angenommen, ich begehe einen normalen, also keinen »runden« Geburtstag, und es gibt keine besonderen gesellschaftlichen oder geschäftlichen Verpflichtungen. Dann würde ich ihn – wenn ich nicht »der Käfer« wäre – etwa folgendermaßen feiern: zuerst werde ich mir überlegen, ob ich ein Essen bei mir zu Hause geben kann oder ob ich besser in ein Restaurant einlade. Aber, wenn es schon ein Lokal sein muß, dann ein wirklich nettes. Ich muß genau wissen, was mich dort erwartet. Persönlicher ist es natürlich zu Hause. Selbst wenn es ein bißchen eng wird. Einladen werde ich sechs, acht oder zehn Freunde, nach Möglichkeit. Nicht mehr und nicht weniger. Das ist gerade die richtige Größenordnung für eine kleine Geburtstagsfeier.

Ich werde jedoch nicht zum Geburtstag einladen, sondern vielmehr einfach zum Kommen, ein Fest zu feiern. Ich möchte meinen Geburtstag freihalten von dem Zwang, mir etwas schenken zu müssen. Wahrscheinlich gefällt es mir nicht und zwingt mich nur, wieder etwas zu schenken, worüber der Empfänger sich vielleicht auch nicht freut. Manche wissen sowieso, was ich feiere. Und die werde ich dann bitten, mir am Abend kein Geschenk mitzubringen. So erspare ich den übrigen Gästen die peinliche Situation, nichts gewußt zu haben und dann mit leeren Händen dazustehen. Aber vergessen wir die Geschenke. Sie sind wirklich nicht das Wichtigste an einer Geburtstagsparty.

Mein Fest beginnt mit einem Cocktail zu Hause. Auch, wenn wir anschließend in ein Lokal überwechseln sollten. Den Cocktail, den ich anbiete, können Sie leicht selber mixen: Sie kaufen ein Glas (möglichst weiße) Pfirsiche und eine Flasche Brandy von Marie Brizard dazu. Den gibt es in allen guten Feinkostgeschäften. Sie geben die Pfirsiche, je einen Schuß Brandy und etwas Zitronen-

saft in Ihr Mixgerät. Schütten das Ganze in die Sektschalen, geben etwas gestoßenes Eis zu und gießen es mit einfachem Sekt auf. Dieser »Peach-Cocktail« schmeckt hervorragend, ist erfrischend, anregend und vor allem sehr bekömmlich. (Auf meinen Partys ist er absoluter Bestseller.) Nach Möglichkeit belasse ich es bei dieser einen Cocktail-Sorte. Sollte wirklich ein Gast einen anderen Wunsch verspüren, so darf er sich an meiner kleinen Hausbar, meinetwegen auch in der Küche, selber etwas zurechtmixen.

Der Cocktail sollte nicht länger als eine halbe Stunde dauern. Dann bitte ich meine Gäste zu einem netten gesetzten Essen – »Beine unter den Tisch«, wie man früher sagte. Wenn es keine besonderen – gesellschaftlichen – Probleme gibt, ohne Tischordnung. Es sind ja meine Freunde. Und jeder soll sich setzen können, neben wen er will. Es gibt eine kleine kalte Vorspeise, eine Suppe, ein Hauptgericht und ein Dessert. Für später ist eine Käseplatte vorbereitet und für Mitternacht noch eine kleine Überraschung.

Wenn ich weiß, daß meine Gäste am nächsten Morgen nicht früh aus den Federn müssen, verlege ich meine Geburtstagsfeier gern auf den Vorabend. Am Ablauf des Abends ändert sich dann nicht viel. Nur gegen Mitternacht spitzen sich die Ereignisse ähnlich wie an Silvester zu: Ich schiele auf die Uhr, und Punkt zwölf muß jeder seinen Sekt oder Champagner im Glas haben, um mit mir anstoßen zu können.

Sie können natürlich auch ganz anders feiern. Haben Sie einen großen Verwandten- und Bekanntenkreis, so ist die Cocktailparty (siehe S. 258) ein schöner Rahmen, auf Ihr Wohl trinken zu lassen. Sie bietet die Vorteile, zum einen viele Gäste auf verhältnismäßig geringem Raum unterzubringen und zum anderen das Ende abzusehen. Sie selbst können ja anschließend mit der Familie oder engen Freunden noch weiter zusammensitzen oder auch noch ausgehen.

Tartelettes

Tartelettes mit Erdbeeren und Kiwifrüchten

Tartelettes mit Vanillecreme ausstreichen, mit Erdbeeren und Kiwifrüchten belegen. Geleeguß bereiten und die Früchte damit überziehen. Mit Schlagsahne verzieren.

Chinesisches Liebesmahl

1 Ente
Rinderfiletstreifen
Glasnudeln
Morcheln
Lauch (Porree)
Sojabohnen-Keimlinge
Bambussprossen
Sojasoße
Chinesische Würzmischung, Glutamat

Ente in Brühe kochen, Fleisch enthäuten, entbeinen und in feine Streifen schneiden. Entenbrühe mit Stärke-Mehl binden. Rinderfiletstreifen anbraten, das Entenfleisch dazugeben.

Die in Streifen geschnittenen Bambussprossen mit den Zutaten und dem angebratenen Fleisch in die Brühe geben und abschmecken und in einer Terrine servieren.

Als Dessert Lychees aus der Dose.

Getränketip: Chinesischer Reiswein.

Taufe

Wenn nicht gerade die Taufe eines Thronerben zu feiern ist, sollte sie nicht als Staatsaktion betrachtet werden. Sie ist ein ganz persönliches Ereignis für alle Beteiligten: Mutter, Vater, Paten, Geschwister, Großeltern und nicht zuletzt für den Täufling selbst. Deshalb, meine ich, sollte man das Fest der Taufe auch in einem familiären Rahmen feiern, ohne Förmlichkeiten und repräsentativen Aufwand, auch nicht in einem Restaurant, sondern möglichst in den eigenen vier Wänden. Die einst so bürgerlich-steifen Sitten haben sich, erfreulicherweise, ja doch recht gelockert. Ernst nehmen sollte man den Tag der Taufe natürlich schon, aber nicht auf konventionelle, sondern auf originelle Weise.

Ein schönes Beispiel dafür, wie großzügig man heute in manchen Dingen sein kann, habe ich erst kürzlich erlebt: Hochzeit und Taufe an einem Tag. Vormittags heirateten die Eltern, nachmittags tauften sie ihr gerade einjähriges Baby. Ein sehr gelungenes, fröhliches Fest, an das sich jeder gern erinnern wird – abgesehen davon, daß natürlich auch eine ganze Menge Geld gespart worden ist. Auch auf andere Weise kombinierte Feste haben viel für sich. Warum, zum Beispiel, sollte die Taufe eines Kindes, das irgendwann im Herbst das Licht der Welt erblickte, nicht am Heiligen Abend unter dem Christbaum gefeiert werden? Oder am Geburtstag der Mutter? Ich glaube, daß solche Kombinationen die Zusammengehörigkeit der Familie betonen und fördern. Sie durchbrechen die Starre der Routine und werden als etwas ganz Besonderes erlebt.

Bei dieser Gelegenheit gleich noch ein Hinweis auf die Geschwister des Täuflings: sie fühlen sich leicht vernachlässigt, weil das neue Familienmitglied so sehr im Mittelpunkt steht. Deshalb sollte man an diesem Tag besonders aufmerksam zu ihnen sein, ihnen – als Gast – mit einem kleinen Geschenk eine Freude machen oder ihnen, wenn sie schon groß genug sind, bestimmte Aufgaben übertragen. Größere Geschwister wird es sicherlich mit Stolz erfüllen, wenn sie das Baby in die Kirche tragen dürfen.

Für die Einladung zur Taufe bieten sich allerlei nette und originelle Ideen an. Die Einladung – schriftlich verschickt – sollte mit einer lustigen Zeichnung illustriert sein. Es muß kein Kunstwerk sein, aber fröhlich. Am besten wirkt eine von Kinderhand, von den Geschwistern oder einem Kind aus der Nachbarschaft, angefertigte Zeichnung.

Originell ist auch eine Graphik aus Wilhelm Buschs »Julchen«. Eine freudige Überraschung löst sicherlich ein Telegramm aus: Kommt, unser Sohn, unsere

Auch bei der Tafel ist der kleine Erdenbürger optischer Mittelpunkt

Tochter ist geboren. Wir machen eine Taufe. Und so weiter. Das gibt der Einladung einen spontanen und auch dringlichen Charakter. Jeder Eingeladene wird meinen, es sei von großer Wichtigkeit, daß gerade er kommt. Oder es wird – als beredtes Symbol – ein Babyschuh, eine kleine Mütze zusammen mit der Einladung verschickt. Auch auf diese Weise bringt man die Absicht zum Ausdruck, fröhlich zu feiern. Und gerade darauf kommt es an!

So etwa sähe bei mir der Tauftag aus: Zu Hause trifft sich die festliche Gesellschaft zu einer großen – wenn Sie so wollen, altmodischen – Kaffeetafel. Je größer, desto besser. Die Tafel ist im Karree aufgebaut. So ergibt sich ein optischer Mittelpunkt, in dem auf einem Podest der Kinderwagen oder die Wiege mit dem Baby aufgestellt ist. Der leibhaftige Anlaß, das Bezugswesen des Festes ist so immer gegenwärtig, kann besprochen, bestaunt, auch fotografiert werden. Bei einer Taufe geschieht es häufig, daß der Held oder die Heldin des Tages zeitweise in den Hintergrund, wenn nicht zeitweise in Vergessenheit gerät. Das vermeiden wir auf diese Weise mit Sicherheit.

Die Tafel ist fröhlich und farbig gedeckt; manche dekorieren ja noch immer mit den Geschlechtsfarben des Kindes, also rosa oder blau. Nett machen sich große Kaffeetassen aus Großmutters Zeiten, die man heute wieder in vielen Geschäften findet. Darin wird Kaffee, Tee, Kakao – ganz nach Wunsch – gereicht. Von der üblichen Tauftorte möchte ich abraten. Sie macht viel Arbeit, und im Grunde mag sie keiner mehr. Viel passender finde ich einen herzhaften Kuchen. Etwa einen großen Beerenkuchen, wenn die Jahreszeit es hergibt, einen Apfel- oder Zwetschgendatschi oder auch einen Guglhupf oder Napfkuchen, einen Nußkranz oder Hefezopf mit viel Rosinen drin – selbstgemacht, wenn es geht. Männliche Gäste, die das Süße vielleicht nicht mögen, werden es dankbar begrüßen, wenn für sie ein schönes Holzbrett mit Bauernbrot, einer großen Leber- oder einer kräftigen Mettwurst angerichtet ist. Zum Abschluß der Kaffeetafel, also vor dem Kirchgang, wird ein Likör oder ein klarer Obstler kredenzt.

Ist es Zeit für die Kirche, wird das Baby hübsch angezogen. Sollte in der Familie noch ein altes Taufkleid vorhanden sein, wird das natürlich hervorgeholt, aus Pietät und Tradition. Aber extra eines kaufen würde ich zu dem einmaligen Anlaß nicht. Das entspricht, meine ich, nicht mehr dem Stil unserer Zeit. Es gibt so viele hübsche Babysachen heute, die das Kind später auch noch tragen kann. Schön ist es (und auch bekömmlich), wenn der Weg zur Kirche zu Fuß zurückgelegt werden kann. Andernfalls wird eben eine Autokolonne arrangiert. In der Kirche würde ich hübsche kleine Taschentücher verteilen: an die Omas, Tanten und Mütter, die ja sicherlich alle bei dem feierlichen Akt Tränen in die Augen bekommen.

Wenn es sich einrichten läßt, sollte nach der Kirche ein einstündiger Spaziergang eingelegt werden. Es gilt ja, Platz zu schaffen für den anschließenden Taufschoppen, auch Brotzeit oder Vesper (siehe S. 236) genannt. Das kann nach meiner Vorstellung so aussehen:

Ein großer Krug Rot- oder Weißwein, oder beides; kräftiges Fleisch, zum Beispiel ein Schweinebraten mit einer knusprigfrischen Kruste, dazu geriebenen Meerrettich; Fleischpflanzerl, Buletten, Frikadellen beziehungsweise Hackbraten mit Meerrettichsenf oder scharf gewürztem Ketchup; Bratensülze, schwarzen und weißen Preßsack mit Essig, Öl und Zwiebeln. Kinder freuen sich über etwas gebratenes Huhn oder gebratene Hühnerbeinchen, die im Hause gebraten worden sind. Als Beilage kräftigen Kartoffelsalat mit Mayonnaise, gekochte Eier, Radieschen, Gürkchen, Tomaten. Das schmeckt jedem und macht doch nicht sehr viel Arbeit.

Oft ergibt es sich bei einer Taufe, daß die Männer sich noch zu einer feucht-fröhlichen Runde zusammensetzen (sie haben ja einige Vorarbeit geleistet und kommen an diesem Tag vielleicht nicht zur gebührenden Geltung!), um das neue Kind zu begießen und hochleben zu lassen. Daraus wird dann, was man in Norddeutschland eine Pinkel-Party nennt. Man läßt das Baby pinkeln, im übertragenen Sinne natürlich. Versuchen Sie, alle Männer und Väter, die da beisammensitzen und schon ganz schön in Stimmung gekommen sind, eine kurze Rede auf den neuen Erdenbürger halten zu lassen – und nehmen Sie das Dargebotene auf ein Tonband auf. Was da an Tief- oder auch Unsinn zusammenkommt, ist meistens wahrlich wert, festgehalten zu werden für alle Zeiten, mindestens ebenso wie die Fotos von der Taufe. Das ist eine Erinnerung, an der unser Täufling noch im hohen Alter seine Freude haben wird und seine Enkel mit ihm.

Auch die sogenannte Spritzparty ist so etwas. Voraussetzung sind jedoch gute Nerven und ein Taufkind im geeigneten Alter. Das Baby erhält seine eigene kleine Torte. Es wird davor placiert und darf nach Herzenslust reinpatschen, bis es total bespritzt und beschmiert ist. So hat das Baby auch etwas von seiner Taufe – jetzt und für später. Denn das Foto, mit dem das denkwürdige Ereignis festgehalten wird, läßt sich wunderbar wieder verwenden, zum Beispiel als Motiv für die Einladung zu einem »runden« Geburtstag.

Solche Happenings erscheinen manchen vielleicht der Feierlichkeit des Tages nicht angemessen. Doch ich meine, wir langweilen uns bei familiären Festen oft bei zu viel steifer Feierlichkeit und vergnügen uns zu wenig in echter Fröhlichkeit. Diese aber widerspricht selten der Bedeutung des Anlasses. Dazu noch ein Beispiel, vielleicht auch als Anregung:

Für eine Taufparty mit etwa zwanzig Personen habe ich einen Kupferkessel besorgt und ein Gestell dazu – das Ganze symbolisierte sozusagen das Taufbekken. In dem Kessel setzte ich dann eine köstliche erfrischende Himbeerbowle an. Außerdem hatte ich schöne Taufbecher aufgetrieben. Jeder Gast bekam vor dem Kirchgang einen Becher voll Bowle und leerte ihn auf das Wohl des Babys.

Von großen Tischordnungen, das erwähnte ich schon, halte ich nicht viel. Aber auf ein paar Dinge ist doch zu achten, bevor man sich zu Tisch setzt. Die Mutter erhält einen Ehrenplatz angewiesen. Das ist wohl selbstverständlich. Lebt die Großmutter mütterlicherseits noch, so sollte man sie ebenfalls durch einen besonderen Platz ehren. Sie ist ja bei dieser Taufe gewissermaßen der Ursprung aller Dinge. Will man noch einen Gag anbringen, kann man den Vater in einen Thronsessel setzen. So wird seine Bedeutung ebenfalls gebührend gewürdigt. Übrigens: eine wichtige Person ist auch der Pfarrer. Man sollte nie vergessen, ihn zur Feier zu bitten. Es freut ihn sicherlich, selbst wenn er nicht kommen kann.

Ein Fest, in dessen Mittelpunkt ein Baby steht oder, besser, liegt, spricht vor allem die Frauen an. So wird in der Regel die Mutter das Tauffest vorbereiten und arrangieren. Schöner ist es natürlich, wenn die Eltern gemeinsam operieren. Doch muß man wohl auch ein gewisses Verständnis dafür aufbringen, wenn der Vater seine Rolle bei dieser Veranstaltung eher passiv begreift. Nur eines sollte er wirklich nicht vergessen: der Mutter seines Kindes, seiner geliebten Frau, ein schönes Geschenk zu machen. Dabei denke ich weniger an einen neuen Kühlschrank oder Staubsauger, sondern an ein persönliches Geschenk von bleibendem Wert oder dauernder Erinnerung. Ein Ring, ein Armband, eine Halskette, auf dem oder der dann auch der Name des Täuflings eingraviert werden kann. Das muß nicht einmal eine Überraschung sein. Vielen Ehepaaren bereitet es ja auch Vergnügen, solch ein Stück gemeinsam auszusuchen.

Kommunion - Firmung Konfirmation

Für Kommunion, Konfirmation und Firmung gilt, was ich schon anläßlich der Taufe gesagt habe: es sind ausgesprochene Familienfeste, deren familiärer Charakter betont werden, zumindest gewahrt bleiben sollte. So finde ich es erstrebenswert, daß sie nach Möglichkeit mit häuslichen Mitteln im Hause gefeiert und nicht an ein Restaurant oder einen Party-Dienst delegiert werden.

Der grundlegende Unterschied zur Taufe: das Kind erlebt seinen Festtag ganz bewußt mit. Es ist nicht nur der Mittelpunkt, es fühlt sich auch als Mittelpunkt des Tages. Daraus ergeben sich verschiedene Folgerungen, auf die ich im Lauf des Kapitels noch zu sprechen kommen werde. Das fängt schon bei der Einladung an. Einladungen, die verschickt werden, könnte das Kind zum Beispiel selber schreiben. Denn auf diese Weise hat es Gelegenheit, sich auch innerlich etwas auf »sein« Fest vorzubereiten. Das gilt allerdings in erster Linie für die Konfirmanden und Firmlinge; Kommunionkinder sind in der Regel damit noch überfordert.

Wer wird eingeladen? Ich würde sagen, nur die engsten Familienangehörigen und natürlich die Paten. Bei der Firmung ist es fast immer nur der Pate; der spielt hier ja fast eine wichtigere Rolle als die Eltern.

Bei der Konfirmation muß in manchen Gegenden Deutschlands die Familie damit rechnen, daß sich nach der kirchlichen Feier auch ungeladene Gratulanten im Hause einfinden. Peinlich, wenn dann Hausfrau und Hausherr aufgeregt durcheinanderlaufen, um etwas Passendes zum Anbieten zu finden. Die entscheidenden Vorbereitungen müssen also alle schon vor dem Kirchgang getroffen sein. Eine befreundete oder bezahlte Hilfe, die etwa den Frühstückstisch abdeckt und die Räume für die Rückkehr der Familie aus der Kirche bzw. den Empfang anderer Gäste vorbereitet, ist praktisch unentbehrlich. Wohl dem, der immer ein gutes Verhältnis zur Nachbarschaft gepflegt hat!

Nach der Kirche werden geladene und ungeladene Gäste im Hause mit einem Gläschen Sekt, Sherry oder Fruchtsäften und den üblichen Knabbereien bewirtet. Dies ist auch die Stunde, in der das Fest-Kind sich seinen Geschenken widmen kann. Ein Thema für sich: Geschenke müssen und sollen sein. Aber sie sind nicht die Hauptsache bei diesem Fest. Eine Kommunion oder Konfirmation darf nicht zu einem Tanz ums Goldene Kalb ausarten. Deshalb haben nach meiner Meinung auch Mofas, Kassetten-Recorder und andere jugendliche Prestige-Objekte nichts auf dem Gabentisch zu suchen. Am passendsten finde ich immer noch Dinge von einem gewissen bleibenden Wert, einen Ring, ein Armband, eine Kette oder ein paar Manschettenknöpfe mit eingraviertem Namen. Die begleiten uns ein Leben lang. Ich selbst trage heute noch eine Kette mit dem Namen meines Taufpaten um den Hals und betrachte sie als kleinen Talisman – der mir auch schon mehrmals Glück gebracht hat. Auch eine Uhr von einigem Wert ist ein geeignetes und daher speziell bei der Firmung traditionelles Geschenk. Letzten Endes ist es Sache der Eltern, Paten und Verwandtschaft auf sinn- und maßvolle Geschenkideen zu bringen.

Festliche Kerzen sind diesem feierlichen Anlaß angemessen

Taktisch kluge Vorbereitung ist das A und O aller Familienfeste. Dazu gehört auch die Auswahl des Mittagessens. Wenn nur die Hausfrauen nicht so oft mit großartigen und ambitionierten Menüfolgen Ehre einlegen wollten! Der Effekt ist dann nämlich regelmäßig der, daß die Mutter keine Zeit mehr für ihr Kind hat, sondern hektisch-aufgeregt und von Küchendunst umwogt jegliche Feststimmung abwürgt.

So etwa sähe mein Festmenü aus, wenn ich davon ausgehe, daß ich keine nennenswerte Hilfe habe und keine fremde Küche in Anspruch nehmen möchte. Als Vorspeise Blätterteigpastetchen, die ich nur aufwärmen muß, mit Garnelen oder Shrimps gefüllt und mit einer Dillsauce. Dann eine Fleischbrühe mit Markklößchen, die ich auch vorbereiten kann. Als Hauptgericht schönen frischen Spargel – insbesondere, wenn die Saison schon begonnen hat! – mit kleinen Kartöffelchen und Beinschinken oder ganz dünn geschnittenem rohen Schinken und Salat. Als Abschluß ein gekauftes Vanille-Eis mit frischen Erdbeeren und darüber etwas Erdbeermark. Dieses Menü ist nach meiner Erfahrung gut vorzubereiten und mit Hilfe einiger Gäste in kürzester Zeit auf den Tisch zu bringen. Dazu gehört allerdings, daß der Herr des Hauses sich ebenfalls rechtzeitig um die Getränke gekümmert hat. Übrigens: Das Beste ist für einen solchen Tag gerade gut genug!

Die meisten Kinder essen Spargel gern; vor allem, wenn sie ihn mit dem Messer schneiden dürfen – sie dürfen! Auf jeden Fall sollten die Eltern auf die Vorlieben und Wünsche ihres Kommunionkindes oder Konfirmanden Rücksicht nehmen. Warum sollte es zum Beispiel Hauptgericht und Nachspeise nicht selbst bestimmen dürfen? Es werden ja nicht gerade Kartoffelpuffer oder Linsensuppe dabei herauskommen. Auch empfiehlt es sich, schwierige Speisen – bei denen die Kinder mit Knochen, Häuten und Bestecken kämpfen müssen – zu vermeiden. Ebenso unbekannte oder nicht alltägliche Speisen, von denen man nicht weiß, ob sie ihnen bekommen – Pilze zum Beispiel oder Artischocken.

Ein Menü für kleine Erwachsene

Klare Tomatensuppe
Enthäutete und entkernte Tomaten in Kraftbrühe zerkochen lassen. Feine gedünstete Lauchstreifen dazugeben. Mit Basilikum abschmecken.

Forellenfilet geräuchert mit geeistem Orange-Sahne-Meerrettich
Meerrettich, geriebene Orangenschale, Orangensaft und Salz unter die geschlagene Sahne heben. In der Eiswürfelschale einfrieren. Dazu Brot und Butter.

Kalbskotelett gebraten, mit Sahnegemüse bedeckt
Lauch, Sellerie, frische Champignons und kleine Zwiebeln in Streifen schneiden. Gemüsestreifen weichdünsten und mit Sahne verfeinern, mit Salz, Cayennepfeffer und Zitronensaft abschmecken. Dazu kleine Salzkartoffeln.

Bunter Salatteller
Salate der Jahreszeit entsprechend.

Dessert
Zitroneneis mit frischen Erdbeeren und Schnee-Ei
Geschlagenes Eiweiß mit einem Teelöffel formen. In nicht mehr kochender Milch fest werden lassen. Mit Schnee-Ei verzieren.

Der Tischschmuck sollte, entsprechend der Jahreszeit, frühlingshaft licht und freundlich gehalten sein. Das Kind bekommt den Ehrenplatz am Tisch und wird flankiert von der Mutter und seinen – oder einem – Paten. Als Konfirmand oder Firmling bekommt es auch sein eigenes Weinglas. Mit dem kann es dann anstoßen, wenn nach den in manchen Fällen obligatorischen Tischreden des Vaters und eines Paten auf sein Wohl getrunken wird. Oft halten Eltern das Fest-Kind an, gegen Ende des Essens ein paar Worte des Dankes zu sprechen. Das ist an sich eine nette Geste. Sie kann aber auch einigermaßen daneben gehen. Da müssen die Eltern selbst wissen, ob sie ihrem Kind diesen öffentlichen Auftritt zumuten können und wollen oder nicht.

Mehr noch als bei Konfirmanden und Firmlingen sollte man bei den Kommunionkindern mit ihren neun oder zehn Jahren darauf achten, daß das Festmahl nicht zu strapaziös und ausgedehnt wird. So sollten die Eltern auch nicht auf zu strenger Tischzucht bestehen, wenn das Kind zwischen den Gängen aufstehen oder vielleicht mit seinen Geschenken spielen will; es ist eben noch lange kein Erwachsener!

Nach dem Essen tut allen Gästen ein Stündchen Mittagsruhe oder ein Spaziergang gut. Ein großes Kompliment der Hausfrau, die das Fest so gut vorbereitet hat, daß sie sich auch ein Nickerchen leisten kann! Doch irgendwann muß dann ja wieder die Kaffeetafel gerichtet werden, zu der sich alles zwischen 16 und 17 Uhr wieder einfindet.

Zum Kaffee Terrassentorte

2 Packungen Zitronenkuchen (Kraft-Backmischung) in verschieden großen Springformen backen. Nach dem Auskühlen mit einer Nadel ein paarmal einstechen und leicht mit Rum beträufeln. Die Kuchen übereinander setzen und mit Marmelade »befestigen«. Glasieren und mit dünn geschnittenen kandierten Früchten hübsch verzieren.

Der Geschmack wandelt sich: leckere,
leichte Obstkuchen lösen oft die traditionelle schwere Festtagstorte ab

Für die Kaffeetafel gilt im wesentlichen, was ich schon anläßlich der Taufe gesagt habe: keine schweren Torten, sondern lieber einen frischen Obstkuchen oder mehrere.

Nach dem gemeinsamen Kaffeetrinken dürfte sich in den meisten Familien das Festprogramm differenzieren – je nachdem, ob es sich um eine Kommunion oder eine Konfirmation handelt. Der Tag der Kommunion wird in der Regel mit einer Dankandacht beschlossen. Im Anschluß daran löst sich die Familiengesellschaft auf. Das Kommunionkind hat nach den vielfältigen Eindrücken des Tages ja auch Ruhe nötig. Gäste aber, die noch länger bleiben, sind nach den ausgedehnten Mittags- und Kaffee-Mahlzeiten sicher mit einem Butterbrot zufrieden.

Bei der Konfirmation, die als Fest höher einzustufen ist als die Kommunion, wird noch ein den Tag abschließendes Programm erwartet. Dies um so eher, als Verwandte und Paten nicht selten von weither angereist kommen und auch noch länger bleiben. Ganz sicher heißt das aber nicht, daß abends etwa noch ein üppiges Kaltes Buffet aufgefahren werden soll – ebenso wenig, wie man den Tag mit Tanz ausklingen läßt, »weil das Kind nun ja erwachsen ist«.

Der meiner Ansicht nach sinnvollste Ausklang ist allerdings nur in einer größeren Stadt möglich: der gemeinsame Besuch eines Konzerts oder Theaters. Das setzt voraus, daß es dergleichen am Ort überhaupt gibt und daß etwas Geeignetes auf dem Programm steht. Und außerdem kann die Sache natürlich kräftig ins Geld gehen, wenn auch der Besuch eingeladen werden soll. Doch als Abschluß des so bedeutungsvollen Konfirmationstages wüßte ich nichts Besseres vorzuschlagen.

Sind diese Möglichkeiten nicht gegeben, so können die Eltern dem Tag aber auch in den eigenen vier Wänden einen guten und runden Abschluß geben: man kann musizieren oder ein paar gute Platten hören. Ist der Vater ein Hobby-Filmer, kann er vielleicht seine Streifen aus dem Leben der Familie zeigen. Oder man spielt etwas zusammen – nein, bitte nicht Skat, sondern ein schönes fröhliches Gesellschaftsspiel, bei dem alle mitmachen können!

Verlobung

Eine Verlobung ist heute auch nicht mehr das, was sie einmal war: der stets mit großem Aufwand gefeierte Beginn der Prüfung, bevor sich zwei Menschen ewig binden. Eine selbständiger gewordene Jugend denkt über Bindungen nüchterner als noch ihre Eltern. Und doch! Für viele junge Paare hat der Tag des Ringtauschs durchaus noch große Bedeutung. Von nun an bereiten sie ihre Zweisamkeit vor. Vielfach schon in der Form einer Ehe auf Probe. Und warum sollte ein solch wichtiger Einschnitt im Leben nicht, umgeben von Familie und Freunden, festlich begangen werden!

Die Verlobung ist eine privatere und damit ungezwungenere Feier als beispielsweise die darauffolgende Hochzeit. Aber auch hier haben sich selbst in unserer sich moderner gebenden Zeit gewisse Regeln bewährt. Im allgemeinen feiert man das Eheversprechen schöner im engeren Kreis der beiden Familien des Brautpaares mit den besten Freunden. Auf keinen Fall sollte eine vorweggenommene Hochzeit mit ihrem Gepränge und Aufwand daraus werden. Eine der wenigen sinnvollen Formen der Verlobung ist der Brauch, daß, wenn die Verhältnisse es erlauben, die Eltern der Braut das Fest in ihrer Wohnung, in ihrem Haus ausrichten. Doch die Brauteltern sollten sich nicht um jeden Preis herausgefordert fühlen. Hat die andere Familie die günstigeren Räume, so sind diese vielleicht eine glücklichere Voraussetzung für ein rundes Fest.

Der Bräutigam lädt im Auftrag seiner zukünftigen Schwiegereltern ein. Für eine kleine Feier sind Karten überflüssig. Die Familie und die engsten Freunde wissen meistens sowieso schon von der sich anbahnenden Verbindung.

Nur wer auf gesellschaftliche Formen besonderen Wert legt, wird die bevorstehende Verlobung durch Karten anzeigen. Und wenn es denn partout eine große Festivität werden soll, bittet man schriftlich. Aber nicht zur Verlobung, sondern zu einem Essen, einem Tanzabend oder zu einer Party. Die eigentliche Verlobung sollte dann die große Überraschung werden. So kann gar nicht erst der oft nicht unbegründete Verdacht aufkommen, die Verlobung werde nur wegen der zu erwartenden Geschenke groß gefeiert.

Für das Fest schlage ich in jedem Fall - ob »groß«, ob »klein« gefeiert werden soll – einen Abend an einem Wochenende vor. Es feiert sich nun mal am Abend lockerer als an der Mittags- oder Kaffeetafel.

Origineller Tischschmuck – hier das Symbol für die Verbindung zweier Menschen – wird nicht nur das Brautpaar erfreuen

31

Eine »kleine« Verlobungsparty kann anfangs etwas steif verlaufen. Besonders die beiden Schwiegerelternpaare sind sich oft noch fremd und geben sich daher abwartend und zurückhaltend. Ein lockerer, lustiger Drink, gereicht von den Gastgebern oder auch von dem angehenden Bräutigam, kann da Wunder wirken. Der gut gemixte »Blue Hawaii«, zum Beispiel, regt an und lockt auch die skeptischste Schwiegermutter aus der Reserve. Dieser Drink wird in einem langen Glas serviert und mit einem dikken Strohhalm getrunken. Einen lustigen Effekt bildet eine auf dem Cocktail schwimmende kleine Orchideenblüte. Das ganze Jahr über gibt es derart passende kleine Blumen.

Die Zeit des Beschnupperns sollte nicht länger als dreißig bis fünfundvierzig Minuten währen. Dann bittet man zu einem kleinen Abendessen. Aber schneiden Sie auch hier nicht zu groß auf.

Ganz ohne Zeremonien geht die Chose nicht: zur Verkündung der Verlobung nützt der Brautvater die Pause zwischen Hauptgang und Dessert. Er stößt an sein Glas und verkündet der erwartungsvollen Runde die Absicht der Kinder, sich fürs Leben zu versprechen. Darauf steckt der Bräutigam seiner Zukünftigen den Ring an den Finger. Die Gäste erheben das Glas und leeren es auf das Wohl des jungen Paares.

Wen diese Version etwas zu förmlich anmutet, dem schlage ich die Verkündung mitten im lustigen Partytreiben um Mitternacht vor. Ein angedeuteter Tusch oder ein Klopfen an das Glas, und der Brautvater teilt die Neuigkeit mit und läßt die Brautleute hochleben. Danach drehen die beiden im Kreis ihrer Lieben den Ehrenwalzer.

Wenn die Stimmung dazu einlädt, so bietet sich jetzt die große Verbrüderung zwischen den Familien an. Die Damen tragen den Herren, der Ältere dem Jüngeren, das Du an. Beim Mittagessen ist nach dem Dessert, bei Sekt und Champagner, dazu Gelegenheit.

Fühlt man sich verpflichtet, zu einer »großen« Verlobung zu laden, so können wir zwischen mehreren Möglichkeiten wählen. Der Empfang (siehe S. 266) am Vor- oder auch Nachmittag sowie die große Party am Abend.

Dem Empfang ist meistens die eigentliche Verlobung im privaten Kreis bereits vorausgegangen und das Ereignis per Karten verkündet. Jeder Adressat dieser Verlobungsanzeigen ist zum angegebenen Empfang geladen.

Freunde, Bekannte, Kollegen und Geschäftsfreunde haben hier die Gelegenheit, dem Brautpaar ihre Glückwünsche auszusprechen und ihre Geschenke zu überbringen. Dazu werden Wein, Sekt und einige Longdrinks gereicht.

Geschenke sind ein Kapitel für sich: Immer wieder kommt es vor, daß den Gästen ganze Wunschlisten zugemutet werden. So nützlich solche Aufstellungen für die Brautleute einerseits und hilfreich für den Einfallsarmen andererseits sein mögen, so gedankenlos wird mit dieser weit verbreiteten Unsitte der Sinn des Schenkens außer acht gelassen. Gold, Weihrauch und Myrrhe schenkten die Weisen aus dem Morgenland dem Christuskind. Und keine noch so bitter benötigten Dinge des täglichen Lebens. Wir sollten als Geber wie als Empfänger auch wieder mehr Geschenke immateriellen Wertes achten. Dinge, denen man etwas von sich – und wenn es ein wenig Phantasie ist – mitgibt. Oder Aufmerksamkeiten, die zeigen, daß wir den Beschenkten kennen, seine Schwächen wie seine Vorlieben. Noch so schöne Blumen können im allgemeinen sicherlich nicht soviel Freude bereiten wie beispielsweise ein selbst gezeichnetes Motiv, ein aufgezogenes Foto, das vielleicht ein gemeinsames Erlebnis festhält.

Haben sich die letzten Gäste verabschiedet, setzen sich Familie und engste Freunde noch zu fröhlichem Essen und Trinken zusammen.

Einen anderen Rahmen für eine »große« Verlobung bietet die bereits erwähnte abendliche Verlobungsparty für zwanzig, dreißig oder gar mehr Gäste. Wenn es einzurichten ist, feiert man diese Party ebenfalls am schönsten in den heimischen Räumen eines Elternpaares. Beim Abwägen aller Vor- und Nachteile kann man sich bei einer so großen Gästeschar natürlich durchaus für ein Restaurant entscheiden. Nur sollte man sich dann überlegen, ob es nicht irgendwo in nicht allzu großer Ferne ein reizvolles Landgasthaus gibt, dessen Räume mehr Atmosphäre haben als ein Stadtlokal und dessen Service vielleicht auch preiswerter ist. Doch Vorsicht! Für die Heimfahrt – und damit auch für den Hinweg – empfehlen sich wegen des unausweichlich zu erwartenden Alkoholspiegels entweder öffentliche Verkehrsmittel oder ein gemieteter Omnibus.

Die Gäste finden sich je nach Geschmack in festlicher Garderobe ein, die Damen in schönen langen Kleidern, die Herren im dunklen Anzug oder Smoking oder Damen wie Herren leger in Straßenkleidung und Jeans. Gott sei Dank sind heutzutage Äußerlichkeiten weniger wichtig geworden als Spaß und gute Laune.

Aber eine Stilebene sollte doch vorher festgelegt und für alle halbwegs verbindlich sein – sonst könnten sich Gäste in der »falschen« Kleidung unwohl fühlen.

Zunächst reiche ich wie bei der »kleinen« Verlobungsfeier Cocktails, um damit den Abend langsam in Schwung zu bringen. Eine so große Schar von Gästen ist sicher etwas schwierig und auch kostspielig zu bewirten. So empfiehlt es sich, ein großes Kaltes Buffet (siehe S. 170) herzurichten. Es ist nicht so kompliziert und vor allem bei weitem nicht so teuer, wie es sich anhört.

Richten Sie schöne, frische Delikatessen-Salate an. Diese zaubert man entweder selbst oder kauft sie fertig. Als Hauptgerichte locken mehrere große kalte Braten. Auch Appetithappen, wie geräucherter Fisch, sollten nicht fehlen. Natürlich können Sie auch das ganze Buffet oder aber Teile davon anfahren lassen.

Aber erlauben Sie es mir noch einmal zu sagen: Nicht das Prassen ist der Sinn eines Verlobungsfestes, sondern die fröhliche Anteilnahme an der Freude zweier Menschen, sich gefunden und versprochen zu haben.

Die Verlobten lassen bitten:

Londonderry mit Käsestangen
Jeweils zur Hälfte Schildkrötensuppe und Geflügelcremesuppe, mit Eigelb und Milch legiert.

Filet Wellington
Gespicktes Rinderfilet anbraten. Filet auf dünn ausgerollten Blätterteig legen. Aus Schinken, Champignons und Kräutern eine Farce bereiten und über das Filet geben. Blätterteig umschlagen und an den Seiten zusammendrücken. Filet Wellington im Ofen backen. (Bei 250 Grad.) Es ist fertig, wenn der Blätterteig schön goldbraun gebacken ist.
Als Beilagen verschiedene Gemüse und Kartoffelbällchen reichen.

Birne schöne Helene
Eine Kugel Vanilleeis mit einer halben Birne bedecken. Saucette-Schokoladensoße darübergeben. Mit Schlagsahnetupfern umspritzen.

Getränke zum Verlobungsmenü
Aperitif
Suppe
Weißer Riesling
Hauptgericht
Roter Bordeaux
Dessert
Sekt oder Champagner

Polterabend

Der Abend vor der Hochzeit markiert das Ende eines Lebensabschnitts. Die Jugend liegt hinter uns. Nun machen wir uns zu zweit auf den weiteren Lebensweg. Da gilt es, neuen Mut zu schöpfen, und da Krach seit Urzeiten ein Mittel ist, unsere Courage zu stärken, werden an diesem Abend mit viel Lärm die lästigen Zank- und Plagegeister, an die zwar niemand glaubt, die aber jeder fürchtet, ein für allemal verscheucht. Ein Optimist wie ich denkt jedoch, der Lärm werde eher die gutartigen Poltergeister gnädig stimmen und in Zukunft über das Glück des jungen Paares wachen lassen.

Der Polterabend, ein zwangloses lautes Fest der Freude, wird ebenso formlos Verwandten, Freunden und Kollegen annonciert. Er bietet uns auch die Gelegenheit, mit denen zu feiern, die aus

diesem oder jenem Grund nicht am bevorstehenden Hochzeitsfest teilnehmen können. Man sollte sich aber auf jeden Fall mit Trinken und Essen und auch mit Sitz-, Steh- und Tanzplätzen darauf vorbereiten, daß auch eine Menge ungeladener Gäste vorbeikommen wird. Vertrauen Sie auch nicht darauf, daß Sie Ihre Freunde und Bekannten, aus welchem Grunde immer, um das Fest prellen können. Eine bevorstehende Hochzeit ist kaum geheimzuhalten. Und daher muß man auf jeden Fall am Polterabend mit Besuchern rechnen und auch darauf vorbereitet sein. Den Freunden ist das überraschende Erscheinen auch nicht zu

Scherben, vor der Tür zerschlagen, sollen Glück ins Haus bringen

verübeln, da ja zu einem solchen Abend nicht unbedingt eingeladen werden muß. Vor allem in überschaubaren Gemeinden, wo man sich noch über bloße Nachbarschaft hinaus kennt, will sich mancher einen Schnaps verdienen durch kräftige Mithilfe beim Einschüchtern der bösen oder Anrufen der guten Geister.
Zu dem übermütigen Fest bitten launige Einladungen. Ich habe seinerzeit zerbrochene Teller mit einem mit Fettstift geschriebenen kurzen Text verschickt.

Beginnen Sie schon früh zu feiern, damit Sie auch früher aufhören können, als Sie es sonst gewöhnt sein mögen. 18 Uhr ist eine ideale Zeit. Denn der nächste Tag, die Hochzeit, wird den klaren Kopf und die Kräfte aller Beteiligten doch etwas strapazieren. Die Kleidung ist selbstverständlich so salopp wie der Anlaß, so kommen die Herren beispielsweise ohne Krawatte mit offenem Hemd.

Zum Polterabend bringt man außer ausrangiertem Geschirr und genügend Frohsinn nicht viel anderes mit. Vielleicht hat man zu Hause schon nach dem Spruch »das erste Glas für sich, das zweite auf seine Freunde und das dritte auf die gute Laune« mit einem kleinen Schluck Distanz zwischen den zurückliegenden Alltag und den zu erwartenden lustigen Abend gelegt. Am schnellsten kommt natürlich Stimmung auf, wenn das mitgebrachte Geschirr bereits bei der Ankunft vor der Tür zerschlagen wird. Es gibt jedoch regional unterschiedliche Bräuche, nach denen zum Beispiel Teller und Tassen erst mitten im Festestrubel in den Raum geschmissen werden. Das finde ich nicht sehr lustig. Einmal läuft dabei der eine oder andere Gefahr, angeheitert, aus der Rolle zu fallen. Und zum anderen sind Parkett, Teppiche, Möbel oder Tapeten recht wenig splitterabweisend. Eine Terrasse, ein Balkon sind schon eher geeignet. Und

bitte denken Sie daran: Glasscherben bedeuten Unglück!

Wenn Sie unbedingt mit einem Geschenk Eindruck machen wollen, so bringen Sie doch einen Reisigbesen und ein Kehrblech mit. Das kann dann gleich eingeweiht werden. Den angerichteten Scherbenhaufen muß entweder der Bräutigam allein wegschaffen oder auch das Paar mit vielem Hallo in erster, die Gleichberechtigung ernstnehmender Gemeinschaftsarbeit.

Die Musik bestimmt ganz entscheidend die Fidelität eines Polterfestes. Sie ist das wichtigste Element. Wenn möglich, läßt man schon die Kapelle, die Band, die auch für den nächsten Abend engagiert worden ist, aufspielen. Sonst sollte die Tonband- oder Plattenmusik auf ausgelassene, fröhliche Laune abgestimmt sein. Ein bestallter Discjockey ist übrigens nicht so teuer wie eine ganze Kapelle. Wegen des unvermeidlichen Lärms, den ein solcher Abend mit sich bringt, ist es ratsam, sich im voraus bei den Nachbarn zu entschuldigen.

Bier vom Faß bietet sich als das Hauptgetränk an und hin und wieder ein kurzer Klarer. Ein kühles Bier ist am bekömmlichsten. Jeder trinkt es gern. Und nicht zuletzt ist es auch am preiswertesten. Selbstverständlich empfiehlt es sich, immer auch einen schönen sogenannten Literwein parat zu haben. Aber erschweren Sie das Durcheinandertrinken, indem Sie auf keinen Fall vielerlei anbieten. Jedoch sollten die Getränke in guter Qualität ausreichend vorhanden sein.

Das Polterfest ist ein Selbstbedienungsfest. Nicht nur die Getränke schenkt man sich selber ein, sondern auch das Essen holt man sich von einem vorbereiteten Buffet. Damit wird nicht nur Personal gespart, es paßt ganz einfach besser zum Charakter dieser Party. Ich möchte sogar so weit gehen, schöne Pappteller und -bestecke sowie Plastikbecher für einen Polterabend zu empfehlen. Sie tun der Fröhlichkeit bestimmt keinen Abbruch. Großen Erfolg hat eine von Geschwistern oder Freunden redigierte Hochzeitszeitung. Lustige Ereignisse aus der Zeit, als sich das Brautpaar kennenlernte, werden darin für alle Zeiten festgehalten. Oder die anekdotisch aufpolierten Lebensläufe der beiden. Solche Beiträge können auch als Moritaten oder Sketches vorgetragen werden. Auch Schmalfilm, Dias oder Tonband oder alles zusammen lassen sich dafür nutzen. Aber achten Sie darauf: Dauern solche noch so gut gemeinten Darbietungen länger als dreißig Minuten, kann der Schwung des Festes erheblich gefährdet werden. Im übrigen sollte es kein Programm geben. Jeder soll sich zwanglos amüsieren, wie und mit wem er will. Deshalb ist auch eine Tischordnung überflüssig.

Wem ein uriger Polterabend weniger zusagt, der kann diesen Abend auch elegant im Abendkleid und Smoking mit einer Brautsoiree begehen. Das wird dann zwar, wie ich meine, eine zu feine Veranstaltung, die sich auch von der nachfolgenden Hochzeitsfeier nicht deutlich genug abhebt. Ich kann nur nochmals sagen, wem es so besser gefällt, der möge sich um Gottes willen nicht durch meinen Geschmack bevormundet fühlen.

Die Soiree läuft mit Ausnahme des feierlichen Äußeren ähnlich ab. Während jedoch der Polterabend mehr ein Fest der Jugend ist, so vereint die Brautsoiree auf jeden Fall jung und alt. Trinken und Essen kann ebenfalls an Getränkebar und Buffet geboten werden. Oft ist allerdings auch ein festliches Diner Mittelpunkt des Abends. Zur Soiree ist unbedingt eine Tischordnung angebracht. Dazu von mir ein vielleicht ganz lustiger Tip: die sogenannte Blumentischordnung. Jeder Gast erhält beim Eintreffen ein bestimmtes Sträußchen überreicht. Dieses verrät ihm den mit demselben Blumengesteck gekennzeichneten Tisch, an dem er seinen Platz findet. Die Gäste für den Tisch »Rosen« erhalten ein Sträußchen Moosröschen,

die für den Tisch »Nelken« einen kleinen Nelkenstrauß und so weiter.

Zur Brautsoiree arrangiere ich ein kombiniertes Buffet. Ich serviere also eine Vorspeise und Suppe am Tisch. Das Hauptgericht holt sich wieder jeder selber vom Buffet.

Auch die Brautsoiree soll auf keinen Fall bis tief in die Nacht hinein dauern. Mindestens die Hauptakteure des nächsten Tages dürfen sich noch vor Mitternacht unauffällig zurückziehen.

Beispiel für ein Kaltes Buffet

Räucherlachs mit Sahnemeerrettich
Grönlandkrabben mit Honigmelone in 1000-Islands-Sauce
Räucheraal auf Kräuter-Rührei
Geräucherter Stör mit gestoßenen Pfefferkörnern
Helgoländer Matjes-Salat

Wildpastete mit Sauce Cumberland
Rehrücken mit Preiselbeeren in Birnenhälften
Gekochter Schinken mit geriebenem Apfelmeerrettich
Honigmelone mit hauchdünn geschnittenem Bündnerfleisch
Kalbsmedaillons garniert mit Spargelspitzen und Champignons

Halbe Eier gefüllt mit Eigelbcreme
Tomaten gefüllt mit russischem Salat
Gekochte Kalbszunge garniert mit Olivenscheiben
Geflügelsalat mit Ananas in leichter Joghurt-Mayonnaise
Waldorfsalat mit Sellerie, Äpfeln und Walnüssen in Miracel-Whip-Dressing
Butter und große Brotauswahl

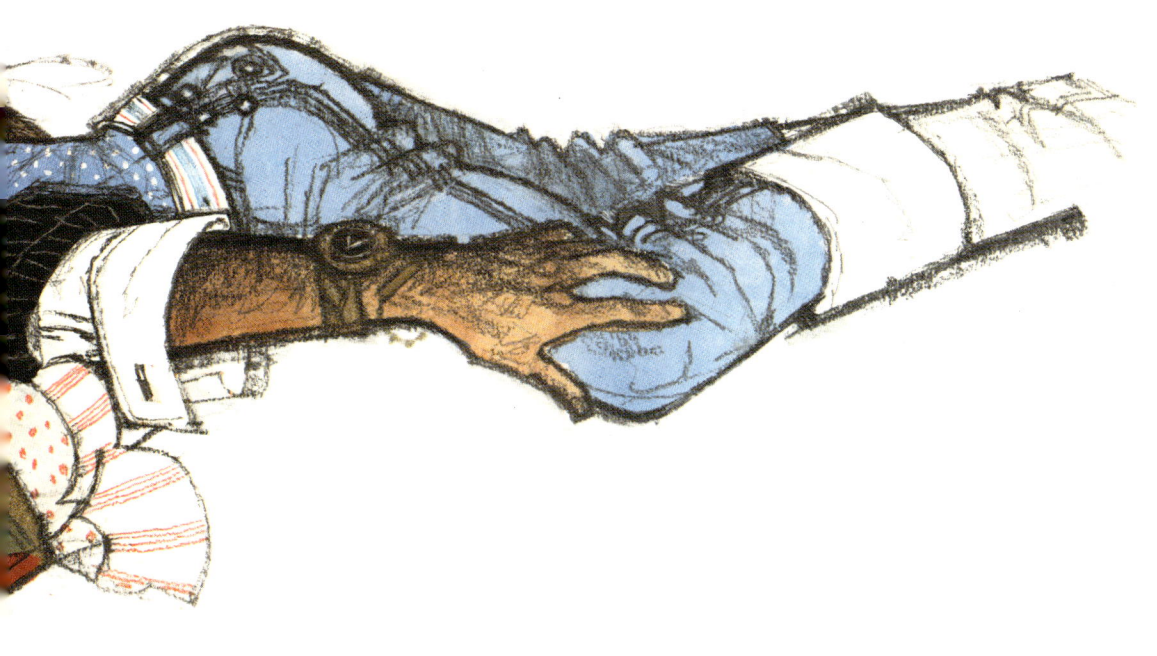

Abschied
vom Junggesellendasein

Ein verheiratetcr Freund ist ein gewesener Freund. Grund genug für die Schar der noch einmal Davongekommenen, ein letztes Mal mit dem Abtrünnigen kräftig auf die Pauke zu hauen, bevor wieder einer der ihren an die Ehe verlorengeht. So wie der Delinquent, kurz bevor das Arme-Sünder-Glöcklein zum letzten Gang ruft, noch einmal nach seinen Lieben verlangt, so bittet der Heiratskandidat seine Freunde, ehemaligen Mitschüler oder Kommilitonen, Vereinsbrüder oder Berufskollegen, ihm beim Abschied von der Welt der Junggesellen beizustehen. Bevor die Frist abgelaufen ist, das heißt, ungefähr zwei Wochen vor dem

Gang zum Traualtar, steigt das Fest. Je nach Möglichkeit und Laune in den eigenen junggeselligen vicr Wänden, in der Stammkneipe um die Ecke oder auch in einem Dorfgasthaus.

Das etwas elegische Wort »Abschied« deutet an, was gefeiert werden soll: wie schön war eine Welt ohne Weiber. Diesen einen Abend lang ist sie schön. Doch wie sehr die Herren der Schöpfung dieser Illusion auch nachhängen, natürlich gelingt es den Frauen, sich mindestens als Gesprächsthema wie mit Hilfe eines Trojanischen Pferdes in den Männerabend einzuschleichen, obwohl sie sich dieses Mal in Konkurrenz zu Autos,

Fußball, Politik, Büchern und Berufsklatsch hart tun werden. Das Wirtshaus, das schon die Kulisse zu manch »feuchter« Veranstaltung abgegeben hat, eignet sich am besten für einen ungezwungenen Männerabend. Auch von diesen Räumen gilt es für das werdende Familienoberhaupt, Abschied zu nehmen. Er wird sie, wenn überhaupt, kaum noch mit dem guten Gewissen vergangener Zeiten betreten. Natürlich muß unser Abtrünniger die Runde freihalten. Jeder sollte bestellen können, wonach ihm zumute ist. Im teureren Restaurant empfiehlt es sich für den Gastgeber, ein gemeinsames Essen im voraus zu bestellen. An Getränken wird es ja nicht mangeln.

Wird zu Hause gefeiert, wird dem Gastgeber sicherlich seine Mutter oder eine Schwester – seine Braut ist ja wohl mit den Vorkehrungen für ihren großen Tag voll ausgelastet – bei den Vorbereitungen zur Hand gehen. Er sollte nur darauf achten, daß er sie rechtzeitig – mit allen Zeichen des Dankes – verabschiedet. Den weiteren Verlauf dieses Abends wird der Noch-Junggeselle schon selber bewältigen können. Vor allem, wenn er meinem Rat folgt und einen großen Kessel auf den Tisch stellt mit einer Unmenge von Würstchen zehn verschiedener Sorten, wie Cocktail-, Wiener, Regensburger, Lyoner Würste. Dazu genügend Senf und einige Schüsseln geriebenen Meerrettichs. Zusammen mit Brot und Bier stellt er damit jeden Mann zufrieden – für eine Nacht.

Und was tun? Nun, das bleibt wirklich der Korona überlassen. Sie wird schon daraufkommen, daß sich erinnern, reden und trinken und fröhlich sein eine Nacht gut ausfüllt. Ich glaube auch nicht, daß es viele Herrenpartien um Mitternacht noch zu einem Lokalwechsel gelüstet. Eine Nacht unter Spezis ist eine Sache. Eine ganz andere Sache wäre es, mit der uneigennützigen Unterstützung einiger Freunde alle seine Verflossenen zu einer Abschiedsfete einzuladen und in einer Nachtbar oder einer Diskothek das letzte

Mal nach dem Motto »Freiheit und/oder Nostalgie« ohne Aufsicht zu tanzen.

Aller guten Dinge sind drei – Möglichkeiten. So schlage ich noch eine ein- oder mehrtägige Herren-Landpartie vor. Nicht mit y, weil sie viel älter ist als die neumodischen amerikanischen Errungenschaften. Dazu unternimmt man, je nach Umgebung, eine Bergwanderung oder eine große Radtour ins – für Gäste – Ungewisse. Das bedeutet natürlich einige größere Vorbereitungen. Übernachtungsquartiere, Essen und Trinken müssen gebucht werden. Der Weg sollte auch über sehenswürdige und feiernswerte Stationen führen und nicht nur in Wirtshäuser. Ich war einmal Gast einer solchen unvergeßlichen Abschiedsreise von der Junggesellenwelt. Da haben wir uns mit Flugzeug und Kleinbus via Stuttgart drei Tage durch Baden und das Elsaß gefressen und gesoffen. Bitte, entschuldigen Sie die Ausdrücke. Aber Sie können sich nicht vorstellen, wie glücklich wir da über die Stränge schlugen! Und zwischendurch haben wir auch ganz gesittet Schlösser und Abteien besichtigt. Zu Mittag und zu Abend aßen wir immer in einem anderen berühmten Gasthaus. In diesen beneidenswerten Ländern leuchten ja die Michelin-Sterne über kleinsten Dörfern. Das war sicherlich eine aufwendige Reise. Doch, bescheidener aufgezogen, wird sie auch Spaß machen. Gut vorbereitet muß sie allerdings sein. Zum Beispiel kann man auch, wenn es schneit, seine Freunde zum Skilaufen auf eine Berghütte einladen. Auf jeden Fall werden Sie von solchen letzten Freiheitserlebnissen noch lange zehren und der Ehe, dieser Feindin aller Männerfreundschaften, gefaßter entgegensehen.

Hochzeit

Wer seine Hochzeit feiern will, sollte nicht nach der Statistik schielen. Ich meine damit, er sollte davon ausgehen, daß es seine einzige Hochzeit bleiben wird. Auch wenn das heute nicht mehr so selbstverständlich wie früher ist. Und den Skeptikern schreibe ich ins Stammbuch: die erste Hochzeit ist jedenfalls die schönste!

Ich will von einer Hochzeit erzählen, die ich ausrichten durfte. Es werden zwar nicht viele unter meinen Lesern sein, die sich einen ähnlich großzügigen Stil leisten können, aber gute Ideen und originelle Einfälle sind ja auch keine Frage des Bankkontos. So möchte ich mit dieser Geschichte die Phantasie anregen, einen Weg zu finden, die Hochzeitsfeier zu arrangieren, die vom üblichen wegführt.

Die Hochzeit begann in München. Mein Kunde war ein vielgeplagter Mann. Ständig mit seiner Privatmaschine, in der etwa dreißig Personen Platz haben, unterwegs. Mit ihm zusammen haben wir uns eine Hochzeitsfeier im Flugzeug ausgedacht. Alles lief nach vorher minutiös festgelegtem Countdown ab: standesamtliche Trauung in Schwabing, kirchliche Trauung in der kleinen alten Kirche von Solln. Dann fuhren wir mit unserer Oldtimer-Kolonne – ich hatte drei Wagen aus dem Museum geliehen – direkt weiter zum Flugplatz Riem. Wir durften sogar auf dem Privatflugfeld vorfahren. Dort hatten wir einen roten Teppich ausgelegt.

Das Innere des Jet hatten wir bis zur Unkenntlichkeit verändert: Sitze waren entfernt und umgruppiert worden, so daß wir Platz für mehrere schön dekorierte Hochzeitstische gewannen. Alles vom Besten, nur Kerzen durften wir nicht anzünden. Zum Empfang spielten drei Geiger – die sich dann aber auch anschnallen mußten. In 5000 m Höhe wurde das Hochzeitsmenü serviert. Die Geiger spielten dazu Mozart-Melodien.

Erstes Ziel war London. Dort war in der Senator-Lounge ein Empfang für die dortigen Freunde des Brautpaars vorbereitet, auf dem »nur« Whisky gereicht wurde: 30 verschiedene Sorten, dazu auch nur Wasser, das aber aus Alaska! Für stilechte Musikbegleitung sorgten ein paar Dudelsackbläser. Während der zwei Stunden, die der Empfang dauerte, war das Flugzeug auf pariserisch umdekoriert worden: freche Bilder, Jugendstil-Fotos und ein bißchen Folklore bereiteten die zurückkehrenden Hochzeitsgäste schon auf das nächste Ziel vor.

Auf dem Pariser Flughafen wurden wir von einem alten französischen Autobus abgeholt. Der war natürlich auch besonders dekoriert und brachte uns in ein typisches Bistro, in dem ein Meeresfrüchte-Buffet aufgebaut war: Austern, Langusten, Seeigel und so weiter. Dazu gab es Landwein und Champagner. Übrigens, die Braut trug immer noch ihr weißes Hochzeitskleid und der Bräutigam seinen Cut! Anschließend besuchte die Gesellschaft ein Cabaret mit einem Programm, das auch den nicht französisch Sprechenden etwas gab. Übernachtet wurde in einem Landhaus bei Paris, das einem Freund des Bräutigams gehörte.

Am nächsten Morgen fuhr man ohne Frühstück zum Flughafen. Der Jet war unterdessen wieder umgestaltet worden, und zwar mit Stilelementen des Wiener Kaffeehauses. Zum Frühstück gab es nur etwas Kaviar mit Toast und Champagner dazu. So startete die Ge-

41

sellschaft schon wieder recht heiter nach Wien. Für die »Morgen-Muffel«, die auch darunter waren, hatten wir zum Champagner Zeitungen besorgt; mit denen konnten sie sich während des Fluges beschäftigen. In Wien war unser Ziel das »Sacher«. Dort wartete ein großes Tafelspitzessen. Das war der letzte Höhepunkt dieser ungewöhnlichen Hochzeitsfeier.

Auch der Jet war nun zum letzten Mal umdekoriert worden: Latschengestecke, weißblaue Girlanden und Schleifchen und allerlei rustikale Antiquitäten bereiteten auf die Landung in München-Riem vor. Unterwegs labten wir uns an Münchner Bier vom Faß, und auf dem Flugplatz wurde die heimkehrende Gesellschaft von einer Blaskapelle empfangen.

Das dürfte die ungewöhnlichste und lustigste Hochzeitsfeier gewesen sein, an der ich mitwirken konnte. Doch sehen wir einmal vom Geld ab, das sie gekostet hat: bei jeder Hochzeit, ob sie nun aufwendig oder schlicht gefeiert wird, kommt es auf etwas Phantasie und eine sorgfältige, überlegte Vorbereitung an, wenn sie gelingen soll. Das ist leicht gesagt und wesentlich weniger leicht getan. Denn ein Paar, das heiraten will, hat ja noch andere Sorgen: Wohnung, Einrichtung, kirchliche und standesamtliche Formalitäten, vielleicht auch berufliche Veränderungen – da geraten die Vorbereitungen für den Hochzeitstag selbst leicht in den Hintergrund. Kommt hinzu, daß über die Form der Festlichkeit die Meinungen weit auseinandergehen können: zwischen der Braut, die es gern festlich, und dem Bräutigam, der es lieber möglichst unauffällig hätte. (Manchmal ist es aber auch umgekehrt!) Und wenn die Eltern ein Wort mitzureden haben, wird es möglicherweise noch komplizierter.

Die schlichteste Form der Hochzeit ist die Beschränkung auf die standesamtliche Trauung. Heiraten Sie so, so machen Sie den Standesbeamten darauf

aufmerksam. Er wird die Zeremonie gern etwas feierlicher gestalten. Ist die Trauung vollzogen, geht das Brautpaar mit seinen beiden Trauzeugen, den Eltern und Freunden in ein nettes Restaurant zum Essen. Anschließend löst sich die kleine Gesellschaft formlos auf. Dazu brauche ich weiter nichts zu sagen. Und jedenfalls ist noch lange nicht ausgemacht, daß diese Ehe schlechter hält als eine, deren Beginn mit viel Aufwand begangen wurde.

Trotzdem bin ich für eine Hochzeit mit kirchlicher Trauung. Sie ist festlicher und bleibt deshalb wohl auch tiefer in der Erinnerung haften. Ich lasse jetzt bewußt die religiösen Motive beiseite, denn über die muß sich jedes Paar selber klarwerden; zumindest braucht es dazu nicht meinen Rat. Gehen wir aber von einer kirchlichen Trauung und einem entsprechend festlichen Rahmen aus, so bleiben trotzdem noch verschiedene Möglichkeiten, die Hochzeit zu feiern. Unter diesen gibt es zwei sozusagen klassische Varianten. Die vergleichsweise einfachere ist die, bei der die kirchliche Trauung am Vormittag stattfindet; ein Empfang und das festliche Hochzeitsessen schließen sich an. Vielleicht

bleibt die Hochzeitsgesellschaft noch bei Kaffee und Kuchen zusammen, während das Brautpaar sich zurückzieht, in seine Wohnung oder auf die Hochzeitsreise. Gegen diesen Ablauf ist nichts einzuwenden, obgleich mir persönlich die Geschichte gegen den Schluß hin zu sehr auseinanderläuft. Deshalb ziehe ich die zweite Möglichkeit als die festlichere, freilich auch aufwendigere, vor. Da findet die Trauung erst am Nachmittag statt, das Hochzeitsessen am Abend. Und der Tag kann dann mit dem Hochzeitsball ausklingen.

Sie sehen also: zwischen diesen beiden oder noch weiteren, individuell abgewandelten Möglichkeiten muß man sich rechtzeitig entscheiden. Denn es gibt eine Menge vorzubereiten. Dazu gehört gleich am Anfang die Klärung der Frage: wen laden wir ein? Und wozu laden wir wen ein? Denn in beiden Fällen muß das Brautpaar einen engeren Kreis, dem es mehr verpflichtet ist, und einen weiteren Kreis berücksichtigen.

Wer seine Heiratsanzeigen vorher verschickt, kann dem weiteren Kreis der Bekannten, Nachbarn und Kollegen auf diesem Wege auch gleich seine Einladung zukommen lassen. Dann schreibt er nämlich einfach auf seine Anzeige: »Trauung am 15. Mai 1977, 11 Uhr, in der Martinskirche – Empfang um 12 Uhr 30 in der Königinstraße 15 im Hotel Vier Jahreszeiten.« Der Empfänger der Anzeige weiß jetzt, daß die Brautleute sich freuen werden, ihn in der Kirche und beim anschließenden Empfang zu sehen. Für die Einladung zum Hochzeitsdiner und zum (eventuell folgenden) Hochzeitsball schlage ich eine formelle schriftliche Einladung vor. Wer den Tag seiner Hochzeit in diesem festlichen Rahmen begehen will, der sollte sich wohl auch an die klassischen gesellschaftlichen Gepflogenheiten halten. In diesem Zusammenhang darf natürlich auch der Hinweis auf die erwünschte Garderobe nicht fehlen. Dies ist ein Buch über Feste und Partys, keines über Benimm- und Gar-

derobefragen. Nur soviel: das weiße Brautkleid gehört nach meiner Ansicht – die wohl auch heute noch die Ansicht der meisten Bräute ist – dazu.

Also, wenn es meine Hochzeit wäre, würde ich die Variante zwei wählen, mit dem Schwerpunkt auf dem Nachmittag und dem Abend. Auf den Vormittag fiele dann nur die standesamtliche Trauung und – vielleicht zwischen 11 und 1 Uhr – eine schöne große »Henkersmahlzeit«, das letzte Frühstück vor der Ehe. Es ist

keine Ausnahme, daß gerade dieser Programmpunkt sich zum vergnüglichsten Teil des Hochzeitstags entwickelt. Auch kann er dazu beitragen, daß man den weiteren Anforderungen des Tages, besonders der Trauungszeremonie in der Kirche, einigermaßen gelassen entgegensieht.

Nach dem Frühstück muß man den Gästen etwas Zeit lassen. Der optimale Zeitpunkt für die kirchliche Feier ist demnach 15 Uhr, auch im Hinblick auf das weitere Programm. Hat man sich für die Trauung am Vormittag entschlossen, wäre 10 Uhr eine gute Zeit. Aber natürlich muß man sich auch nach dem Terminkalender des Pfarrers richten.

Ich bin ein Mensch mit ausgeprägtem visuellen Sinn. Deshalb lege ich immer großen Wert darauf, daß die »Optik« eines Festes stimmt. Ich würde mich also selber darum kümmern, daß die Kirche mit Blumen so festlich und heiter geschmückt ist, wie ich sie an diesem Tag gern sehen möchte; dasselbe gilt für die musikalischen Darbietungen, die ich gern hören möchte. Schließlich würde ich mir für diesen Tag, wenn ich es nicht selber habe, ein schickes Auto leihen und es mit hübschen Blumensträußen schmücken.

Nach der kirchlichen Zeremonie kommt die große Gratulationscour vor der Kirche. Da ist es nett, wenn man mit einem Glas Champagner anstoßen kann, den ein guter Freund vielleicht bereitgestellt hat. Doch diese improvisierte Einlage ersetzt natürlich nicht den Empfang, den man nach der Trauung zu Hause oder auch in einem Hotel gibt. Ich bin der Meinung, der gehört unbedingt dazu. Denn nur er macht es möglich, all die Freunde, Kollegen oder Nachbarn bei sich zu sehen, die an der Hochzeit teilnehmen, die aber nicht zum Essen oder zum Ball eingeladen werden können.

Der Hochzeitsempfang ist eine ganz zwanglose Veranstaltung. Das Brautpaar freut sich über jeden, der kommt und gratulieren möchte. Gereicht werden nur ein paar Getränke, etwa ein Glas Sekt mit Orangensaft, ein Campari mit Sekt oder ein Martini-Cocktail und ein paar Kanapees.

Wichtigstes Möbelstück auf dem Empfang ist ein großer Tisch, auf dem die Geschenke der Gäste abgestellt werden. Wer es besonders gut machen will, hat das seine schon vorher ins Haus geschickt. Das Brautpaar hat ohnehin alle Hände voll zu tun, Blumenarrangements, Freßkörbe, Kunstgewerbliches und Haushaltswaren aller Art entgegenzunehmen, sich mit herzlicher Freude zu bedanken und mehr oder weniger unauffällig zu notieren, von wem was kam.

Achtung, Brautpaar: das Bedanken nicht vergessen! Ein persönlicher Brief wird erwartet, und der möglichst innerhalb von vier Wochen nach der Hochzeit.

Der Empfang braucht nicht länger als 1½ Stunden zu dauern. Mittags schließt sich das Hochzeitsdiner für die Geladenen ziemlich unmittelbar an, also etwa um 13 Uhr. Nachmittags bleibt noch etwas Zeit, für die jeder dankbar sein wird.

Eine alte Tradition: die Hochzeitstorte – bereit zum Anschneiden

Das festliche Diner könnte dann um 19 Uhr beginnen. Es sollte genüßlich und gemächlich ablaufen, so daß die Gäste genügend Gelegenheit haben, den Anlaß würdig und unterhaltsam zu begehen.

Bei der Bestimmung des Menüs sollten die Brauteltern oder das Brautpaar sich von einem Fachmann beraten lassen. Findet das Essen in einem Hotel oder Restaurant statt, was ich für diesen Fall nochmals dringend empfehlen möchte, könnte ruhig auch ein Freund, der sich auskennt, herangezogen werden. Viele wollen es nicht wahrhaben, aber glauben Sie mir: der Ablauf und die Zusammenstellung eines Festessens haben großen Einfluß auf Stimmung und Atmosphäre. Ein Probeessen, rechtzeitig vorher unternommen, hat sich schon oft bewährt und steigert zudem die Vorfreude bei den Beteiligten. Es soll schon vorgekommen sein, daß sich manche Brautpaare erst dabei richtig kennengelernt haben!

Noch ein Wort zur Zusammenstellung der Weine: achten Sie darauf, daß es kein zu großes Durcheinander gibt. Nicht wenige Leute bleiben heute am liebsten die ganze Zeit über bei ein und demselben Getränk. Als Konzession erlauben sie sich dann höchstens noch ein Glas Champagner zum Anstoßen. Ihnen ist der klare Kopf am nächsten Morgen wichtiger als die sogenannte klassische Abfolge. Ich meine ja, der Wechsel vom Weiß- zum Rotwein gehört nun mal dazu, aber mehr muß wirklich nicht sein. Man kann es einfacher und trotzdem schön, trotzdem gepflegt machen.

Für die Hochzeitstafel eignet sich die Hufeisenform am besten. Die Gäste, die sich hier vielleicht erst kennengelernt haben, können sich so gut sehen. Und die Tischreden kommen besser an. Apropos Reden: sorgen Sie unbedingt dafür, daß nicht zu viel und zu lange geredet wird. Wenn der Geistliche etwas sagen will, kommt er als erster dran. Ihm folgt der Brautvater mit seiner Rede. Und wenn dann noch ein Freund etwas Launiges zu sagen hat, ist das sicherlich sehr hübsch. Doch damit sollte es auch genug sein. Die drei Reden würde ich jeweils nach der Vorspeise, nach der Suppe und nach dem Hauptgang einplanen.

Bitte nicht die Tischordnung auf die leichte Schulter nehmen! Zum einen müssen die Honoratioren richtig verteilt werden: das Brautpaar in der Mitte, eingerahmt von den Brauteltern. Auch die Trauzeugen gehören in die Nähe des Brautpaares, ebenso natürlich der Geistliche. Zum anderen muß man auf die richtige Mischung unter den Verwandten und Freunden von beiden Seiten achten. Die Gäste sollen sich kennenlernen, und sie sollen sich gut unterhalten. Da man sich bei seiner Hochzeit nicht alle Leute nach eigenem Geschmack aussuchen kann, eine keineswegs immer leicht zu lösende Aufgabe!

Das Hochzeitsdiner sollte sich nach meiner Meinung schön lang hinziehen. Gegen Ende hin kann – und sollte – sich aber die Tischordnung auflockern. Warum etwa nicht schon zum Dessert die Plätze wechseln? Zum Kaffee würde ich, wenn irgend möglich, den Raum wechseln, um den Gästen eine weitere Gelegenheit zu geben, sich anders zu gruppieren.

Hochzeitsball – ja oder nein? Ich neige nicht dazu, dem Hochzeitsdiner noch einen Ball anzuhängen. Wer ist denn heute noch in der Lage, ein so ausgedehntes Festprogramm durchzustehen? Will das Brautpaar aber auf seinen Ball nicht verzichten, so sollte es zumindest den Polterabend auf kleiner Flamme halten.

30 Personen sind nach meiner Ansicht das Minimum für einen Ball. Denn der lebt ja von der Vielzahl der Gesichter, Garderoben und Wechselbeziehungen. Und danach muß ich mir auch die Lokalität aussuchen. Es muß genügend Platz vorhanden sein, zum Tanzen, Plaudern, Trinken. Wo der Ball steigt, ist eine andere Frage. Das kann zu Hause sein oder in dem Hotel, in dem das Hochzeitsdiner stattgefunden hat. Ich kann aber

auch einen Bauerngasthof mieten oder eine alte Scheune herrichten und ein herrliches Fest aufziehen – die richtigen Ideen vorausgesetzt. Doch ich will jetzt beim traditionellen Ball bleiben.

Was gibt es zu trinken? Ich meine, Weißwein, Rotwein und Sekt sollten da sein. Eine Bar macht sich immer gut, damit die Gäste schneller in Schwung kommen. Und für später ein schönes, frisches Bier, das nach Möglichkeit aus dem Faß kommen sollte. Bier ist ja heute durchaus gesellschaftsfähig.

Ganz besonders wichtig: die Ballmusik! Eine Diskothek ist gut – wenn die Lautsprecheranlage funktioniert (und zwar nicht zu laut). Eine brauchbare Band ist besser, weil sie Stimmung macht. Am besten ist sie, wenn sie für alt und jung etwas im Repertoire hat. Denn es wollen und sollen sich ja alle Gäste amüsieren.

Wo auch immer der Tanz stattfindet, die Garderobe sollte festlich sein; Smoking und Abendkleid sind angebracht. Obligatorischer Programmpunkt: das Brautpaar eröffnet den Ball mit einem Ehrentanz. Anschließend kann das Fest sich entfalten, wie es Gastgebern und Gästen am besten gefällt. Nur vor dem alten Brauch der Brautentführung möchte ich warnen. Sie ist nur lustig für die Entführer selber, die irgendwo mit der Braut einen heben, aber nicht für die Zurückbleibenden. Oft löst die Ballgesellschaft sich sogar auf, bevor die Braut vom Bräutigam zurückgebracht worden ist.

Für eine Hochzeit mit Ball sollte man sich um einen Termin am Wochenende bemühen, damit die Gäste länger bleiben können. Nach Mitternacht wird – gleich, wieviel man am Tag vorher gegessen hat – ein stärkender Imbiß immer freudig begrüßt werden: Würstchen, eine Gulasch- oder Bohnensuppe oder dergleichen.

Und zum Schluß noch einen Rat: wer seinen Gästen wohl will, sorgt (durch rechtzeitige Vorbestellung) dafür, daß sie mit dem Taxi nach Hause fahren können!

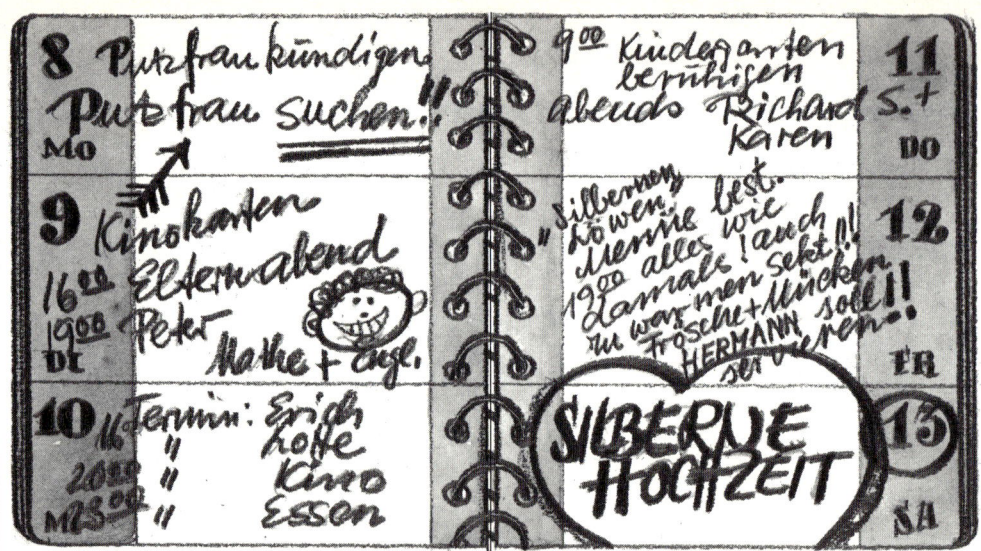

Hochzeitstag, Silberne und Goldene Hochzeit:

Das Wichtigste an einem normalen Hochzeitstag ist, ihn nicht zu vergessen! Dieser Hinweis gilt vor allem den Männern, die durch Unaufmerksamkeit leichtsinnig eine Schuld auf sich laden, von der sie sich nur unter hohen Kosten wieder loskaufen können.

In meiner nun neunjährigen Ehe hat sich bereits eine nette kleine Tradition herausgebildet: zur Feier des Tages speisen wir regelmäßig das gleiche Menü wie am Tag unserer Hochzeit und trinken die gleichen Weine dazu. Von Jahr zu Jahr finden wir mehr Gefallen daran.

Wenn es einem schon gelingt, das Fest der silbernen oder gar goldenen Hochzeit zu erreichen, sollte man – meine ich – erst recht auf Erinnerung und Tradition setzen. Die alten Freunde einladen, in dieselbe Kirche gehen, das gleiche Menü am selben Ort essen. Angenommen, es ließe sich das alles realisieren (was leider ganz selten der Fall ist), so wird dieses Fest doch kein Abklatsch von damals sein. Immerhin sind 25 oder 50 Jahre ins Land gegangen, Kinder und Enkel, auch neue Freunde sind hinzugekommen, wir selber haben uns merklich verändert, die Zeit ist nicht stehengeblieben. Diese runden Hochzeitstage sind Tage der Nostalgie – warum sollten wir sie nicht auch entsprechend feiern!

Hochzeitsmenü für 10 Personen

Vorspeise
Cocktail von Meeresfrüchten
600 g gekochte Hummerkrabben
300 g gekochte Scallops
(Tiefseemuscheln)
1 Kopf Icebergsalat
600 g gewürfelte Honigmelone (1 cm)
400 ml 1000 Island Dressing
1 Zitrone
3 Kiwi-Früchte

Hummerkrabben und Scallops in 1 cm große Würfel schneiden. Icebergsalat in feine Streifen schneiden. Hummerkrabben, Scallops, Melone und 1000 Island Dressing vorsichtig mischen. Den Boden von 10 Cocktailgläsern mit den Salatstreifen auslegen. Die Mischung gleichmäßig auf alle Gläser verteilen. Mit Zitronenecken und Kiwi-Früchten garnieren. Dazu getoastetes Weißbrot reichen.

Suppe
Klare Oxtail mit Tafelbrötchen
2 ¹/₁ Ds. klare Oxtail
¹/₄ l Sherry
10 Tafelbrötchen

Die Oxtail aufkochen und mit Sherry verfeinern. In kleinen Tassen servieren.

Hauptgericht
Kalbsfilet in Blätterteig mit Morchelsauce, Prinzeßbohnen und Mandelcroquetten
2,5 kg ganze Kalbsfilets
1 kg tiefgekühlter Blätterteig
200 g gekochter Schinken
200 g gekochte Champignons
200 g gehacktes Kalbfleisch
100 g Gänseleberpastete
30 g grüne Pfefferkörner

200 g getrocknete Morcheln
50 g Butter
100 g Zwiebelwürfel
70 g Mehl
9 dl Milch
Salz, Zitronensaft
1 dl Sahne
gehackte Petersilie

Die Kalbsfilets würzen und jeweils auf dünn ausgerollte Blätterteigquadrate legen.
Gekochten Schinken und Champignons in kleine Würfel schneiden. Gehacktes Kalbfleisch, Gänseleberpastete und grüne Pfefferkörner dazugeben und eine Farce bereiten. Die Filets gleichmäßig mit der Farce bestreichen. Blätterteig umschlagen und an den Seiten fest zusammendrücken. Bei ca. 220 Grad im Ofen backen.
Die Morcheln zwei Stunden in Wasser einweichen. Aus Butter, Zwiebelwürfeln, Mehl und Milch eine Sauce bereiten. Morcheln ausdrücken und in die Sauce geben. Mit Salz und Zitronensaft abschmecken. Kurz vor dem Anrichten Sahne und Petersilie unterziehen.
Als Beilagen Prinzeßbohnen und Mandelbällchen oder gespritztes Sahnepüree servieren.

Dessert
Calvados-Äpfel
1 kg kleine Apfelspalten
4 dl Calvados
100 g Zucker
500 g Nußeis
¹/₄ l geschlagene Sahne
Borkenschokolade zum Verzieren

Die Äpfel mit 2 dl Calvados und Zucker weichdünsten. Je zwei Kugeln Nußeis anrichten und die Äpfel darübergeben. Mit dem restlichen Calvados übergießen. Borkenschokolade darüberstreuen und Schlagsahnetupfer an den Rand spritzen.

Muttertag

Nicht alle Mütter sind begeistert von der Einrichtung des Muttertags. Die einen halten ihn für überholt, weil er aus ihnen ein »Lieb Mütterchen« macht und sie sich doch als aktive, emanzipierte Frauen von heute verstehen. Die anderen meinen, daß die Familie ihre Dankbarkeit lieber etwas gleichmäßiger auf das ganze Jahr verteilen sollte, als sie auf einen Tag zu beschränken und dann des Guten leicht zu viel zu tun. Doch wie dem auch sei: es gibt viele Mütter, die »ihren« Tag genießen und sich darauf freuen. Und auch die, welche ihn distanziert betrachten, würden wohl ganz schön schauen, wenn sich gar nichts täte. Und speziell für kleine Kinder, die ja von Natur aus besonders egozentrisch sind, mag der Muttertag ein geeigneter Anlaß sein, ihnen klarzumachen, eine wie große und aufopferungsvolle Rolle die Mutter in ihrem Leben spielt.

Wir stellen uns also eine Mutter vor, die sich darüber freut, an ihrem Ehrentag

nach Strich und Faden verwöhnt zu werden. Wenn die Kinder nicht schon erwachsen sind, wird es der Vater sein, der Regie führt – eine Rolle, die ihm in der Regel auch liegt. Er wird dafür sorgen, daß die Kinder ihre Mutter nicht vor lauter Liebe und Ungeduld schon vorzeitig wecken, sondern sie ausschlafen lassen. Er organisiert die Frühstückszubereitung, indem er jedem Kind die Aufgaben zuweist, die es leisten kann, und den risikoreichen »Das-kann-ich-schon«-Ehrgeiz bremst. Er hat natürlich auch rechtzeitig die Kindergeschenke veranlaßt, die um so größere Freude bereiten, je persönlicher sie sind: ein selbstgemaltes Bild, ein selbstgepflückter Feldblumenstrauß, ein Gedicht, ein Stück auf dem Klavier, ein Gutschein für diese oder jene Hilfe, um die das Kind sich sonst hartnäckig zu drücken pflegt. Auch sein eigenes Geschenk hat der Vater nicht nach dem Geldbeutel, sondern nach dem persönlichen Wert ausgesucht: ein Stück, von dem er weiß, daß es die Mutter seiner Kinder freut, am besten etwas Dauerhaftes. Keinen Blumenstrauß also (aber bitte auch keinen Kochtopf oder Staubsauger!), sondern vielleicht eine besonders schöne Pflanze für den Garten oder Balkon, ein kleines Schmuckstück, ein Buch oder eine Schallplatte, die sich seine Frau schon lange gewünscht hat.

Auch der weitere Verlauf des Tages richtet sich völlig nach den Wünschen der Mutter. Vielleicht freut es sie wirklich, wenn es mittags ihr Lieblingsgericht gibt und sie sich um nichts – aber auch um gar nichts! – zu kümmern braucht. Es gibt aber auch Frauen, die es nervös macht, wenn ihre des Kochens wenig kundige Familie in der Küche herumwerkt und

Vielleicht von den Kindern selbst gebacken: die Torte zu Mutters Ehrentag

sie keine Möglichkeit zum Eingreifen hat. In diesem Fall ist es besser, man geht gemeinsam zu einem gepflegten Essen. Das setzt freilich voraus, daß rechtzeitig vorher ein Tisch bestellt worden ist, wenn's geht, auch die Gerichte. Denn an solchen Tagen sind in vielen Lokalen keine Plätze zu bekommen, und dann kann es sehr ungemütliche Szenen geben.

Dasselbe gilt für den Nachmittag: die Vorlieben der Mutter sind ausschlaggebend, nicht das, was sich der Vater in den Kopf gesetzt hat, weil sie das einfach schön finden muß (weil nämlich er es schön findet). Danach richtet sich die Entscheidung, ob man den Nachmittag zu Hause verbringt, einen Spaziergang macht oder eine größere Ausflugsfahrt unternimmt. Solche Autoausflüge sind zwar sehr beliebt, aber auch eine zweischneidige Angelegenheit: man bewegt sich auf überfüllten Straßen in ein eben-falls überfülltes Ausflugslokal mit überlasteten, schwitzenden Kellnerinnen, und den Kuchen, den man gern gehabt hätte, gibt es nicht mehr. Anschließend schleicht man in der Blechkolonne wieder heimwärts. »Na, Mutter, war das nicht ein schöner Tag heute?«

Wenn schon Ausflug, dann – meine ich – sollte man sich schon etwas Originelleres einfallen lassen als das, was auch dem Phantasielosen einfällt. Zum Beispiel eine kleine Wochenendreise mit Übernachtung in einem gemütlichen Bauerngasthof. Das kostet zwar etwas mehr, aber es könnte genau das sein, was die Mutter am meisten genießt, ein kurzer Tapetenwechsel, das Frühstück am fertig gedeckten Tisch, eine schöne Wanderung vielleicht. Oder die Familie besucht gemeinsam eine Kirche, ein Museum, eine Ausstellung, den Botanischen Garten, den Tierpark, ein Tennisturnier. Es gibt da wirklich unzählige Möglichkeiten,

56

man muß sich nur rechtzeitig ein paar Gedanken machen.

Will die Mutter den Nachmittag lieber zu Hause verbringen, dann kümmert sich die Familie um die Kaffeetafel. Das ist weniger aufreibend als das mittägliche Festessen. Wenn die Kinder schon etwas größer sind, dann bringen sie sicherlich auch einen einfachen Rührkuchen zustande, an dem alle ihren Spaß haben, selbst wenn er nicht hundertprozentig gelungen ist. Oder es gibt am späten Nachmittag eine Vesper-Mahlzeit (siehe S. 236) mit ein paar leckeren kalten Sachen, und anschließend geht es – als Überraschung – ins Theater, in die Oper, ins Konzert oder ins Kino. Auf dem Programm steht das, was der Mutter am besten gefällt (wenn die Programmgestalter mitmachen). Ich bin überzeugt davon, daß es weniger Kritik am Muttertag gäbe, wenn dieser Festtag nicht so oft nur pflichtgemäß absolviert, sondern individueller gefeiert werden würde. Lassen Sie sich etwas einfallen – die Mutter hat's verdient!

Frühstücks-überraschung

Rührei mit Nordseekrabben
Jeweils auf einer Toastscheibe ein Rührei von zwei Eiern anrichten und mit Nordseekrabben belegen.

Jocca körniger Frischkäse
mit Erdbeeren oder Birnenkompott

Mittags kocht der Vater

Pizza für jeden Geschmack
Ein Paket Hefeteigmischung nach Paketanweisung herstellen. Den Teig auf dem gefetteten Backblech gleichmäßig verteilen. Als Grundlage je zur Hälfte mit Tomatenscheiben und Zwiebelringen bedecken. Den Belag so auswählen, daß jeder seine Lieblingspizza findet.
Dafür ein paar Beispiele:
Crevetten, Thunfisch, Muscheln, Sardellenfilets, Oliven, Champignons, Salami, durchwachsener Speck, gekochter Schinken, Artischockenherzen, Scheibletten
Dünn mit Majoran, Oregano und Petersilie bestreuen.
Die Pizza 25 bis 30 Minuten bei 200 Grad backen.

Dessert
Vanillecreme mit Früchten
Den Boden einer Glasschüssel mit Keksen bedecken. Früchtecocktail aus der Dose darüberschichten. Die Vanillecreme zubereiten und über die Früchte geben. Mit Keksen und Früchten garnieren.

. . . und abends etwas Leichtes

Geflügelsalat
Gegrilltes Hähnchenfleisch (ohne Haut) in Würfel schneiden, Mandarinenfilets, gewürfelte Ananas und Olivenscheiben dazugeben. Mit Salz und Zitronensaft würzen. Miracel-Whip-Dressing mit den gesamten Zutaten vorsichtig mischen. In einer flachen Schüssel anrichten und mit Mandarinenscheiben garnieren. Dazu Toast und Butter reichen.

Weihnachten ist der Inbegriff von Sehnsucht nach der eigenen Jugend, nach dem eigenen Elternhaus. So wird es auch dem modernen Menschen, dem der christliche Ursprung der Heiligen Nacht mehr oder weniger aus dem Sinn gekommen sein mag, zu Weihnachten ein besonderes Bedürfnis sein, mit den Seinen zu feiern und Freude zu schenken.

Die Vorbereitungen auf das Fest sind in erster Linie eine Organisationsfrage. Das beste Rezept hierfür ist, so oft wie möglich Angenehmes mit Nützlichem zu verbinden. Unsere Mütter und Frauen waren vor den großen Feiertagen schon seit je gezwungen, zwei Dinge gleichzeitig zu tun. Sollten Sie beispielsweise in diesen Tagen gar noch gesellschaftliche Verpflichtungen haben – vielleicht einen Geburtstag jener unglücklichen Menschenkinder, deren Jubeltag in diese Zeit fällt –, so laden Sie Ihre Freunde zum Baumschmücken ein. Jung und alt wird daran Spaß haben.

Geschenke, am letzten Tag erst besorgt, können kaum so ausfallen, wie wir es uns vorgenommen haben. Auch der Christbaum sollte nach Möglichkeit schon einen Tag vor dem Heiligen Abend aufgestellt werden. Für den Schmuck gibt es keine festen Regeln. Ich schmücke den Baum nicht mehr wie unsere Eltern mit vielen Kugeln und glitzerndem Lametta. Mein Tannenbaum ist eine Fichte, behängt mit polierten Äpfeln, mit Pflaumen, Feigen und Nüssen, Engeln, Nikolausfiguren und Strohsternen. Haben Sie keine Krippe, so kaufen Sie nach und nach Krippenfiguren und stellen sie um den Christbaumfuß. Es erfordert nicht sehr viel Geschick, auch die Wohnung mit hübschen kleinen Tannengestecken, Mispelzweigen, selbstgebastelten Christsternen, mit Äpfeln, mit Zwetschgenmanderln oder -weiberln zu schmücken. Ist auch der Gabentisch bereits am Vortag hergerichtet, kann man dem Heiligen Abend mit Ruhe entgegensehen.

Trotz aller guten Vorsätze läuft das Weihnachtsfest immer wieder Gefahr, zu einer Eßorgie auszuarten. Ich rate daher, am Heiligen Abend die Küche kalt zu lassen. Kochen Sie höchstens eine Suppe. Als Hauptgericht hat sich eine leichte Kalte Platte zusammen mit Salaten bewährt. Roastbeef oder Puter wird aufgeschnitten auf den Tisch gebracht. Sie können auch Fisch, geräucherte Forelle oder Lachs oder, wenn Sie mehr ausgeben wollen, eine Languste oder einen Hummer servieren.

Nach Möglichkeit bereiten Sie sich diese kulinarischen Festtagsfreuden selber, und zwar auch wieder rechtzeitig. Lassen Sie es sich von mir gesagt sein: in den Feinkostgeschäften müssen die Platten wegen der großen Mengen, die jedes Jahr zum Fest bestellt werden, viel zu früh hergerichtet werden und sind dann oft nicht mehr frisch genug, wenn Sie sie servieren.

Dekorieren Sie den Tisch mit Tannengrün und Kerzen. Es gibt heute entzückende Papiertischtücher mit Weihnachtsmotiven, die kaum von echten zu unterscheiden sind. Das gute Geschirr jedoch heben Sie auf für die beiden folgenden Feiertage. Wir bringen immer etwas Spannung in den Heiligen Abend. Beim Kerzenglanz des Weihnachtsbaumes – dazu gehört für mich unbedingt der würzige Duft echter brennender Kerzen – essen wir eine Kleinigkeit. Nicht mehr. Denn überall auf Truhen, Anrichten und Tischen warten die Schalen und Körbe mit Weihnachtsgebäck, Nüssen, Orangen und Clementinen sowieso auf uns und locken zu ununterbrochener Kalorienaufnahme. Nach Tisch singen wir mit Unterstützung eines Plattenspielers einige Weihnachtslieder. Mit Schallplatten, mit Musik- und auch mit Sprechplatten, läßt sich ein solcher Abend feierlicher und vor allem individueller umrahmen als mit dem Programm aus dem Radio. Und vergessen Sie um Gottes willen das Fernsehgerät an diesem einen Tag. Besonders schön wäre es, und da laß ich mich gern altmodisch schimpfen, wenn der eine oder andere die

Familie noch mit Hausmusik entzücken könnte. Anschließend findet die Bescherung statt. Was jeder schenkt, wird er schon wissen. Aber eine Empfehlung erlauben Sie mir: verschwenden Sie etwas Phantasie auf die Verpackung. Das spannungsvolle Auspacken macht schon die halbe Freude. Alles sollte eingepackt werden. Selbst ein Geldschein – das Geschenk der wirklich letzten Sekunde – erhält amüsierte Aufmerksamkeit, wenn er in eine endlose Rolle Wolle eingewickelt worden ist. Außerdem bekommt man mit etwas Glück ein Paar Handschuhe oder Skisocken dafür zurück.

Widmen Sie den Geschenken, die die Kinder erhalten haben, unbedingt Ihre Aufmerksamkeit. Spielen Sie mit ihnen. Und schieben Sie die Lektüre Ihres eben erhaltenen Buches auf spätere Abende auf. Das vermehrt Ihre Freude.

Wer es einrichten kann und wem es etwas bedeutet, beschließt einen schönen Tag mit dem nächtlichen Gang zur Mitternachtsmesse.

Ganz besonders romantisch, wer träumt nicht davon, ist Weihnachten in den Bergen. Ich habe diesen Traum einmal verwirklicht. Fünf befreundete Ehepaare fuhren an einem 24. Dezember nach Kitzbühel. Unter dem gemeinsam geschmückten Christbaum breiteten wir unsere Geschenke aus. Unter anderem erhielt jeder von seinen Freunden ein

Ein wenig Phantasie und Geschick bringen Weihnachtsstimmung in Ihr Heim

Partyspiel. Nach einem Kalten Buffet und einem heißen Punsch unternahmen wir eine Fahrt mit drei Pferdeschlitten (gar nicht teuer!) auf eine kleine Alm. Dort feierten wir bei Christstollen, Lebkuchen, Plätzchen und Wein. Die Musik lieferte uns ein Hackbrett. Rechtzeitig fuhren wir am Abend wieder hinunter, um die Christmette zu besuchen.

Am nächsten Vormittag setzten wir uns an einen mit mitgebrachten Delikatessen, Spezereien und Gebäck überfüllten Tisch. Ausgiebig dehnten wir das Frühstück bis über Mittag hinaus aus. Danach brachten uns die Schlitten zu einem zugefrorenen Teich, und wir vergnügten uns den Nachmittag über beim Eisstockschießen.

Das Abendessen bereiteten wir Männer vor. Wir brieten einen Puter. Dazu kochten wir Rosenkohl. Als Nachtisch servierten wir einen flambierten Weihnachtspudding. Den Rest des Abends amüsierten wir uns bis tief in die Nacht hinein bei den Partyspielen, die wir uns gegenseitig geschenkt hatten.

Am zweiten Feiertag habe ich das Mittagessen zubereitet. Nach der Suppe

gab es Tafelspitz mit Bouillonkartoffeln und gehacktem Wirsing, als Nachtisch Marillenknödel. Getrunken wurde Südtiroler Wein. Wir kamen in eine Bombenstimmung. Trotzdem sind wir am Nachmittag noch zwei Stunden Ski gelaufen. Am Abend ließen wir uns wieder mit den Schlitten auf eine Alm fahren. Dort spielte eine Dorfkapelle, und wir beendeten die Feiertage mit einem Bauern-Weihnachtstanz. Zu Abend aßen wir Tiroler Speck mit Brot, das die Bäuerin dort noch selbst bäckt.

Mit diesen gar nicht so aufwendig gestalteten Festtagen, deren Kosten wir übrigens durch fünf teilten, will ich ein Beispiel geben, wie man eine Reihe von guten Tagen so lustig und abwechslungsreich gestalten kann, daß niemals Langeweile aufkommt. Denn Langeweile ist tödlich für mehrere aufeinanderfolgende Feiertage. Mit etwas Phantasie fällt Ihnen mit Sicherheit ähnliches ein. Mit Kindern oder Freunden. Lassen Sie vor allem nicht das Essen und Naschen zur Hauptbeschäftigung ausarten. Die fette und in Vorbereitung wie Verdauung so zeitraubende Weihnachtsgans, auch den teuren Rehrücken sollte man sich, seiner Familie und besonders der Hausfrau ersparen. Das zusammengelegte Frühstück und Mittagessen, auch Brunch (siehe S. 102) genannt, kann gerade an den Weihnachtsfeiertagen eine Wohltat in vielerlei Hinsicht sein.

Ich fahre auch nicht zu jedem Weihnachtsfest in die Berge. Oft gehe ich ins Theater oder besuche ein Museum. Das ganze Jahr über nimmt man sich das vor, jetzt hat man Zeit dazu. Seit zwanzig Jahren gehe ich, wenn ich in München bin, fast regelmäßig am ersten Feiertag mit Mutter, Frau und Sohn in den Zirkus. Rodeln und Schlittschuhlaufen macht auch wieder Spaß. Natürlich spiele ich, wie wohl die meisten Männer, furchtbar gern Eisenbahn. Jahr für Jahr baue ich gerade während der Weih-

nachtsfeiertage unsere Anlage weiter aus. Selbst meine Frau habe ich schon zum Mitspielen bewegen können! Auch das ist eine Weise, mehrere Vorhaben zu vereinen: meine Lieben mit meinem Steckenpferd zu unterhalten.

Den zweiten Feiertag lassen wir meistens mit einem Punschabend ausklingen. Punsch macht einen langen Winterabend erst schön. Wenn wir vom Spaziergang durchgefroren nach Hause kommen, gibt es neben dem prasselnden Kaminfeuer nichts Wärmenderes als eine kleine Runde von Freunden – nicht mehr, als Sie vor dem Kamin oder in einer Sesselecke placieren können – um einen dampfenden Kupferkessel mit heißem Punsch.

. . . ein echter Stollen gehört dazu

1 kg Mehl
80 g Hefe
1 TL Zucker
¼ l Milch

400 g Butter, zerlassen, aber nicht heiß
175 g Zucker
1 TL Salz
1 geriebene Zitronenschale
1 EL Rum
400 g Sultaninen
150 g Zitronat und Orangeat
125 g gehackte Mandeln
10 g Stollengewürz
¼ l Milch

Zum Bestreichen
50 g Butter
250 g Puderzucker

Mehl in eine Backschüssel geben. Hefe, Milch und Zucker verrühren und in das

Mehl gießen. Zum Vorteig anrühren und gehen lassen. Die restlichen Zutaten hinzufügen und alles gut durcharbeiten. Den Teig zu einem Stollen formen und wiederum gehen lassen. Bei 200 bis 220 Grad ca. 1 Stunde backen.

Den heißen Stollen mit zerlassener Butter bestreichen und Puderzucker dick darüber sieben.

Tiroler Weihnachts-Pudding (8 Port.)

1 l Milch
150 g Zucker
50 g Nußmark
80 g Vanillepuddingpulver
4 Eigelb
150 g gehackte geröstete Mandeln
150 g gehackte geröstete Walnüsse
150 g gehackte geröstete Haselnüsse
100 g Sultaninen

Milch, Zucker und Nußmark zusammen aufkochen. Mit Puddingpulver und Eigelb binden. Die restlichen Zutaten unterrühren. In Portionen abfüllen.

Kinderfeste, Teenagerpartys

Die meisten Kinderfeste finden zur Feier des Geburtstags statt. Beliebt sind auch Kinderfaschingsfeste. In den Landschaften, in denen Fasching oder Karneval eine traditionelle Rolle spielen, werden Geburtstagsfeiern gern in die Faschings- bzw. Karnevalszeit verlegt. Man sieht daraus: ein Kinderfest ist keine besinnliche Angelegenheit. Es muß sich etwas rühren – das ist die Hauptsache. Und das heißt wiederum: auch ein Fest für die Kleinen will gut vorbereitet sein!

Ein Ungeheuer zum Fressen gern! Diesem Drachen mit Lollyflügeln und Augen aus Geleefrüchten werden die Kinder sein Geheimnis rasch entreißen: süßer Hefeteig mit Schokoladenplätzchen.

Der Drachenkuchen

1 kg Mehl
2 Beutel Trockenhefe
1 Glas Milch
2 TL Zucker
250 g Zucker
2 Beutel Vanillezucker
1 Prise Salz
200 g Butter
2 Eier, Eigelb zum Bestreichen
2 Beutel Schokoladenplätzchen

Hefe und Milch mit 2 TL Zucker gehen lassen. Danach Mehl, Zucker, Salz, Vanillezucker, Butter, Eier und die aufgegangene Hefe mit dem Handmixer (Knethaken) zu einem nicht zu festen Teig verarbeiten. Die Schokoladenplätzchen mit bemehlten Händen unterkneten. Auf dem eingefetteten Backblech den Teig zu einem Drachen formen (siehe Foto). Den Kopf mit separatem Oberkiefer extra formen.
Um beim Drachen Ober- und Unterkiefer auseinanderzuhalten, einen feuerfesten Gegenstand (Eierpfanne) dazwischenlegen. Den Drachen mit Eigelb bestreichen, gehen lassen und bei 190 Grad backen. Nach Erkalten Lollys als Drachenflügel aufstecken (siehe Foto). Die Marshmallows, Geleefrüchte und Baisers mit Zuckerguß festkleben.
Der Hefeteig kann auch aus Backmischungen zubereitet werden. Für diesen Drachen brauchen Sie 3 Pakete Kraft-Hefekuchen.

Marshmallow-Häschen
Marshmallows mit Zahnstochern zusammenstecken. Für die Ohren und Pfoten die Marshmallows mit der Schere zerschneiden und mit Zahnstochern anstekken. Für Augen, Mund und Nase bunte Zuckerperlen nehmen (Foto rechts).

Die Vorbereitung fängt mit der Einladung an. Ich empfehle sehr, schriftlich einzuladen, weil es dann keine Mißverständnisse geben kann. Nehmen Sie keine vorgedruckte Karte, sondern lassen Sie Ihr Kind selbst etwas malen. Das ist hübscher und persönlicher. Wenn Sie es ganz originell machen wollen, hängen Sie die Einladung an einen Luftballon oder kleben Sie sie auf einen Ball. Besprechen Sie mit Ihrem Kind, wen es einlädt und wie viele Gäste es sein dürfen. Das hängt natürlich auch vom Alter ab. Wollen Sie für einen Vierjährigen eine Geburtstagsparty machen, dann haben Sie schon mit sechs Kindern alle Hände voll zu tun. Als obere Grenze empfehle ich zwölf Kinder. In der Regel hat es sich bewährt, nur ein oder zwei kleine Gäste mehr einzuladen, als Ihr Kind an Jahren zählt.
Essen und Trinken spielen bei jedem Kinderfest eine große Rolle. Wenn die Kinder nachmittags kommen, sagen wir um 15 Uhr, muß es einen großen Kuchen geben. Am beliebtesten sind Obstkuchen oder eine dicke Torte. Zum Trinken Kakao oder Milch und zusätzlich eine große Kanne mit Saft, die wahrscheinlich öfter nachgefüllt werden muß. Denn aus ihr sollen sich die Kinder im Lauf des Nachmittags immer wieder selbst bedienen können. Man glaubt gar nicht, wieviel Durst Kinder entwickeln, wenn sie spielen und toben.
Außerdem sollte ein großer »Krabbelteller« bereitstehen mit vielen verschiedenen bunten Süßigkeiten: Schokolade, Bonbons, Geleefrüchte, Gummibären und dergleichen. So groß kann der gar nicht sein, als daß er nicht doch leer wäre, wenn das Fest vorüber ist. Gegen Ende des Festes wird dann der große Topf mit Würstln aufgefahren: Frankfurter oder Wiener Würstl auf Papptellern, mit der Hand zu essen, dazu Senf und kleine Brötchen oder Brezeln. Man kann auch fertige Brötchen mit Frikadellen oder Hot Dogs vorbereiten.
Das Spielprogramm des Nachmittags

richtet sich naturgemäß nach dem Alter der Kinder. Für die Vier- bis Sechsjährigen bietet sich immer noch das traditionelle Repertoire mit Topfschlagen, Blindekuh, Reise nach Jerusalem und »Hänschen, piep mal!« an. Andere Spiele sind: Luftballon wettkampfmäßig aufblasen, Knoten in einem Strick lösen, Wattepusten, außerdem Würfelspiele und Quartett je nach Teilnehmerzahl. Man kann gar nicht genügend Spiele parat haben. Denn gerade die kleineren Kinder bleiben nie lange bei einer Sache, sondern streben schnell nach Neuem. Wichtig ist, daß nach jedem Spiel eine Preisverleihung stattfindet – keine großen Preise, nur etwas vom Krabbelteller. Trostpreise nicht vergessen!

Die große Zugnummer des Nachmittags wäre – wenn vorhanden und machbar – eine Zauber- oder Kasperletheater-Vorstellung. Wer sich aber einen turbulenten Kindernachmittag in der eigenen Wohnung gar nicht antun will, findet vielleicht eine Ausweichlösung. Wenn der Zufall es will, ist gerade ein Zirkus in der Stadt, oder es gibt ein Marionettentheater. Die kleinen Gäste treffen sich beim Geburtstagskind, es gibt Kakao und Kuchen wie üblich, anschließend geht's gemeinsam in den Zirkus und hinterher vielleicht noch einmal ins Haus zum Würstlessen. Ein todsicheres Erfolgsrezept!

Größere Kinder, etwa von acht Jahren an, sind leicht zu begeistern, wenn man sie mit Wettbewerben und Kampfspielen, auch zwischen zwei Mannschaften, richtig fordert. Wer Kinder in diesem Alter eingeladen hat, sollte zumindest einen Teil des Festprogramms nach draußen verlegen. Ein eigener Garten ist gut, aber selten groß genug. Die freie Natur, wenn man sie in der Nähe hat, ist besser. Im Garten kann man – je nach Alter – Eierlaufen und Sackhüpfen ansetzen, ein Pingpongturnier oder ein Völkerballspiel.

Fast noch schöner ist es aber, wenn das Kinderfest unter ein bestimmtes Motto gestellt wird, zum Beispiel: Radpartie mit Picknick! In Begleitung eines oder mehrerer Erwachsener oder größerer Geschwister wird ein Ausflug zu einem vorher festgelegten Platz gemacht, wo man besonders schön spielen kann. Das könnte etwa auf einer Waldwiese oder an einem Flußufer sein. Jedes Kind bekommt einen Rucksack oder Picknickkorb mit auf die Reise. An Ort und Stelle wird dann alles zusammen ausgepackt und angerichtet. Wetten, daß es draußen noch besser schmeckt als im Hause! Man darf nur nicht vergessen, solche Unternehmungen auf der Einladung anzukündigen, damit die Eltern Bescheid wissen und jedes Kind sein Fahrrad mitbringt. Das Nonplusultra auf diesem Gebiet könnte eine Zeltparty sein – vorausgesetzt, das Fest ist auf ein Wochenende oder in die Ferienzeit gelegt worden, das Wetter macht mit, und man hat einen passenden Platz im eigenen Garten. Wenn die Kinder sich dann noch eine Suppe kochen oder Würstchen heiß machen können, werden sie sich wahrscheinlich wie im siebenten Himmel fühlen.

Kinder feiern ihre Feste am liebsten im Freien. Verlagern Sie die Futterkrippe in den Schatten eines Baumes. Und es gibt auch »Futterbäume«: in den Zweigen hängen exotische Früchte aus dem Supermarkt oder aus Tante Emmas Kramladen.

Auch Zebras lutschen Lollys. Die Bonbons und Lutschstangen winken neben dem Applaus den Zirkuskünstlern als Lohn. Denn wenn gerade kein Zirkus in der Stadt ist – in der Manege im Garten kann es genauso lustig zugehen.

Auch im Winter muß man die Kinder nicht unbedingt ins Haus einsperren. Wenn das Wetter nicht nur naß und häßlich, sondern eben winterlich ist, kann man sie Schneemänner um die Wette bauen lassen – der schönste oder größte bekommt natürlich einen Preis. Oder alle Gäste werden aufgefordert, Schlitten beziehungsweise Schlittschuhe mitzubringen und sich entsprechend anzuziehen. Alles trifft sich beim Geburtstagskind, bekommt etwas Heißes zum Trinken, und dann zieht die ganze Gesellschaft los zum Rodelberg oder Eislaufplatz. Zur Feier des Tages mit einem Luftballon an jedem Schlitten. Man macht eine Zeit für die Heimkehr aus, vielleicht nach zwei Stunden, und dann ist die große Kuchenschlacht fällig. Hinterher noch ein paar Spiele, und auch das wird ein herrliches Fest gewesen sein.

Mittlerweile ist es nicht mehr nur in München und Süddeutschland üblich, daß Kindergeburtstage, die in den Januar oder Februar fallen, als »Kinderfasching« gefeiert werden. Der Unterschied zu einer normalen Kinderparty besteht vor allem darin, daß ein Raum bunt dekoriert werden muß und daß die Kinder in ihm entsprechend herumtoben können sollten. Dafür eignen sich am besten Keller- und Hobbyräume. Wer glaubt, um Wände, Möbel und andere Einrichtungsgegenstände bangen zu müssen, sollte einen Kinderfasching gar nicht erst erwägen.
Die Faschingsdekoration braucht nicht teuer zu sein. Ein paar Poster kann man sich heute überall organisieren, ein paar Plakate werden bemalt und an die Wand gehängt, wenn die Kinder nicht die Wand vorher selbst bemalen, was natürlich ein herrlicher Spaß sein kann. Gekauft werden müssen nur Luftschlangen, Luftballons und vielleicht Knallbonbons oder ähnliches Zubehör. Es soll ja alles so einfach wie möglich sein. Das heißt zum Beispiel auch, daß man im Faschingskeller anstelle von Möbeln nur Kisten und

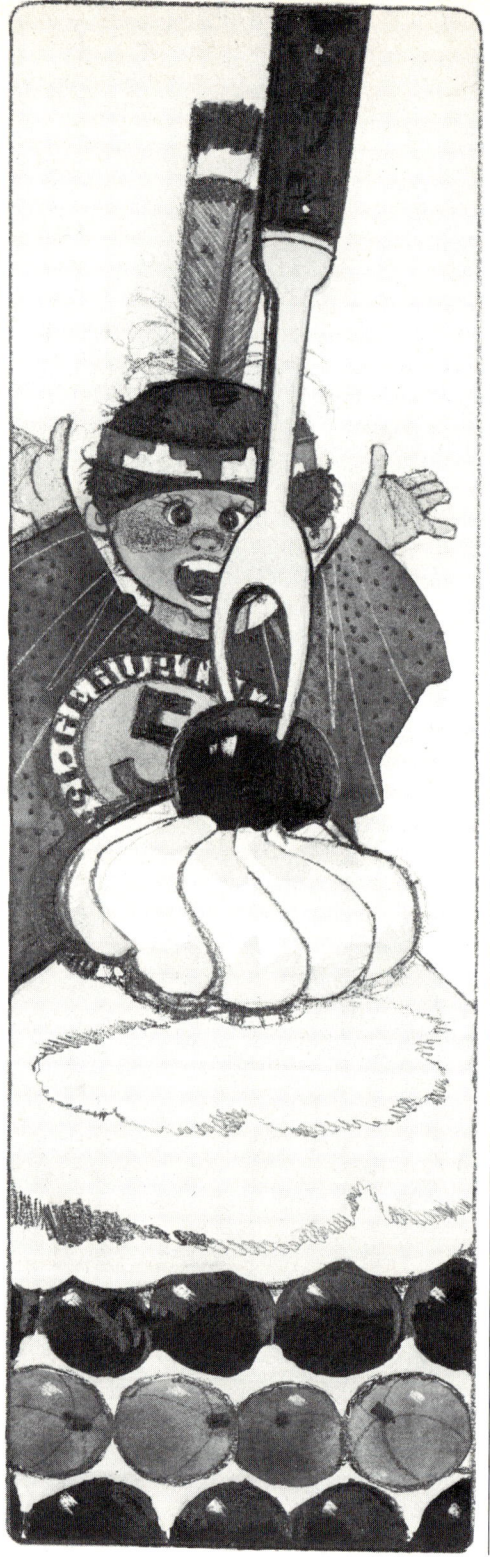

72

Bretter als Sitzgelegenheiten und Tische hat. Für entscheidend halte ich nur, daß das gastgebende Kind nicht alles vorgekaut bekommt, sondern daß es möglichst viel selbständig macht.

Ansonsten unterscheidet sich ein Kinderfasching nur wenig von einer anderen Kinderparty. Die Eingeladenen kommen kostümiert – klar. Ein eigenes Motto, an das sich alle halten müssen, ist nicht nötig. Damit haben schon die Erwachsenen ihre Schwierigkeiten. Als kulinarische Variante sind Faschingskrapfen sehr beliebt. Wer gute Beziehungen zu seinem Bäcker hat, kann sie eine Nummer kleiner bestellen; sie sind dann leichter zu handhaben. Alkoholische Getränke gibt es natürlich nicht. An ihre Stelle kann Cola oder Fruchtsaft treten. Und nötigen Sie die Kinder bitte nicht zum Tanzen! Das kommt von ganz allein, irgendwann ab zehn Jahren. Bei den Mädchen eher als bei den Buben. Die toben und knallen noch am liebsten, während die kleinen Evas schon die ersten Tanzverrenkungen probieren.

Der Grundgedanke bei einem Kinderfest scheint mir der zu sein: man muß den Kindern etwas Besonderes bieten. Damit meine ich jetzt nicht Essen und Trinken, sondern eine neue Idee zum Spielen, die ihnen der Alltag normalerweise nicht bieten kann. Daher auch meine Anregungen für den Wettbewerb im Schneemann-Bauen, die Rad- oder Zeltparty. Wir haben einmal mit großem Erfolg einen Malwettbewerb arrangiert. Als die kleinen Gäste kamen, waren im Kinderzimmer zehn weiße Platten aufgestellt. Die Kinder bekamen einen Pinsel in die Hand und konnten gleich mit dem Malen anfangen. Auf diese Weise entstanden die phantastischsten, originellsten und komischsten Bilder. Das Gastgeberkind wird sie sich aufheben und später mit Sicherheit noch viel Spaß an ihnen haben. Ebenso, wie ich heute noch gern an meine »Eisenbahner-Feste« zurückdenke. Als Kind hatte ich eine besonders schöne Eisenbahn. Wenn ich nun Geburtstag hatte, lud ich meine Freunde zum Eisenbahnspielen ein. Manche hatten eine Eisenbahner-Uniform, andere besorgten sich bestimmte Utensilien – und dann wurde von mittags bis abends Eisenbahn gespielt. Ich bin sicher, daß alle meine damaligen Gäste sich noch mit Vergnügen an diese Eisenbahner-Feste erinnern.

Noch ein Tip für Erwachsene: ein Kinderfest ist die beste Gelegenheit, mit den Eltern anderer Kinder Kontakt aufzunehmen. Sind die Kinder noch klein, so fragen Sie die eine oder andere Mutter, ob sie nicht Lust hat, nachmittags auch zu kommen, teils zur Entlastung, teils zur Unterhaltung. Das kann oft recht nützlich und manchmal auch nett sein. Sind die Kinder schon etwas größer, so verabreden Sie mit deren Eltern, daß sie vielleicht eine Stunde vor Schluß der Party kommen. Dann trinken Sie noch ein Glas oder zwei miteinander, unterhalten sich über gemeinsame Probleme, lernen sich kennen. In Zukunft wissen Sie, mit wem Sie es zu tun haben, es wird leichter einmal zu einem Meinungsaustausch oder zu gegenseitigen Hilfsaktionen kommen, wie sie heute an der Tagesordnung sind.

Teenagerpartys

Für sie gilt, mehr noch als für das Kinderfest: die Eltern – vorwiegend vermutlich die Mutter – haben mehr Pflichten als Rechte. In den Augen des veranstaltenden Teenagers haben die Eltern gar keine Rechte, außer dem, für alles zahlen zu dürfen. Wenn Ihnen also eine Teenagerparty ins Haus steht, tun Sie gut daran, sich auf geschicktes Taktieren zu verlegen und möglichst unauffällig die Fäden zu ziehen.

Von Teenagerpartys spricht man in der Regel, wenn die Kinder zwischen 12 und 17 Jahre alt sind. In diesem Alter – das gilt allerdings nur mit Abstufungen – fühlen sie sich schon ziemlich gescheit und wollen sich in vieles nicht mehr hineinreden lassen. Sie haben zwar eine Vorstellung davon, wie etwas sein soll. Doch wie man das erreicht, davon haben sie nur wenig Ahnung. Deshalb müssen Eltern sich bei Teenagerpartys aufs Beraten beschränken. Und sie müssen sich damit abfinden: wenn alles gut gegangen ist, war es selbstverständlich. Wenn's aber schiefgegangen ist, sind die Eltern verantwortlich.

Teenagerpartys steigen für gewöhnlich zwischen 17 und 22 Uhr. Nur bei den Älteren darf es auch einmal Mitternacht werden. Der Rahmen sollte möglichst einfach, die Räume möglichst abgelegen sein; denn es wird sehr laut werden. Als Partylokale bieten sich also ebenfalls Keller- und Hobbyräume an. Sie sollten sich wirklich überlegen, ob Sie eine Teenagerparty verantworten können, wenn Sie nicht über solche Räume verfügen. Bei der Garderobe heißt es: erlaubt ist, was gefällt. Da sollten Sie sich nicht einmischen. Ob Sie schriftliche Einladungen durchsetzen, ist eine andere Frage. Ich halte das schon für erstrebenswert, auch im Hinblick auf spätere Erfordernisse, wenn es nicht mehr so leger zugehen kann. Aber ich weiß natürlich auch, daß den Kindern die Partys am

besten gefallen, bei denen es heißt: kommt morgen, wir machen eine Party! Die Frage, was es zu trinken geben soll, löst längst nicht mehr solche Differenzen aus wie früher. Alkohol als Zeichen von männlicher Reife etwa ist heute nicht in. Ein bißchen Alkohol darf schon sein. Damit haben die Kinder immerhin das Gefühl, es tut sich was. Aber mit einem leicht gespritzten Weißwein oder einer dünnen Bowle sind zumindest die jüngeren Teenager durchaus zufrieden. Andere mögen auch, ohne sich etwas zu vergeben, am liebsten Fruchtsäfte oder Cola-Getränke. Das gilt selbst noch für die ältere Teenagergeneration. Wenn aber vorgesehen ist, die Cola zu mixen, zum Beispiel mit Rum oder Cognac, dann sollte wohl doch ein Erwachsener für die richtige Dosierung sorgen. Denn diese Mixturen können es in sich haben, und das erwartet der Unerfahrene nicht. Ungleich harmloser, aber sehr beliebt ist ein selbst angezapftes Faß Bier. Für die Mädchen läßt sich das Bier auch mit süßem Sprudel mischen. In München

76

heißt das »Radlermaß«, in Hamburg »Alsterwasser«. Beim Essen sollten Sie tunlichst davon ausgehen, daß Teenager keineswegs einen geringeren Appetit entwickeln als die Gäste eines Kinderfestes – eher einen größeren. Man wählt also für das Buffet solche Substanzen, die sich in ansehnlichen Quantitäten verarbeiten und anrichten lassen, zum Beispiel einen Hackbraten, einen Leberkäse, einen Schinken oder ein großes Wurstbuffet und ein großes Stück Käse. Dazu Brot, Butter, Radieschen und vielleicht – wenn etwa die Tochter kulinarischen Ehrgeiz entwickelt – diesen oder jenen Salat. Eine Riesenschüssel mit Pudding als Abschluß wird sicherlich mit großem Jubel begrüßt werden. Da sind die großen Kinder nicht anders als die kleinen.

Im allgemeinen lautet das Motto für eine Teenagerparty: möglichst wenig Umstände! Die jungen Gastgeber genieren sich leicht, wenn man ihrer Party anmerken könnte, daß sie sich besondere Mühe gegeben haben. Je lässiger, um so erfolgreicher – meinen sie. Ich bin in diesem Fall auch nicht für zu viele und aufwendige Vorbereitungen. Aber ich finde es trotzdem nett, wenn die jungen Gastgeber sich Gedanken machen und sich etwas Besonderes einfallen lassen. Als Anregung dafür, wie so etwas aussehen könnte, schlage ich eine Kartoffelparty (siehe S. 178) vor. Sie ist originell, erfolgreich und nicht zuletzt preiswert. Nicht so originell, aber nach wie vor höchst beliebt ist die Grillparty, bei der sich jeder seine Wurst, sein Kotelett, sein Steak selber braten kann. Die Grillparty bildet sozusagen den Übergang zur Strand- oder Uferparty, die – wenn man den richtigen Platz dafür kennt – wahrscheinlich die schönste aller Teenagerpartys ist. Man fährt an einem schönen Sommerabend gemeinsam hinaus an einen See oder an ein freies Stück Flußufer, lagert sich um ein schönes Holzfeuer, singt mit oder ohne Gitarre, hat natürlich auch etwas zu trinken bei sich und ist ein paar Stunden lang einfach sehr romantisch. Es muß ja nicht immer getanzt und getobt und Musik mit Verstärkern gemacht werden. Der Gastgeber, der das richtig organisiert und dabei auch das Glück – sprich: Wetter – auf seiner Seite hat, ist fortan der Größte unter seinesgleichen!

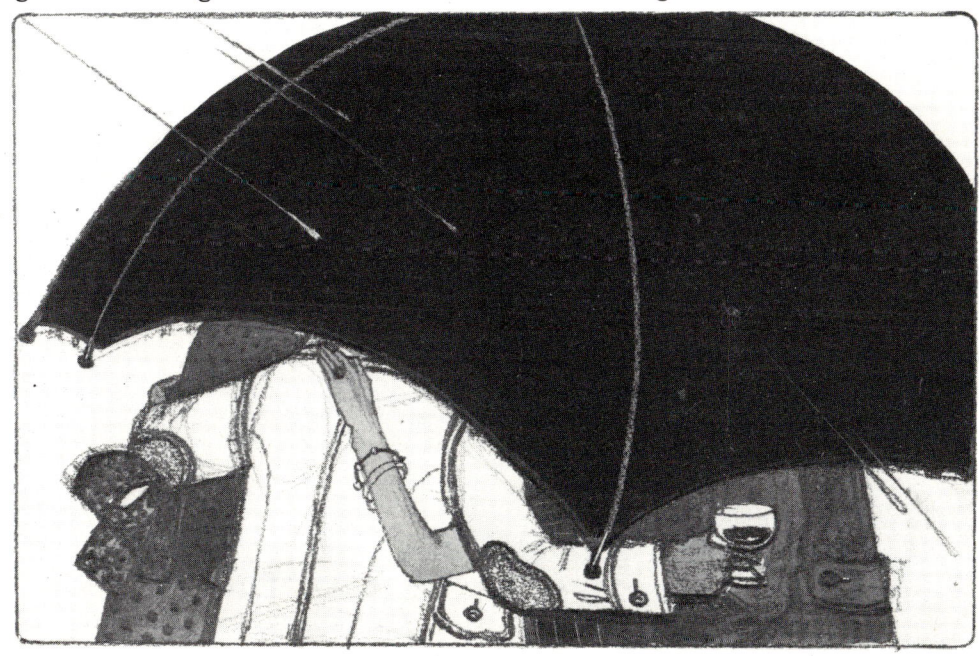

Partys und zwanglose Feste

Abendessen

Der Mensch ißt und trinkt nicht nur, um Hunger und Durst zu stillen und den Verbrennungsmotor seines Körpers zu speisen. Unsere Vorfahren haben mit unendlichem Einfallsreichtum und großer Phantasie Essen und Trinken vielmehr so sehr verfeinert, daß unsere Nahrungsaufnahme zum Genuß geworden ist. Zu den höchsten Freuden unseres Erdendaseins aber macht ein lukullisches Mahl erst die Gesellschaft von guten Freunden. Denn der Mensch ist ein soziales Wesen.

Ein zwangloses Abendessen sollte in der Regel nicht mehr als sechs bis zehn Personen vereinen. Da es heute neben den mechanischen Hilfsmitteln kaum noch Hauspersonal gibt, andererseits das Bestellen von fertigen Gerichten einmal teuer und zum anderen unpersönlich ist, empfiehlt sich diese Begrenzung. So viel oder, besser gesagt, so wenig Gäste kann auch ein im Küchendienst aufeinander eingespieltes Ehepaar bewirten, ohne sich zu übernehmen. Außerdem erlauben weniger Gäste Ihnen auch, bessere Gerichte auf den Tisch zu bringen. Die Gäste haben zudem den Vorteil, daß sich jeder der Anwesenden aufmerksamer dem anderen widmen kann. Die Hausfrau, oder wer auch immer kocht, sollte nur ein warmes Hauptgericht vorsehen. Vor- und Nachtisch können Stunden oder einen Tag vorher vorbereitet und müssen später nur noch auf den Tisch getragen werden. Auch die Hauptmahlzeit nimmt man so rechtzeitig in Angriff, daß sie unmittelbar vor dem Auftragen nur noch weniger Handgriffe bedarf. Damit kann das Essen ungestört ablaufen und leidet nicht unter der Hektik einer aufgeregten Hausfrau. Und Gäste und Gastgeber

haben etwas von dem Abend, und das soll doch wohl heißen, voneinander.

Ich spreche hier selbstverständlich von einer Einladung an den eigenen Tisch. Sie können Ihre Freunde auch in ein Restaurant bitten. Aber Sie werden mir recht geben, das ist doch eine unpersönlichere Variante unseres Themas.

Überlegen Sie auch einmal, ob ein Abendessen nicht viel lustiger sein könnte, wenn nicht nur Paare anwesend sind. Ist Ihr Bekannten- und Freundeskreis danach, so laden Sie einige Junggesellen oder Strohwitwer männlichen und weiblichen Geschlechts ein. Sie werden sehen, wie lebendig und anregend ein solcher Abend sich entwickelt.

Glücklich ist die Ehefrau zu schätzen, deren Mann wenigstens an solchen Tagen mit zupackt. Ich ergreife dann oft nicht nur den Kochlöffel, sondern decke auch den Tisch und sorge auch sonst für die Vorbereitungen des Abends. Selbstverständlich kümmere ich mich um die Getränke. Ich hole immer halb so viele Flaschen Wein, wie ich Gäste erwarte, aus dem Keller und fülle ihn dann in große Krüge. Das ist nicht nur praktischer, und ich störe nicht durch ständiges Aufstehen, sondern zum Beispiel auch gerade Rotwein erhält dadurch die Möglichkeit, zu ,,atmen", was ihm sehr gut bekommt. Ich schenke die erste Runde ein. Danach übernehmen es die Herren, die Damen und sich selber zu bedienen. Haben Sie keine Krüge oder passenden Karaffen, so ist es auch erlaubt, die entkorkten Flaschen zur Selbstbedienung auf den Tisch zu stellen. Man sollte sich möglichst auf zwei bevorzugte Weine beschränken. Ihre Gäste fühlen sich geschmeichelt, wenn sie einen guten Tropfen vorgesetzt bekommen, und Sie damit zeigen, daß Sie sie als Weinkenner ansehen.

Der Abend beginnt mit einem Cocktail, gemixt aus der Hausbar. Dreißig Minuten nimmt man sich dazu Zeit und tauscht erste Neuigkeiten und auch Klatsch aus. Dann geht man zu Tisch. Dieser muß nicht aufwendig geschmückt sein. Doch ein paar Blumen – die nicht das Gegenüber verschwinden lassen – und Kerzenlicht verleihen der Tafel anheimelnden Charme. Es ist praktisch, die Brenndauer der Kerzen zu kennen. Das Herumfummeln, bis eine neue brennt, stört sonst schon wieder. Dort gibt es im allgemeinen keine Sitzordnung, denn die gemischte Reihe ist ja selbstverständlich. Vielleicht ist es ganz ratsam, die Wahl der Plätze etwas diskret so zu steuern, daß sich interessante Nachbarschaften ergeben. Haben Sie während des Cocktails beobachtet, daß sich Gäste zu lange und ausschließlich miteinander unterhielten, so versuchen Sie jetzt, sie auseinanderzusetzen. Cliquen sind selbst im kleinen Kreis störend.

Musikalische Untermalung ist Geschmackssache. Sie kann recht nützlich sein, indem sie Pausen in der Konversation überbrückt oder es Ihnen ermöglicht, ohne schlechtes Gewissen oder Eile in der Küche nach dem Rechten zu sehen. Es empfiehlt sich jedoch, Musik noch nicht am Beginn der Party und vor allem nicht zu laut erklingen zu lassen. Und, bitte, nach Möglichkeit keine Schallplatten, weil Sie öfter den Tisch verlassen müssen und damit die Unterhaltung stören. Sehr viel besser ist da ein Tonband. Ich habe mir im Laufe der Zeit ein Tonbandarchiv mit Musik für jede Gelegenheit und für jeden Gästekreis eingerichtet.

Bei der Wahl des Menüs und der Getränke sollten Sie auch die Jahreszeit berücksichtigen: Gemüse, Salate, auch Fisch oder Fleisch, je nach der Saison. Ein leichter Weißwein ist kühler und erfrischender als ein voller Rotwein. Der bietet sich wieder besser als Trost für kalte Tage an.

In den letzten Jahren hat es sich immer mehr eingebürgert, bei einer Abendeinladung die Speisenfolge zu begrenzen. Der gesellige Reiz des Abends, der ja weit mehr in der Unterhaltung als im Essen zu sehen ist, wird darunter nicht leiden. So sind heute drei Gänge die Norm. Hier sei der Rat eines Großen der französischen Küche, Auguste Escoffier, notiert: »Vor allem halten Sie ein Essen einfach. Es ist besser, ein kurzes, wohlausbalanciertes und perfekt ausgeführtes Mahl zu servieren, an dem sich die Gäste gemächlich delektieren können, als vor ihnen mit einer ganzen Litanei von Gerichten glänzen zu wollen, die zu sich zu nehmen ihnen dann die Ruhe fehlt.«

Die Hauptmahlzeit wird der Einfachheit halber herumgereicht. Aber ich mache das grundsätzlich anders. Mich freut es immer wieder, zur Fondue zu bitten. Da ist die Runde nicht nur mit Essen und Erzählen beschäftigt, sondern mit dem lustigen Picken der Fleisch- oder Käsehappen. Kaum ein Essen fördert die Geselligkeit so wie eine gelungene Fondue. Sehr viel Anklang findet auch immer mein Kalbsgeschnetzeltes aus dem Fonduetopf. Ein ganz besonderer Vorteil dieses Menüs ist es, daß es, angerichtet, bequem in einem Wasserbad heiß gehalten werden kann.

Ganz besonders lustig sind Abendessen in der Küche. Ineinandergehende Eßzimmer und Küchen sind ja heute gar nicht mehr so selten. Da nehmen die Gäste unmittelbar Anteil am Anrichten. Ja, sie dürfen dabei durchaus aktiv wer-

Liebe Gäste:
wie wär's mal mit einem Abendessen
in der Küche?

den. Ich plädiere auch immer dafür, nach dem Dessert am Tisch sitzen zu bleiben. Erstens kann das Platzwechseln doch immer als störender Einschnitt empfunden werden. Und zweitens sind bequeme Sessel nicht die ideale Unterlage für einen vollen Magen und damit für den Fluß der Unterhaltung. Wie sagen die Engländer? »Wenn der Bauch voll ist, schläft das Herz.« Der mehr oder weniger harte Stuhl und natürlich ein abgeräumter Tisch, auf dem nur noch eine Schale mit Obst zu weiterem Naschen lockt, ist eine anregendere Voraussetzung für die Fortführung kurzweiliger Gespräche.

Aber halten Sie sich nicht zu stark an Regeln. So könnte es durchaus richtig sein, der Unterhaltung eine andere Wendung zu geben, weil sich vielleicht zwei Diskutierende zu sehr ineinander verbissen haben. Da wäre dann ein Platzwechsel aller Anwesenden in die Sofaekke eine gute Gelegenheit.

Apropos Gespräche: sie sollten sich von selbst ergeben, wie überhaupt der ganze Verlauf des Abends. Eine zu starke Persönlichkeit, die dauernd das große Wort führt, ist auf einer kleinen Gesellschaft kein guter Gast. Laden Sie ihn, wenn es denn unbedingt sein muß, zu einer größeren Runde ein. Da wird er weniger auffallen. Nehmen Sie auch Rücksicht auf einen stillen Gast. Vielleicht hat er einen schweren Tag hinter sich.

Die Kleidung kann salopp sein. Niemand wird sich daran stören, wenn der Hausherr als erster seine Jacke ablegt. Bereiten Sie auch für den späteren Abend einige Brote oder Happen vor. Damit werden Sie immer Beifall einheimsen. Mindestens ein späterer Gast freut sich über diese Aufmerksamkeit.

Freunden muß man nicht sagen, wann ein schöner Abend sich dem Ende zuneigt. Wir sollten es auch akzeptieren, wenn der eine früher, der andere später aufbricht. Eines sollten wir auf keinen Fall zulassen: das Helfen beim Aufräu-

men. Bei der Vorbereitung eines geselligen Abendessens wird sich die Vorfreude dem Helfer mitteilen. Beim Aufräumen hingegen würden die vollen Aschbecher und der rotierende Geschirrspüler unsere Gäste nur belasten.

Eine Überraschung für die Gäste

Büffelkäse mit Fleischtomaten
Büffelkäse (oder Schafskäse) und Tomaten in fingerdicke Scheiben schneiden. Auf grünen Salatblättern Käse- und Tomatenscheiben anrichten. Salzen und pfeffern. Ein Dressing aus Olivenöl, Weinessig, Basilikum und Knoblauch darübergeben.

Kräuter-Lammkeule
Von einer Lammkeule den Mittelknochen auslösen – am besten gleich vom Schlachter. Aus gedünsteten Zwiebeln, englischem Senf und Kräutern der Jahreszeit eine Füllung bereiten. Damit die Keule füllen, zubinden, würzen und bei 200 Grad im Ofen braten ca. 1½ bis 2 Stunden. Rohe Kartoffelscheiben in eine feuerfeste Backform geben. Eiermilch aus ⅔ Eier und ⅓ Milch, gewürzt mit Salz und Pfeffer quirlen. Damit die Kartoffelscheiben knapp bedecken. Zusammen mit der Lammkeule die gleiche Zeit im Ofen braten.

Als Beilage Blattspinat mit Speck und Zwiebeln. Speck und Zwiebelwürfel anbraten. Den blanchierten Spinat dazugeben und mit Salz, Pfeffer, Muskat würzen.

Dessert
Vanille-Eis mit Früchten aus dem Rumtopf und Schlagsahne.

Abschiedsparty

Meine vielleicht melancholischste – vom Anlaß her bedrückendste – Abschiedsparty liegt noch nicht lange zurück. Ein erfolgreicher Unternehmer, den ich schon mehrfach hatte verwöhnen dürfen, war – und zwar ohne sein persönliches Verschulden – in den Konkurs geraten. Das Werk, das er aufgebaut hatte, war sein eigentlicher Lebensinhalt gewesen. Dafür hatte er gearbeitet und gelebt, ohne sich selbst viel zu gönnen. Am Tag, bevor er sein Büro räumen mußte, weil eine andere Firma dort einzog, gab er eine kleine Abschiedsparty für insgesamt zehn Personen. Das waren die einzigen Freunde, die ihm von einem sehr großen Freundeskreis noch geblieben waren.

Für diesen Abend hatte der Mann bei mir sein Leibgericht bestellt: Gänsebraten mit Klößen. Das aß er mindestens fünfmal im Jahr. Zu diesem Anlaß machte ich alles selbst, damit ich ihm keinen Koch und keinen Küchenchef berechnen mußte. Ich habe die Gans am Spieß gebraten und die Klöße gerieben. Dazu gab es eine schöne fette Sauce und Rotkraut – und außerdem noch Kartoffelpuffer mit Apfelmus. Denn das war sein anderes Leibgericht. Vorher servierte ich Leberknödelsuppe und zum Abschluß Dampfnudeln mit Vanillesauce.

Der Mann war ein Bayer, wie man aus dem Speisezettel leicht herauslesen kann. Aber er lebte im Rheinland. So mußte ich von München aus dorthin reisen, um ihm sein Abschiedsessen anrichten zu können. Ich habe es gern getan. Und ich bin überzeugt davon, daß er eines Tages wieder auf die Füße kommen wird. Nicht nur, weil er wirklich ein tüchtiger Mann ist. Auch wegen seiner Abschiedsparty. Wer in dieser Situation noch dazu die Nerven hat, läßt sich nicht so ohne weiteres unterkriegen!

Anlässe, eine Abschiedsparty zu geben, gibt es genügend. Sie müssen nicht so betrüblich sein wie der eben geschilderte, aber Scheiden tut nun einmal weh. Oft ist der Anlaß sogar erfreulich: beruflicher Aufstieg, vielleicht verbunden mit dem Umzug in eine andere Stadt. Aber die Begleitumstände sind es oft nicht. Und deshalb wird die Stimmung eher gedämpft sein. Denn zu meiner Abschiedsparty lade ich ja nicht die Leute ein, die sich über mein Weggehen freuen, sondern die, von denen ich annehme, daß sie es bedauern.

Ich möchte mich hier nicht näher auf die bekannten Abschiedspartys im Büro einlassen. Ebenso wie die nicht minder verbreiteten Einstandspartys lassen sie sich dadurch charakterisieren, daß sie oft in ein Besäufnis ausarten. Meine Abschiedsparty jedenfalls würde ich schon aus dem Grund nicht am Arbeitsplatz, sondern zu Hause feiern. Dann werden nur die Leute da sein, von denen ich mich wirklich verabschieden will. Und außerdem möchte ich mich ja nicht nur von meinen – mehr oder weniger wohlmeinenden – Kollegen, Mitarbeitern, Vorgesetzten verabschieden. Es tut einer solchen Party ganz gut, wenn auch andere Freunde, Bekannte oder Nachbarn mit von der Partie sind.

Damit gar nicht erst eine sentimentale Stimmung aufkommen kann, würde ich in diesem Fall immer eine Stehparty arrangieren. Es gibt etwas zu trinken, es gibt etwas zu essen, alles ganz ungezwungen natürlich. Die Gäste stehen herum, unterhalten sich (hoffentlich nett) miteinander, bleiben also in Bewegung – und nicht zu lange. Dann jedenfalls nicht, wenn ich es nicht ausdrücklich darauf anlege. In zwei, drei Stunden ist alles vorbei.

Das kann allerdings nur der Abschied von den Leuten sein, die mir nicht besonders nahestehen. Für seine guten Freunde sollte man sich schon mehr einfallen lassen. Von denen kann man sich auch auf die Weise verabschieden, daß man etwas gemeinsam unternimmt. Das hängt dann von den Interessen ab, die meine Freunde und mich verbinden. Um nur drei unterschiedliche Richtungen anzugeben: sind es bestimmte sportliche Interessen, so veranstaltet man eben eine Segelpartie, ein Tennisturnier, eine Fuchsjagd. Oder es wird einfach eine gemeinsame Wanderung unternommen, vielleicht sogar eine Rallye. Sind es kulturelle Interessen, so besorgt man Karten für einen gemeinsamen Theater- oder Konzertbesuch, bummelt durch eine Kunstausstellung, macht einen Ausflug in ein kunstgeschichtlich bedeutsames Schloß oder Kloster.

Wenn ich aber mit meinen Freunden am liebsten zusammen gezecht und mich amüsiert habe, dann wähle ich als Stätte meines Abschiedsfestes natürlich das gemeinsame Stammlokal oder eine Kneipe, wo wir besonders schöne Stunden miteinander verbracht haben. Und wenn ich mich nicht für ein bestimmtes Lokal entscheiden kann, dann würde ich mit meinen Freunden vielleicht auch eine Bierreise oder »Sause« durch mehrere Lokale machen. Die Folgen werden aller Wahrscheinlichkeit nach schlimm sein. Aber ebenso wahrscheinlich wird keiner der Beteiligten diese Abschiedsparty so bald vergessen.

Da mir selbst das auch schon zugestoßen ist, möchte ich noch daran erinnern, daß man auch eine Abschiedsparty für zwei Personen haben kann. Das ist dann der Abschied von einer Ehe – vorausgesetzt, man hat die letzten Abschnitte mit eini-

gem Anstand hinter sich gebracht. Nachdem unser Termin beim Scheidungsrichter erledigt war, habe ich meine Frau noch einmal eingeladen. Wir sind in ein ganz feines Lokal gegangen, in dem wir früher verschiedentlich gegessen und nette Stunden miteinander verbracht hatten. Dort haben wir unser Abschiedsmahl eingenommen. Und da wir uns nach der vollzogenen Scheidung freier fühlten als vorher, haben wir wieder viel besser und verständnisvoller miteinander reden können. Ich glaube, man sollte immer versuchen, nicht im bösen auseinanderzugehen. Es ist schön, wenn man sich auch später noch in die Augen sehen kann.

Abschied auf skandinavisch

Schweinenacken schwedisch
Für einen 1,5 kg schweren Schweinenakken braucht man ca. 250 g Backpflaumen. Mit einem spitzen Messer etwa 3 bis 4 cm tiefe Löcher in das Fleisch schneiden und mit den Pflaumen füllen. Würzen und bei 200 Grad eine Stunde im Ofen braten.

Vanille-Eis mit Schwedenfrüchten
Verschiedene Früchte und Beeren der Jahreszeit mit Zucker und Rum einlegen und 24 Stunden ziehen lassen.
2 Kugeln Vanille-Eis mit eingelegten Früchten anrichten. Mit gehobelten, in Butter gebräunten Mandeln bestreuen.

Zum Abschied

Wie sehr Ihr Wohl am Herz mir liegt
Das fassen Wort' und Worte nicht
Drum bitt ich den Himmel im Stillen
Er mög Ihre Wünsche erfüllen.

Ihr Freund

Balkonparty

Viele Neubauten haben heute wieder einen schönen, nicht zu kleinen Balkon. Wenn Sie Besitzer eines solchen sind, der natürlich einigermaßen lärm- und abgasfrei sein sollte, dann haben Sie sicherlich schon einmal mit dem Gedanken an eine Balkonparty gespielt. Ein hübscher und verlockender Gedanke, vor allem, wenn er einem an einem klaren, warmen Sommerabend kommt. Wenn Sie aber von den unverbindlichen Gedankenspielen in das Stadium ernsthafter Planung übergehen, müssen Sie sich über eines im klaren sein: in unseren Breiten gibt es keine Garantien für das Wetter. Sie müssen also damit rechnen, daß es zur festgesetzten Stunde auch regnen und sich kräftig abgekühlt haben kann.

Konsequenz: Ohne hinreichend große Markise oder mindestens einen großen Sonnenschirm sollten Sie eine Balkonparty nicht riskieren. Noch besser ist es, wenn die Markise seitliche Schutzwände hat. Und für alle Fälle kaufen Sie sich ein paar Quadratmeter Folie, die Sie an der Außenkante der Markise aufhängen, so daß Sie notfalls wie unter einer Glasglocke sitzen können. Denn nichts ist desillusionierender als eine Balkonparty, die man ins Wohnzimmer verlagern muß. Wenn Sie es besonders gut machen wollen, dann sorgen Sie auch hinsichtlich der Temperatur vor. Falls Sie keine Außenheizung montiert haben, können Sie sich bei einer Firma für Bauzubehör und Bautrocknung ohne weiteres einen oder zwei Heizstrahler leihen. Das kostet nicht viel, die Firma bringt und holt die Geräte wieder ab, und keiner wird frieren . . .

Eine Balkonparty ist ihrer Natur nach etwas ganz Zwangloses. Man lädt kurzfristig ein, auch um eine etwaige Schön-wetterperiode auszunützen. So bleibt auch nicht viel Zeit für große Vorbereitungen. Es ist natürlich hübsch, wenn man seinen Balkon – entsprechend der Jahreszeit – à la Gartenlaube dekorieren kann: mit Apfel- oder Kirschblütenzweigen, mit sommerlichen Wald- und Wiesenblumen, mit Herbstlaub. Als Beleuchtung lieber Kerzenlicht als elektrische Glühbirnen. Als Balkonbesitzer haben Sie sicherlich ein Windlicht oder mehrere; die sind genau das richtige. Sehr reizvoll wirken Fackeln, die sich zum Beispiel in Blumenkästen stecken lassen. Sie müssen aber darauf achten, daß Sie in einiger Distanz bleiben, denn sie entwickeln beim Brennen einen scharfen Geruch.

Eine Balkonparty sollte nicht zu spät anfangen und nicht zu lange dauern. Beste Zeit nach meinen Erfahrungen: zwischen 18 und 22 Uhr oder wenig länger. Denn abgesehen davon, daß man seine Nachbarn durch Störung ihrer Nachtruhe nicht mehr als unbedingt nötig verärgern sollte, wird es dann ja auch wirklich kühl. Apropos kühl: Bei der (mündlichen) Einladung sollten Sie daran erinnern, daß die Damen vielleicht einen langen Rock anziehen und wärmende Stolen oder dergleichen mitbringen. Und für alle Fälle legen Sie selbst noch Strickjacken oder Wolldecken bereit. Denn die schönste Balkonparty büßt beträchtlich an Reiz ein, wenn die Gäste insgeheim zittern und mit den Zähnen klappern, es aber aus Höflichkeit nicht zugeben wollen.

Was kann's zu trinken geben? Ich meine, in diesem Fall ist die Antwort ganz klar: die Zeit für Balkonpartys deckt sich mit der Bowlen-Saison. Im Mai also eine Maibowle, im Juni eine Erdbeer- oder

auch Kirschenbowle, später eine Himbeer-, Aprikosen- oder Apfelbowle. Beliebt und unterhaltsam ist ja auch immer wieder der Kullerpfirsich. Doch für welche Bowle Sie sich auch entscheiden – wichtig ist, daß Sie die Bowle in einem Glaskrug ansetzen und richtig kühlen, damit sie immer kalt genug ist. Und stellen Sie die Bowle so hin, daß jeder selbst herausschöpfen kann, wenn sein Glas leer ist. Bier hat den Nachteil, daß man für die sechs oder acht Personen bei einer Balkonparty kein Faß aufmachen kann, sondern sich mit Flaschenbier behelfen muß.

Ich kann nur davor warnen, bei einer Balkonparty zu viel Küchenehrgeiz zu entwickeln! Auf dem Balkon wird es im allgemeinen etwas eng sein, und der Weg in die Küche ist weiter. Wenn die Gastgeber deshalb gezwungen sind, immer hin- und herzulaufen, Teller auf- und abzutragen, dies und das zu placieren, entsteht leicht ungemütliche Unruhe. Die Gastge

ber können sich nicht genügend auf ihre Gäste konzentrieren, und die Gäste haben immer das Gefühl, sie müßten helfen. Am besten eignen sich daher Speisen, die man am Tisch zubereiten kann – ich denke wieder an eine schöne Fleisch-Fondue. Wenn die Gastgeber sie richtig vorbereiten, können sie die ganze Zeit am Tisch sitzen bleiben. Die Gäste brutzeln sich ihr Fleisch im Töpfchen, das der natürliche – und raumsparende – Mittelpunkt der Gesellschaft ist, die Saucen stehen bereit, und der Gastgeber oder die Gastgeberin macht den Salat an. So ist auf selbstverständliche Art und

Leicht und frisch für heiße Tage

Frischer Sommersalat
Eine große Schüssel gemischter Salat mit French-Dressing oder Italian-Dressing.

Tatar und Frischkäse
Tatar angemacht, auf dem Holzbrett anrichten und mit Kaviar garnieren. Dazu Relish und Ketchup. Auf einem zweiten Brett Philadelphia anrichten. Dazu stellen: Schnittlauch, feingewürfelte Mixed Pickles, Zwiebelwürfel, Kümmel, gestoßene Pfefferkörner und Radieschen.

An besonders heißen Tagen
Aufgeschnittene Wassermelonen mit Zitronensaft beträufeln. Einfach aus der Hand essen.

Wenn Sie sich etwas mehr Mühe machen wollen: eine Honigmelone aushöhlen und mit frischem Fruchtsalat füllen. Gut gekühlt servieren.

Der Balkon im Schein der Lampions – ein lauschiger Winkel in der großen Stadt

Weise für angenehmes und fröhliches Essen gesorgt.

Dieselbe Wirkung läßt sich noch einfacher dadurch erzielen, daß man einen kleinen Grill aufstellt, auf dem sich jeder sein Stück Fleisch braten kann, wie er will. Oft aber wird sich das der Gastgeber nicht nehmen lassen – und sei es nur, weil er seine schicke Grillschürze vorführen möchte, die ihm vielleicht ein Gast mitgebracht hat. Dazu gibt es dann einen Salat oder mehrere, einige Saucen und verschiedene Sorten Brot. (Im Kaufhaus bekommt man einen einfachen Grill schon für 50 bis 80 Mark.)

Wenn Sie grillen wollen, sollten Sie sich vorher vergewissern, daß Sie es mit Ihren Nachbarn nicht verderben. Eine Balkonparty kann wegen des unvermeidbaren Lärms ohnehin schon die gutnachbarlichen Beziehungen belasten. Zieht dazu noch der beißende Qualm von Ihrem Grill ins Schlafzimmer nebenan oder über Ihnen, dann dürfen Sie sich über unfreundliche Reaktionen nicht wundern. Man sollte deshalb eine Balkon- und Grillparty immer vorher anmelden und sich mit einer kleinen Aufmerksamkeit vorher oder hinterher um »gut Wetter« bemühen.

Boots- und Strandparty

In diesem Kapitel dreht sich (fast) alles um das Wasser, das ja schon längst des Bundesbürgers liebstes Freizeit-Element geworden ist. Am Wasser hängt, zum Wasser drängt alles – kein Wunder also, daß auch die Neigung zugenommen hat, Feste und Partys mit dem Wasser zu verbinden. Nun gibt es aber unendlich viele Möglichkeiten, mit Blick aufs nasse Element zu feiern: auf einem See oder am Ufer eines Sees, den ganzen Tag lang oder nur für einen Nachmittag und Abend, am Ufer eines Flusses oder auf einem Fluß. Die einen feiern eine Bootstaufe, die anderen organisieren eine Riverboat-Shuffle, die einen verbinden ihre Party mit einer sportlichen Regatta, die anderen veranstalten ein großes Badefest.

Ich kann hier also nicht – wie in den meisten anderen Abschnitten dieses Buches – den mehr oder weniger festgelegten Ablauf eines Festes skizzieren oder empfehlen, sondern ich muß mich auf einige Anregungen beschränken. Diese Hinweise kann jeder dann nach Gutdünken in den geplanten Ablauf seiner Party einbauen oder nach Bedarf abwandeln. Zwei Gesichtspunkte sind aber sicherlich bei allen Wasserpartys in gleicher Weise zu behandeln: Kleidung und Einladung.

Es gibt ein Bild des französischen Rokokomalers Watteau: »Die Einschiffung nach Cythère«. Auf ihm ist eine höfische Gesellschaft dargestellt, die im Prinzip sicher ein ähnliches Programm hat wie wir in diesem Kapitel: ein Strandfest mit anschließender Schiffsfahrt. Ein bezauberndes Bild! Doch sind die Personen darauf so elegant und erlesen gekleidet, daß man sich unwillkürlich fragen muß, wie sie sich denn am und auf dem Wasser auch nur ein bißchen wohl gefühlt haben

mögen. Unsere Zeit strebt nach Zwanglosigkeit auf allen Gebieten. Ich kann mir keine noch so feine Gesellschaft vorstellen, die sich am Wasser nicht so leger wie irgend möglich amüsieren möchte. Wenn sich die Party allerdings in den Abend und in die Nacht hinein ausdehnen soll, werden Ihre Gäste Ihnen für den vorsorglichen Hinweis auf warme Kleidungsstücke (Pullover, Stolen, lange Hosen) später dankbar sein.

Für die Einladung schlage ich zwei »Zündstufen« vor. Die erste Stufe muß rechtzeitig vor dem geplanten Termin – sagen wir: zwei Wochen vorher – mit allen notwendigen Angaben gezündet werden, also am besten schriftlich. Die zweite Stufe kann erst am Morgen des festgesetzten Partytages gezündet werden, mit einem Blick zum Himmel und dem Ohr am Wetterbericht. Glücklich die Gastgeber, die es dann wenigstens mit klaren Verhältnissen zu tun haben und nur noch zu erklären brauchen: »Wir verschieben die Party auf den nächsten

Seeluft macht hungrig!

91

Samstag!« Um so wichtiger scheint mir, daß man sich schon vorher überlegt, wie man sich bei unentschiedenem Wetter aus der Affäre zieht. Routinierte Partygastgeber haben für diesen Fall ein komplettes Alternativprogramm bereit. Ich habe jetzt etwas vorgegriffen, möchte aber noch etwas über meine Erfahrungen mit Bootspartys sagen. Es klingt sehr hübsch, wenn man zu einer Bootsparty einladen kann. Doch in vielen Fällen klingt es eben nur hübsch – wie vieles, das mit Booten zu tun hat. Man muß, zum Beispiel, schon eine sehr große Yacht zur Verfügung haben, wenn ein Tag auf dem Wasser nicht recht unbequem und anstrengend werden soll. Und auch mit der Gastlichkeit tut man sich schwer. Und manchmal auch mit der Höflichkeit. Denn einige Stunden lang so dicht aufeinanderzuhocken, verlangt unter Umständen mehr Geduld und Rücksichtnahme, als mancher aufzubringen in der Lage ist. Ich selbst neige jedenfalls mehr dazu und gebe diese Neigung auch als Empfehlung weiter, das eigentliche Fest auf dem »Festland« aufzuziehen. Es gibt dann immer noch allerlei originelle Möglichkeiten, das Boot oder die Boote ins Programm einzubeziehen. Wenn man sich nur auf das Feiern an Bord beschränkt, legt man sich ganz unnötigerweise eine Zwangsjacke an.

Ich gehe kurz auf zwei Ausnahmen von diesem Erfahrungsgrundsatz ein. Die eine gilt leider nur für den Raum München: eine Floßfahrt von Wolfratshausen isarabwärts bis zur Floßlände im Vorort Thalkirchen. Eine »Mordsgaudi«, an der sich alljährlich viele Clubs, Firmen und Freundeskreise beteiligen. Zur zünftigen Floßfahrt gehören ein großes Bierfaß, eine handfeste bayerische Brotzeit und eine Blaskapelle, fast immer auch ein paar Berauschte, die in die Isar fallen, aus der sie mit großem Geschrei wieder herausgefischt werden. Die andere Ausnahme ist die schon erwähnte Riverboat-Shuffle. Sie läßt sich überall inszenieren, wo es einen See oder Fluß und auf demselben ein ausgedientes Personenbötchen gibt; es muß ja nicht unbedingt ein stilechter Raddampfer sein. In den meisten Fällen wird sich eine Clique zusammentun und das Schiff mieten, denn für einen allein wäre das eine recht kostspielige Angelegenheit. Eine Riverboat-Shuffle steht und fällt mit der Musik. Ideal und ›comme il faut‹ ist eine Dixieland-Band, an denen hierzulande ja kein Mangel besteht. Ist eine Band nicht drin, kann man sich natürlich auch – und nicht einmal schlecht — mit Platten oder Tonbändern behelfen. Hauptsache, es ist ein Techniker zur Hand, der dafür sorgt, daß die Lautsprecherübertragung funktioniert. Zusätzliche Pluspunkte können Sie durch hübsche Beleuchtung – mit Lampions – und Dekoration sammeln. Und dann kommt es nur noch darauf an, daß die richtige Clique beisammen ist, daß nicht zu viele und nicht zu wenige an Bord sind, wenn das Schiffchen ablegt. Getränke auf einer Riverboat-Shuffle je nach Geldbeutel und Spendierfreudigkeit. Man kann das Unternehmen zum Beispiel durch eine Umlage finanzieren. Aber es gibt auch die Möglichkeit, daß jeder selber bezahlt, was er trinkt. Daran wird heute niemand mehr Anstoß nehmen, wenn es sich um eine größere Party handelt. Das Essen an Bord: einfach, aber einigermaßen originell, wenn es sich machen läßt. Ich habe mir für diesen Fall etwas in Richtung »Seemannskost« ausgedacht.

Das, wie gesagt, waren Ausnahme-Unternehmungen, die an bestimmte Voraussetzungen geknüpft sind. Jetzt will ich aber erzählen, wie ich mir meine ideale Boots- und Strandparty vorstelle. Ich lade dazu an einem schönen, warmen Sommer-Sonnabend ein. Zehn Freunde beiderlei Geschlechts sind das mindeste, was ich zusammenbringe. Wenn ich nicht sparen muß, dürfen es auch gern zwanzig oder dreißig werden. Nur nicht mehr, als ich Plätze auf den Booten zur Verfügung habe. Wenn ich keine rassereine Segelbootflottille zusammenbringe, stört mich

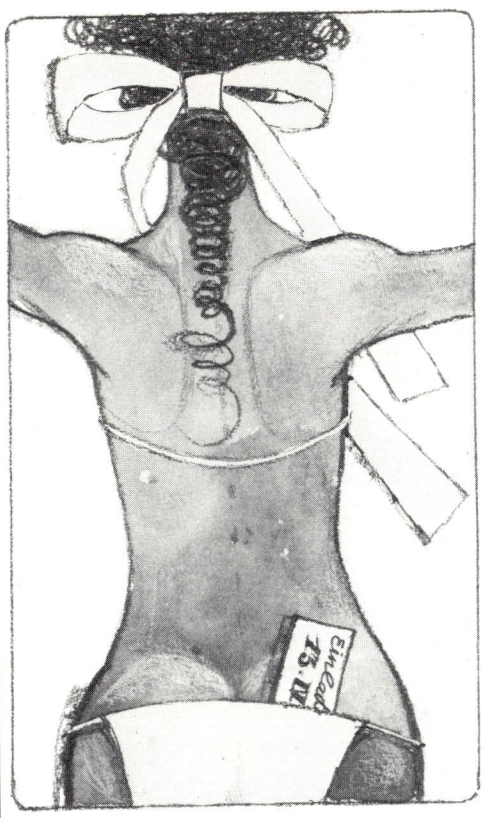

das gar nicht. Von mir aus kann es ohne weiteres eine gemischte Armada sein, bestehend aus Ruder-, Motor- und Segelbooten. Im Gegenteil, das gibt mehr Spaß und Neckereien untereinander, und die Bootsbesatzungen können ja im Lauf des Tages auch einmal tauschen.

Wir fahren also zur festgelegten Zeit los und machen uns ein paar schöne Stunden auf dem See – baden, sonnen, flirten, trinken. Bei den Getränken bin ich mit Alkohol recht zurückhaltend. Denn an einem solchen Tag trinkt man ja vor allem gegen den Durst. Also habe ich keinen Schnaps dabei, aber reichlich Fruchtsäfte und Mineralwasser, allenfalls ein paar Flaschen Wein zum Spritzen oder Bier. Das Kühlen der Getränke ist kein Problem. Denn ich habe mir vorher ein paar Einkaufsnetze besorgt, die ich mit den Flaschen und Dosen von den Booten aus ins Wasser hänge, wo sie schön kühl bleiben. Es darf sich nur niemand wundern, daß man auf diese

Weise etwas langsamer vorankommt. Aber wir haben es an diesem Tag ja nicht eilig.

Den Kurs unserer Flottille habe ich so eingerichtet, daß wir am frühen Nachmittag ganz zwanglos vor einem Café am See anlegen und uns dort mit – vorbestelltem – Kaffee und Kuchen stärken können. Jeder wird um diese Zeit für einen Kulissenwechsel und die Möglichkeit, sich etwas zu bewegen, dankbar sein. Anschließend stechen wir noch einmal für ein, zwei Stunden in See, baden und freuen uns darüber, daß das Wetter offensichtlich hält. Gegen 17 Uhr legen wir dann an dem von mir ausgewählten Uferplatz an.

Mit diesem Platz steht und fällt die ganze Strandparty. Ich habe lange suchen müssen, bis ich ihn gefunden habe. Denn unsere Seeufer sind ja leider größtenteils verbaut. Es ist eine stille, windgeschützte Wiese abseits der Straße mit schönem Blick auf den See. Der Strand davor ist sandig, und die Bäume ringsum sind so weit entfernt, daß man gefahrlos Feuer machen kann. Denn das Feuer wird für den Rest des Tages Mittelpunkt unserer Party sein. Da wir irgendwie, irgendwann ja wieder zurück müssen, sollte der Platz in einiger Nähe zu unserem Ausgangspunkt liegen.

Wenn wir an Land gehen, weiß ich vielleicht noch nicht, wie die Party sich weiter gestalten wird. Nur eines weiß ich genau: die Leute haben jetzt Hunger! An Bord haben sie nur etwas zum Knabbern bekommen, und der Nachmittagskuchen zählt kaum. Also habe ich für ein grundsolides Picknick vorgesorgt.

Jetzt muß ich wieder allgemein werden. Denn für ein Picknick gibt es zwei Möglichkeiten, und für eine von ihnen muß man sich entscheiden. Variante Nr. 1: das Picknick ist bereits fertig und braucht nur noch aufgetischt zu werden. Das wären dann zum Beispiel fertig tranchierte Hühnchen, in Alufolie verpackt, ein Schweineschlegel mit Kruste, ein aufgeschlagenes Stück Schweinskar-

93

Fische auf dem trockenen . . . Rost

ree, Schnitzel, Nürnberger Stadtwurst zum Aufschneiden, ein großer Topf Kartoffelsalat, Tomaten, Gurken, hartgekochte Eier, Schnittlauch, Salz, Pfeffer, außerdem noch Käse und Brot. Man kann das Picknick aber auch als Aufschnitt- oder Salat- oder Käseparty anlegen, und zwar so, daß jeder Teilnehmer etwas dazu beiträgt, was nach Möglichkeit vorher abgesprochen sein sollte. Der Gastgeber muß dann nur für die Abstimmung untereinander und das Zubehör – Teller, Bestecke, Gläser, Holzbrettchen, Senf, Salz und dergleichen – sorgen.

Variante Nr. 2: Die Gesellschaft brät oder grillt sich an Ort und Stelle selber etwas. Dabei darf der Gastgeber nur nicht außer acht lassen, daß beim kulinarischen Do-it-yourself einige Zeit verstreicht. Er muß also früher an Land gehen, damit seine Gäste rechtzeitig etwas zu essen bekommen. Vielleicht hatten Sie genügend Platz an Bord, um einen Grill mitzunehmen. Bekanntlich läßt sich dergleichen aber auch aus ein paar Ziegelsteinen und einem Stück Blech improvisieren. Fast in jeder Gesellschaft gibt es ein paar Hobbywerker, die sich enthusiastisch auf diese Aufgabe stürzen werden. Wenn Sie den Eindruck haben, daß Ihre Gäste grillmüde sind, können Sie es einmal mit einem Spießbraten versuchen. Die Konstruktion: zwei einfache Holzgestelle, die den Spieß tragen. Doch das bereiten Sie besser schon zu Hause vor, denn wer weiß, ob sich am Picknickplatz das passende Holz findet. Und dann müssen die Leute halt drehen, bis das Fleisch gar ist, nach dem Motto: »Ablösung vor!« Außerdem muß Holz gesammelt und Asche für die Kartoffeln produziert werden. So herrscht reges Leben und Treiben auf dem Picknickplatz am See. Und eben das ist das Reizvolle daran. Außerdem darf jetzt auch der Becher kreisen. Lebenskünstler nehmen einen Sherry um diese Zeit. Aber natürlich sind auch Rotwein, Bier oder ein Schnaps zum Aufwärmen erlaubt. Alle Voraussetzungen zu einer heiter und harmonisch verlaufenden Strandparty sind damit gegeben.

Schließlich scheint es gar nicht mehr so wichtig, was nun wirklich am Spieß gebraten wird. Ein Spanferkel - bei bis zu zwanzig Personen – ist nie falsch. Doch zur Abwechslung könnte es ja auch einmal ein Stück vom Kalb, ein Rollbraten, eine Lammkeule, ein Schweine- oder Kalbsschlegel sein. Letzten Endes hängt es von der Zahl der Personen und den kulinarischen Ansprüchen ab, wofür man sich entscheidet. Nur über eines lasse ich nicht mit mir handeln: als Beilage muß es Kartoffeln geben! In Folie gewickelt und in der heißen Asche gebacken, schmekken sie einfach phantastisch. Wenn Sie dazu noch einen an Ort und Stelle frisch angemachten Salat reichen, dann haben Sie dem Picknick am See die besten Seiten abgewonnen. Und alle werden hingerissen sein vom ländlich-natürlichen Mahle. (Denn der andere Idealfall – selbstgeangelte Fische zu braten – ist leider an unseren Seen zu unwahrscheinlich, als daß ich ihn hier ernsthaft in Betracht ziehen könnte.)

Das Grillen und Braten wird ganz von selbst zum zentralen Programmpunkt der Strandparty. Alles Weitere findet sich. Sei es, daß alle miteinander friedlich-satt ums verglimmende Feuer lagern, sei es, daß sie tanzen oder zur Gitarre singen, sei es, daß sich noch eine nächtliche Badeorgie anschließt. Nur darauf möchte ich noch hinweisen: irgendwann muß der Aufbruch sein. Hoffentlich ist dann unter allen dionysisch-beschwingten Partygästen wenigstens einer noch nüchtern genug, den Picknickplatz wieder in einen menschenwürdigen Zustand zu bringen. Ich bin kein Freund von Umwelthysterie. Doch daß man die Überreste eines Picknicks in ein paar Plastiktüten abtransportiert, halte ich wirklich nicht für eine übertriebene Forderung. Zumal vielleicht auch Sie selber eines Tages wieder eine gelungene Strandparty auf diesem schönen Platz feiern wollen.

Nehmen Sie doch mal Dicke Rippe!

Steaks und Würstchen kann jeder grillen. Nehmen Sie doch mal Dicke Rippe oder Schweinenacken! Das Fleischstück im Ganzen gut würzen. Kümmel, Salz und Pfeffer. Rechtzeitig auf den Grill legen. Garzeit ca. 1 Stunde.

Wollen Sie Buletten – Fleischpflanzerl, Frikadellen, Hamburger – grillen, zum Beispiel für die Kinder, hier ein wichtiger Tip: Eine Zitronenhälfte auf eine Fleischgabel gesteckt in Öl tauchen und damit das Grillgut hin und wieder bestreichen. So werden Ihre Buletten schön saftig.

. . . oder wie wär's mal mit Fisch?

Nicht jeder Fisch eignet sich zum Grillen. Am besten: Hering, Makrele, Forelle, Renke. Die ausgenommenen Fische müssen gewaschen und trockengetupft werden. Mit Pfeffer und Salz würzen – auch innen! In Mehl wenden, abschütteln und dann erst auf den Grill legen.

Eine Käfer-Spezialität

In eine Mulde – Strand oder Rasen – Holzkohle schütten. Als Windschutz an zwei Seiten ca. 20 cm hoch Sand oder Erde anhäufen. Einen gut gewürzten Zander auf einen 50 bis 70 cm langen Hartholzstab aufspießen und zwischen die Glut stecken. Rechnen Sie einen Zander durchschnittlicher Größe für 4 Personen. Der Steckfisch dauert ca. 30 Minuten. (Siehe Foto S. 142)

Kartoffeln in Alu-Folie

Gut gewaschene Kartoffeln mit Alu-Folie fest umwickeln. Die Kartoffeln in die Glut legen, ca. 30 Minuten Garzeit, zwischendurch einmal wenden. Besonders gut schmecken die Kartoffeln mit Sauerrahm.

Pikant dazu:

Zur Dicken Rippe
Fertige Grillsaucen, wie Pußtasauce, Chilisauce oder Hot Ketchup.

Zum Fisch
Zitronenmayonnaise oder zerlassene Butter.
Mayonnaise und Joghurt je zur Hälfte gut verrühren und mit Zitronensaft abschmecken.

Grilltips

Die Holzkohlenmenge entsprechend der Größe Ihrer Grillstücke aufschütten.
Grillen Sie stets auf einem gut vorgeheizten Grill – keine offene Flamme, nur auf der heißen Glut. Zum Anfachen der Glut am besten eine mit Spiritus getränkte Papierserviette zwischen die Holzkohle legen. Niemals Spiritus direkt auf das Feuer gießen! Den Rost vor dem Grillen einölen.

Bottleparty

1945. Wir waren noch einmal davongekommen. Und nachdem die Menschen den Staub der Geschichte aus ihren Klamotten geklopft hatten und auch wieder ein Dach über dem Kopf gefunden war, ging das Leben, wie der Volksmund das so treffend ausdrückt, wieder weiter. Und Leben bedeutet nun mal auch, sich des Lebens freuen. Das war jedoch leichter gewünscht als getan. Die Zutaten zu einem fröhlichen Beisammensein waren in dieser Zeit des grauenhaften Mangels nicht so einfach zu besorgen. So brachte eben, wenn zu einer Party – die damals noch nicht so hieß – gerufen wurde, jeder mit, was er auftreiben konnte. Eine Flasche Alkohol, Brot, Wurst, ein Stück Fleisch oder eine Erbsensuppe. Und ein Krösus steuerte Lucky Strike oder Chesterfield bei. In dieser Zeit wurde bei uns die Bottleparty geboren. Ihre englische Bezeichnung verdankten diese Gelage weniger der Sprachinvasion aus der Neuen Welt, als vielmehr der naheliegenden Herkunft so mancher Flasche Whisky aus englischen oder amerikanischen Armeebeständen entweder direkt oder über die lebenswichtigen Kanäle des schwarzen Markts. Dieses unser Organisationstalent aus der Zeit vor der Währungsreform hat sich vor allem bei den jungen Leuten bis auf den heutigen Tag erhalten. Sie sind es, die in erster Linie zur Bottleparty einladen. Lehrlinge, Schüler oder Studenten können die doch oft ins Geld gehenden Aufwendungen für eine Party nicht allein bezahlen – oder wollen es auch nicht. Und viele junge Gäste halten es überhaupt nicht für unangemessen, direkt oder indirekt ihr Scherflein zum Gelingen eines lustigen Abends beizutragen. In erster Linie bestimmen die Kosten die

Form der Bottleparty. Daher hat sich auch bei jungen Leuten die Praxis eingebürgert, daß der Veranstalter zwar das Essen und die Getränke herrichtet, jeder Gast aber seinen Obolus in barer Münze entrichtet.

Aber auch, wenn man anders verfährt, sollte auf eines nicht verzichtet werden: auf die Absprache, was mitzubringen ist. Auf keinen Fall darf dem Zufall Tür und Tor geöffnet werden. Wein, Bier und Schnaps, durcheinandergetrunken, könnten so manchen schweren Kater nähren und damit am folgenden Tag noch rückwirkend die Freude am Feiern erheblich vergällen. Auch Rheinwein und Valpolicella, Tiroler oder ungarischer Wein verderben sich gegenseitig einen ungetrübten Genuß.

Es müssen also einige Freunde dafür sorgen, daß zusammenpassende Getränke in entsprechenden Mengen, andere, daß auch Salate, Brote, Würste oder eine Suppe in sinnvollen Portionen von zu Hause mitgebracht werden.

Eine Weiterentwicklung der Bottleparty ist die Henkelmannparty. Sie kennen diese Party nicht? Aber sicherlich haben Sie schon mal von jenem Tragegestell gehört, in dem früher viele unserer Väter ihr tägliches Mittagessen in übereinandergestellten Blechnäpfen mit zur Arbeit nahmen. Für ein gemeinschaftliches Essen in freundschaftlicher Runde bringt jeder Gast in einem Henkelmann seinen Anteil mit. Was im einzelnen beigesteuert wird, wird nicht verraten. Die Überraschung ist ja ein Element dieser Party. Nur die Menübestandteile, Vorspeise, Suppe, Hauptgericht, Käse, Getränke, werden vorher verabredet. Haben Sie einen Schotten unter Ihren Freunden, wird ihm aufgetragen, im

TO

BAR

BOTTLES

MUSIK

TANZ

SNAKS

SCHWOF

GIRLS

Am Start einer fröhlichen Party:
der Bottlekorb

Anschluß seinen Anteil beim Geschirrspülen abzuarbeiten. Dazu muß er nur ein Spülmittel mitbringen. Und natürlich ist Ihre Spülmaschine zur Zeit defekt.

Sie können auch den ganzen Ablauf vereinfachen und als Gastgeber selbst das Hauptgericht liefern und Ihre Gäste bitten, nur die Beigerichte, Vorspeisen, Salate, Nachtisch und natürlich die Bottles mitzubringen.

Die Amerikaner kennen die sogenannte Melting Pot Party. Die Vereinigten Staaten sind der Schmelztiegel, in dem Angehörige vieler Völker zu einer Nation zusammenfließen. Zum Erntedankfest laden sie zur Schmelztiegelparty ein. Jeder Gast steuert ein Nationalgericht aus der Heimat seiner Väter bei. So überraschen sie nicht nur ihre Gäste, sondern bieten ihnen auch interessante unbekannte Mahlzeiten.

Ähnliches können wir hier bei uns auch aufziehen. Auch unsere Städte sind Schmelztiegel geworden, in denen sich Angehörige vieler deutscher Stämme mischen. Und alle haben ihre ganz spezifischen Gerichte.

Zur weiterentwickelten Bottleparty wird nun jedes Freundespaar gebeten, ein typisches Gericht oder eine Vorspeise oder den Nachtisch aus der Heimat seiner Väter und Mütter mitzubringen. Natürlich darf dabei das Trinken nicht vergessen werden. Zum Glück ist unsere Getränkekarte, was Bier oder Wein oder Schnaps angeht, so vielseitig.

Während es nicht geraten erscheint, zu einem Abendessen mehr als acht, höchstens zehn Personen zu laden, macht eine Mitbringparty mehr Spaß, wenn mehr Leute kommen. Möglichst viele Gäste unterschiedlicher landsmannschaftlicher Herkunft vergrößern das Vergnügen.

Als Gastgeber sorgen Sie dafür, daß Ihr Kühlschrank außer den eventuell in letzter Minute benötigten Zutaten Platz für zu kühlendes Essen und Trinken hat. Back- und Bratofen warten auf die

Dinge, die aufgewärmt oder noch gebakken werden müssen. Auch genügend Abstellflächen sollten vorhanden sein. Wenn Sie so wollen, ist die Bottleparty die demokratische Variante der Parteieinladung. Sie gerät auf keinen Fall in die Gefahr, der so manches gesellschaftliche Bemühen trotz vieler guter Absichten immer wieder unterliegt, nämlich zu einer Demonstration dessen zu werden, was man als Gastgeber (finanziell) kann, was man hat. Bei einer Bottleparty hat der Angeber geringe Chancen, sich hervorzutun. Nicht ohne Grund wird sie deshalb von jungen Menschen soviel gefeiert. Jedermann ist aufgerufen, seinen Teil zum Vorteil des allgemeinen Wohls beizutragen.

Einfach und gediegen

Spinatsuppe
Frischen Spinat in Salzwasser kochen. Abschütten und fein pürieren. Gewürfelte Zwiebeln andünsten, mit Brühe und Weißwein aufkochen. Mit flüssiger Sahne und Mehl binden. Spinat dazugeben, kurz aufkochen. Mit Salz, Cayennepfeffer und Streuwürze abschmecken. Zum Verfeinern Eigelb und Sahne nach dem Kochen unterrühren.

Quiche Lorraine
Mürbeteig dünn ausgerollt in eine Springform geben. Den Rand 2 cm hochdrücken. Teig mit Semmelbröseln bestreuen.
Zwiebeln und Schinkenspeck würfeln, in Öl goldgelb dünsten. Scheibletten auch in Würfel schneiden. Alles vermischen und mit Salz und Pfeffer abschmecken. Mischung gleichmäßig über den Teig geben. Im vorgeheizten Ofen knusprig backen, warm servieren.

Gebratene Fleischbällchen
Aus Rinder- und Schweinehackfleisch mit eingeweichten Semmeln, Eiern, gehackten Zwiebeln, Salz, Pfeffer und Paprika eine pikante Masse herstellen. Kleine runde Bällchen formen und braten. Die Fleischbällchen noch warm servieren.

Griebenschmalz
500 g Schweineflomen
500 g Äpfel
250 g Zwiebeln
Schweineflomen vom Schlachter durch den Fleischwolf drehen lassen. Bei milder Hitze langsam schmelzen. Die Äpfel schälen, entkernen und in kleine Würfel schneiden. Zwiebeln auch in Würfel schneiden. Apfel- und Zwiebelwürfel in das flüssige Fett geben und hellbraun werden lassen. Das fertige Schmalz in einen Topf geben. Zum Festwerden mehrere Stunden kühl stellen.

Überraschen Sie Ihre Gäste mit selbstgebackenem Brot
Bauernkranz
500 g Roggenmehl
30 g Hefe
3/8 l lauwarmes Wasser
1 TL Salz
Aus den gesamten Zutaten einen Hefeteig herstellen und gehen lassen. Mit dem Holzlöffel so lange schlagen, bis er Blasen schlägt. Teig auf bemehlter Unterlage zu einer langen Rolle formen. Backblech einfetten und mit Mehl bestäuben. Teigrolle auf dem Blech zu einem Kranz formen. Wieder aufgehen lassen und Oberfläche einritzen. Im vorgeheizten Backofen bei 230 Grad etwa 1 Stunde backen. Um Feuchtigkeit zu erhalten, nach der halben Backzeit eine Tasse Wasser in den Ofen stellen.

Brunch

»Brunch« ist ein häßliches Wort für eine erfreuliche Einrichtung. Obgleich es aus Amerika kommt, räume ich gern ein, daß es einen positiven Beitrag zur Kunst des »savoir vivre« auch in Europa geleistet hat. Das Wort Brunch sagt genau, um was es sich dabei handelt: um eine Kombination von Frühstück (= breakfast) und Mittagessen (= lunch).

Ursprünglich war der Brunch kein Anlaß, zu dem man Gäste einlud, sondern eine Mahlzeit im Familienkreis, bei der man aus »zwei eins« gemacht hatte. Viel früher als die traditionsbelasteten Euro-

päer hatten die praktischen Amerikaner erkannt, was sicher nicht der Sinn eines Sonntags sein konnte: daß nämlich die geplagte Hausfrau den ganzen Feiertagsvormittag in der Küche verbringen muß, um Schlag 12 Uhr 30 ein Festmahl auf den Tisch des Hauses stellen zu können. In einem gutbürgerlichen französischen Haushalt ist ein Brunch auch heute noch schwer vorstellbar. Doch in den angelsächsischen und skandinavischen Ländern und auch bei uns gehört er in vielen Familien schon zum festen Sonntagsprogramm.

Es ist mir schon oft aufgefallen, daß der Brunch eine rundum familienfreundliche Einrichtung ist. Nicht nur die Hausfrau ist entspannt, weil sie nicht in die Küche verbannt wird, auch die Kinder sind es, weil sie nicht pünktlich sein müssen, und der Vater ist es, weil er sich nicht über die unpünktlichen Kinder ärgern muß. Und so ist wohl auch zu erklären, daß der Brunch gesellschaftsfähig geworden ist.

Brunch – eine familienfreundliche Idee der praktischen Amerikaner

»Wenn wir dabei schon alle so harmonisch gestimmt sind«, so darf man sich die Entwicklung vorstellen, »dann können wir ja auch einmal jemanden dazu einladen.«

Als Brunchgäste prädestiniert sind vor allem Alleinstehende, Junggesellen beiderlei Geschlechts, Strohwitwer und dergleichen, denen man einmal richtige familiäre Nestwärme bieten will. Sie werden sich in diesem Rahmen und in dieser Atmosphäre sicherlich viel wohler fühlen als bei einem formellen Abendessen. Zumal sich ja anbietet, daß man anschließend noch etwas Gemeinsames unternimmt, einen Spaziergang, einen Ausflug oder einen Museumsbesuch. Gerade alleinstehende Personen, denen am Sonntag nicht selten die Decke auf den Kopf zu fallen droht, wissen diese Form der Gastlichkeit sehr zu schätzen. Nichts eignet sich – nach meiner Ansicht – besser als der Brunch, um Problemfälle mit hochgradiger Erfolgsaussicht einzuladen: das kann die Tante sein, die immer beleidigt ist, weil sie sich vom Leben schlecht behandelt fühlt, ein Ehepaar, das zu unseren anderen Freunden nicht paßt, auch ein schwieriger Geschäftspartner, den man auf diese familiäre Weise für sich gewinnen will – der Brunch als »Weichmacher«, warum denn nicht! Ebenso kann man einen durchreisenden Besuch, der vielleicht erst am späten Abend des Vortags im Ort eingetroffen ist, sehr gut zum häuslichen Brunch bitten.

Eine Einladung zum Brunch darf man ganz kurzfristig aussprechen. Denn das Spontane ist ja gerade das Sympathische an diesem Unternehmen. Die Einladung verpflichtet übrigens keineswegs zu Pünktlichkeit. In der Regel wird man sagen: »So ab 11 Uhr bitte!« Das heißt nicht mehr, als daß um diese Zeit alles auf dem Tisch steht, daß aber der Gast, der erst um 12 Uhr kommt, immer noch voll einsteigen kann. Denn das Essen darf ruhig drei Stunden dauern. Jeder sollte gemächlich genießen und sich unterhalten können, ohne den üblichen gehetzten Blick auf die Uhr. Allerdings wird sich ein echter Brunch nur selten improvisieren lassen. Denn zu ihm gehört halt eine gewisse Üppigkeit, die nur wenige Haushalte auf Vorrat bieten können, schon gar nicht an Sonn- und Feiertagen. Die Hausfrau muß also wenigstens einen Tag vorher disponieren können.

Wenn nur zwei oder drei Personen mit von der Partie sind, läßt sich ein Brunch natürlich auch wie ein normales Frühstück am gedeckten Tisch zelebrieren. Doch im Grunde kann ich ihn mir nur mit mehreren Teilnehmern und als großes Frühstücksbuffet vorstellen. Da steht also neben dem Tisch, an dem wir sitzen, ein zweiter (das kann auch im Raum nebenan sein). Und auf ihm ist alles angerichtet, was das Herz eines Brunchers freuen könnte. Denn das Reizvolle, das Aufregende an einem Frühstücksbuffet – wie an jedem Buffet – ist ja die Fülle des Gebotenen. Wenn der Eindruck entsteht, »daß sich die Tische biegen«, dann ist der Brunch goldrichtig. Um diese Wirkung zu erzielen, muß man seinen Haushaltsetat keineswegs besonders belasten, wie ich gleich zur Beruhigung hinzufügen darf. Denn einmal kosten ja zwei sonntägliche Mahlzeiten auch ihr Geld. Zum anderen muß man für einen Gast zum Abendessen – oder mehrere Gäste – ebenfalls etwas zulegen. Und schließlich bedeutet der Schein hier zwar nicht mehr, doch sicherlich ebenso viel wie das Sein. Diese Behauptung will ich gleich begründen:

Ein Buffet ist seiner Natur nach nicht nur ein Fest für Gaumen und Magen, sondern in gleicher Weise eines für die Augen. Die Vielfalt des Gebotenen erfreut und regt an, obgleich doch jeder weiß, daß er nur einen Bruchteil dessen, was da aufgetischt ist, zu sich nehmen kann. (Dazu einen Vergleich aus einem ganz anderen Bereich: Wir werden heute mit sexuellen Anreizen überflutet wie niemals zuvor. Ge . . . liebt wird aber nach wie vor nicht mehr als zu den Zeiten der alten Römer oder im prüden Mittelalter!) Die Hausfrau kann also auf dem Brunchbuffet gefahrlos alles aufbauen, ohne Sorge haben zu müssen, daß die

Familie in den kommenden Tagen Hunger leiden muß.
Wie könnte sich nun ein Brunchbuffet zusammensetzen? An Getränken gehören auf alle Fälle eine Kanne mit Kaffee

Kleine Variationen zum Thema

Brennesselsuppe
1 l gut gewürzte Fleischbrühe
Stärkemehl
1 gewürfelte Zwiebel
50 g Lauch in Streifen
50 g Champignons in Scheiben
20 g Butter
200 g frische Brennesseln
Soyasauce
Schnittlauch, Weißbrotwürfel

Die Brühe mit Stärkemehl leicht binden. Zwiebeln, Lauch und Champignons in Butter andünsten, mit den Brennesseln in die Brühe geben. Aufkochen, mit Soyasauce abrunden und in Tassen füllen. Mit gehacktem Schnittlauch und Weißbrotwürfel bestreut servieren.

Wildpastete
500 g Hirschfleisch
500 g Schweinefleisch
200 g fetter Räucherspeck
1 Brötchen
¼ l Rotwein
3 Eier
je ½ TL Thymian, Oregano, Basilikum,
Paprika edelsüß, Pfeffer
1 TL Salz
2 Lorbeerblätter

Die Hälfte des Hirschfleisches und das Schweinefleisch zweimal durch die feinste Scheibe in ½ cm große Würfel schneiden. Das Brötchen in Rotwein einweichen. Alle Zutaten (Lorbeerblät-

ter zurückbehalten) gut miteinander vermischen.
Die Masse in eine feuerfeste Form geben und die Lorbeerblätter darauflegen.
Die Pastete bei 200 Grad ca. 90 Minuten garen. Nach der halben Garzeit mit Alustar-Folie abdecken. Langsam abkühlen lassen.

Schinken- und Käsetaschen
Tiefgekühlten Blätterteig ½ cm dick ausrollen und in 10 cm große Quadrate schneiden. Die Ränder mit Eigelb bestreichen. Jeweils auf die Mitte der Quadrate gewürfelten Kochschinken bzw. gewürfelten Appenzeller geben. Zu einem Dreieck zusammenlegen. Ränder gut aufeinanderdrücken. Im Ofen goldgelb backen.

Heidelbeerkuchen
5 Eier
3 Eigelb
170 g Zucker
250 g Butter
110 g Mehl
110 g Weizenpuder
300 g Heidelbeeren
1 Päckchen Vanillinzucker

Eier, Eigelb und Zucker im Wasserbad erhitzen. Kalt mit einem Schneebesen aufschlagen. Die Butter flüssig werden lassen. Butter, Mehl und Weizenpuder unter die Eier-Zuckermasse rühren. Backblech anfeuchten und mit Papier auslegen. Die Masse auf das Backblech streichen. Mit Heidelbeeren bedecken. Im Ofen bei 230 Grad ca. 15 Minuten backen. Den Kuchen noch warm mit Vanillinzucker bestreuen und servieren.

und eine Kanne mit Tee zur Grundausstattung, auf Stövchen warm gehalten und flankiert von einem Kännchen frischer Sahne, Milch, einem Schälchen mit Zitrone, einer Dose mit Kandiszucker. Davor oder daneben stehen Glaskaraffen mit Orangen-, Grapefruit- und Tomatensaft. Etwas bescheidener im Hintergrund halten sich ein paar Flaschen mit Mineralwasser und Bier. (Sie werden meistens unberührt wieder im Kühlschrank verschwinden; doch wenn einen einmal danach gelüstet, dann freut er sich bestimmt besonders darüber.)

Unentbehrlich bei Brunch sind die Eierspeisen. Sehr hübsch machen sich kleine Stilpfannen mit Ham and Eggs und/oder Rührei und/oder Spiegelei, die ebenfalls auf Rechauds angerichtet werden. (Sie sehen schon: wenn Sie Brunchspezialist werden wollen, brauchen Sie einiges Gerät!) Gekochte Eier im Körbchen und Eier im Glas würden das diesbezügliche Angebot aufs appetitlichste abrunden.

Dann kommt die Abteilung Fleisch- und Wurstwaren. Als Blickfang gehört hier in den Mittelpunkt ein schönes Trumm Schwarzwälder Schinken oder Tiroler Bauernspeck, umlagert von größeren oder kleineren Stücken Mettwurst, Kaiserfleisch, grober Leberwurst oder Salami. Dazu gehört dann noch ein Schälchen mit Mixed Pickles oder kleinen Gurken. Soll das Brunchbuffet komplett sein, darf etwas Fisch nicht fehlen: Bismarckheringe, Rollmöpse für die einfacheren, Räucheraal oder geräucherter Lachs für die gehobenen Ansprüche. Und schließlich noch ein großes Stück Käse, ein Emmentaler oder Gouda, von dem sich jeder seine Scheiben abschneiden kann.

Je mehr Brotsorten, desto besser. Sie geben einem Buffet so etwas Solides, Vertrauenerweckendes, und wir können heute ja in unzähligen Varianten schwelgen: Holzofenbrot, Vollkornbrot, französisches Stangenbrot, Toastbrot, Vinschger Fladen, Brezeln, Pumpernickel, Knäckebrot. Bei bestimmten Sorten sollten Sie nur darauf achten, daß sie am Sonntag eventuell aufgebacken werden müssen. Einen Hefezopf können Sie vielleicht selber backen, desgleichen einen Napfkuchen, auch Guglhupf genannt, oder einen englischen Kuchen. Nicht zu vergessen verschiedene Sorten Marmelade nebst Honig und Butter. Wenn Sie es ganz besonders gut machen wollen, dann stellen Sie neben die ungesalzene noch ein Töpfchen mit gesalzener Butter. Die Feinschmecker werden Ihnen applaudieren!

Achten Sie, wo immer das möglich ist, darauf, daß Sie Brot, Wurst, Schinken, Käse, Kuchen nur im Stück anrichten; sie trocknen sonst aus, und Sie haben zuviel Abfall. Daß heißt also, daß genügend Holzbrettchen und scharfe Messer bereitliegen müssen, mit deren Hilfe sich jeder selber bedienen kann. Auch den Toast sollte sich jeder nach Geschmack rösten können; der Toaster muß also ebenfalls greifbar sein. Beim Brunch sorgt jeder für sich. Das entlastet nicht nur die Gastgeber, es ist auch viel unterhaltsamer. Manche Leute verlegen den Brunch sogar in die Küche und lassen die Gäste sich ihre Eier selber braten! Doch dazu hat jede Hausfrau ihre eigene Meinung.

Ein Brunchbuffet hübsch zu dekorieren, ist nicht schwierig. Das meiste, was auf den Tisch kommt, wirkt ja schon von sich aus dekorativ. Wenn Sie dann noch Teller, Tassen, Gläser, Bestecke ein bißchen geschickt arrangieren, sich hübsche Papierservietten besorgen und das Ganze mit ein paar frischen Blättern aus dem Garten garnieren, dann kann es an nichts mehr fehlen. Einen Gag aber verrate ich Ihnen abschließend noch: kaufen Sie sich in einem guten Feinkostgeschäft etwas Trockeneis, bauen Sie es an geeigneter Stelle auf, zum Beispiel beim Fisch, und gießen Sie dann ganz heißes Wasser darüber. Das gibt eine verblüffende Dampfbildung, der Dampf legt sich über das ganze Buffet und ruft einen phantastischen Effekt hervor – der Sie fast nichts gekostet hat.

Brunch for two

Büroparty

Etwas wie eine Büroparty gibt es auch in den sogenannten Chefetagen. Wenn das Vorstandsmitglied einer Weltfirma sein 25jähriges Firmenjubiläum feiert, muß sich natürlich etwas abspielen. Da kommen die Vorstandskollegen, Direktoren, Abteilungsleiter und so weiter, überreichen mehr oder weniger sinnige Geschenke, stehen mehr oder weniger steif mit einem Glas Sekt in der Hand herum und achten vor allem darauf, daß sie nichts falsch machen, was ihrer Karriere schaden könnte.

Aber unter einer richtigen Büroparty verstehe ich etwas anderes. Ein Mensch wie du und ich feiert den Einstand in der Abteilung oder den Abschied von derselben, den fünfzigsten Geburtstag, das zehnjährige Sekretärinnenjubiläum oder die Ernennung zum Abteilungsleiter. Man feiert dieses Ereignis mit den Kolleginnen und Kollegen – sei es, daß dies ein Bedürfnis ist, sei es, daß jene es an mehr oder weniger direkten Hinweisen nicht haben fehlen lassen. Unter diesen Voraussetzungen wird man, wie ich meine, auch am besten im Büro feiern.

Sicher kann es Ausnahmen von dieser Regel geben. Mancher Kollegenkreis hat sein Stammlokal, in dem er sich vielleicht auch sonst regelmäßig trifft. Und manch einer, der ein Büroereignis feiern möchte, hat seine bestimmten Gründe, nicht im Büro zu feiern. Ein entscheidender Grund kann zum Beispiel sein, daß die Räume sich nicht eignen – oder daß der Chef dagegen ist. Die Aufgeschlossenheit des Chefs für derartige Veranstaltungen sollte man bei solchen Gelegenheiten überhaupt immer und rechtzeitig einkalkulieren. Man sollte sich seines Einverständnisses versichern, und man sollte ihn – wenn nicht aus Liebe, dann doch aus Höflichkeit und Taktik – einladen. Dann ist es seine Sache, ob er zusagt oder nicht, ob er etwas stiftet oder nicht.

Das Einverständnis des Chefs ist auch noch aus einem anderen Grunde erforderlich. Normalerweise findet eine Büroparty – ganz oder teilweise – während der Arbeitszeit statt. Wenn man da das Wann und Wie nicht geklärt hat, kann es Ärger geben. So werden nur wenige Chefs mit einer Büroparty etwa zwischen 11 und 13 Uhr einverstanden sein. Das ist zwar eine sehr schöne Zeit zum Feiern, aber sie liegt eben mitten im Arbeitstag, und erfahrungsgemäß ist nach einer Party der Tätigkeitsdrang doch recht reduziert. Deshalb scheint es mir am sinnvollsten, und so hat es sich ja auch weithin eingebürgert, die Büroparty in die Nachmittagsstunden zu verlegen. Und zwar so, daß sie während der Arbeitszeit beginnt und mit oder nach Feierabend endet.

Der Vormittagstermin hätte nur einen Vorteil: die Party kann sich nicht über Gebühr in die Länge ziehen. Denn am Nachmittag muß halt wieder gearbeitet werden. Dem Nachmittagstermin dagegen fehlt der moralische Druck, schließlich doch wieder an den Schreibtisch zurückzukehren – ein Druck, den ich übrigens für recht heilsam halte. Denn wer einmal einige Büropartys mitgemacht hat, erlebt immer wieder dasselbe: ein paar Kollegen sind sicherlich dabei, die hocherfreut die Gelegenheit benutzen, sich mal richtig vollaufen zu lassen, weil ihnen der ganze Laden stinkt. Und es gehört dann allerhand Geschick dazu, die Feier mit einigem Anstand über die Bühne zu bringen, ohne daß es zu Exzessen kommt.

Deshalb würde ich immer empfehlen, eine Büroparty zurückhaltend anzulegen, was Dauer und Angebot betrifft. Zwei bis drei Stunden sind genug. Wer dann wirklich noch weiterfeiern will, kann in die nächste Kneipe gehen. Auch bei allem, was man den Kollegen zu essen und zu trinken anbietet, scheint mir Zurückhaltung angebracht. Wer auffahren läßt, daß sich die Tische biegen, erntet sicherlich nicht nur freundliche Reaktionen. Von der Vermutung »Der will sich wohl bei uns einschmeicheln« bis zur Annahme »Der will ja nur dem Chef imponieren« gibt es eine ganze Menge Möglichkeiten zu negativer Auslegung. Überhaupt paßt ins Büro meiner Meinung nach Bescheidenheit besser als übertriebener Aufwand.

So zwanglos eine Büroparty im allgemeinen verlaufen wird – einiges will doch bedacht und vorbereitet sein. So würde ich unbedingt dafür sorgen, daß die Zone der Arbeit von der des Feierns strikt getrennt wird, daß Akten, Papiere und Büro-Utensilien entfernt und Tischdecken oder Entsprechendes aufgelegt werden, damit es keine Flecken und Glasränder auf den Schreibtischen gibt. Auch an die Besorgung von Geschirr und Gläsern muß man denken, vor allem dann, wenn keine Teeküche oder Kantine aushelfen kann. Im Grunde eine Selbstverständlichkeit, doch vorsichtshalber hier auch noch erwähnt: nach der Party muß jemand aufräumen, wenn es nicht alle gemeinsam tun. Denn es ist höchst unerfreulich, wenn man am nächsten Morgen an seinen Arbeitsplatz kommt, vielleicht gar noch als Nicht-Beteiligter, und findet dann schmutzige Teller, halbleere Flaschen und dergleichen vor.

Bei den Getränken tut der Gastgeber gut daran, sich an das Prinzip der Einfachheit zu halten. Wein halte ich nicht für geeignet. Er braucht eine bestimmte Atmosphäre, Kultur und auch Temperatur, was alles im Büro kaum zu erreichen ist. Auch spielen beim Wein Geschmacksfragen oft eine Rolle, die nicht befriedigend gelöst werden können. Auch von hochprozentigen Getränken möchte ich abraten, wenn man sich seiner Pappenheimer nicht hundertprozentig sicher ist. Am besten eignen sich immer noch Sekt und Säfte, die man auch gemischt kredenzen kann – vorausgesetzt, es gibt eine Möglichkeit, diese Getränke kühl zu stellen. Ein Faß Bier wird man in einem Büro kaum anzapfen können. Ob es also Flaschenbier geben soll, ist eine Frage, die jeder angesichts der teilnehmenden Kollegen selbst entscheiden muß.

Auch Eßbares kommt am besten in einfacher Form an. Dabei denke ich allerdings weniger an die vorgefertigten Knabbermischungen, die so schnell langweilig werden. Einfach, unkompliziert, wenn auch nicht sehr einfallsreich, sind selbstgemachte Schnittchen oder Sandwiches, deren Zubereitung ein paar Kolleginnen übernehmen können. Seit Jahren schon sehr beliebt und deshalb gleichfalls nicht mehr originell ist die Pizza, die man ja heute fast überall ofenwarm bekommt und dann in handgerechte Stücke schneiden kann. Besser als beides: ein paar Salate aus dem Delikatessengeschäft, zum Beispiel Geflügelsalat, Rindfleischsalat, Pilzsalat, Tomatensalat, Waldorfsalat, und was Sie sonst noch gern mögen. Dazu gibt es vielleicht noch ein paar gefüllte Eier oder Schinkenröllchen – und fertig ist die Laube!

Auch einfach, doch ein bißchen origineller: Sie kaufen französische Stangenbrote, so lang wie irgend möglich, schneiden sie der Länge nach durch, belegen sie mit Butter und Salami oder Käse. Sie servieren die Brote in ihrer ganzen Länge, so daß jeder sich nach Lust und Laune sein Stück herunterschneiden kann. Meinen nächsten Vorschlag kann ich nicht machen, ohne auf mein Unternehmen hinzuweisen. Für solche Anlässe haben wir nämlich unseren warmen, kombinierten Cocktail »erfunden«. Er ist mit Zahnstocher-Spießchen aus dem Töpfchen bequem zu essen – und halt einmal etwas anderes. Wahrscheinlich kostet er ein paar Mark mehr als belegte Brote. Doch wenn sich ein paar »Veranstalter« zusammentun oder man eine Umlage erheben kann, was beides bei Büropartys ja öfter vorkommt, dann hält sich die Mehrbelastung in vertretbaren Grenzen. Und alle haben ihren Spaß daran. (Dasselbe oder etwas ähnliches bieten inzwischen auch andere Party-Dienste an.)

Brotzeit à la Käfer: von Fisch bis Käse

Meterbrote der Länge nach aufschneiden, mit Butter bestreichen und Salatblätter darauflegen.

Vorschläge für den Belag:
Matjesfilets auf Tomaten- und Gurkenscheiben
Roastbeef mit Remouladensauce
Tatar mit deutschem Kaviar
Räucherschinken mit Cornichons
Geflügelsalat mit Mandarinen und Ananas
Eischeiben mit Sardellenfilets
Scheibletten mit Fleischsalat gefüllt

Getränketip:
Spritziger Weißherbst oder kühles Bier

Schnell gemacht und gern gegessen – Sandwiches vom Stangenbrot

Damenparty

Die Gleichberechtigung begann bei Kaffee und Kuchen. Unsere Großmütter wollten nicht nur das brave Heimchen sein, das auch seinen gesellschaftlichen Unternehmungsgeist dem des Mannes unterordnete. So schlossen sie sich zu Damenkränzchen, unsere Mütter fanden sich zum Kaffeeklatsch zusammen. Was den Männern der Herrenabend, die feuchtfröhliche Gesellschaft mit ihresgleichen bedeutete, ist inzwischen den Frauen die Damenparty geworden.

Bekannte oder befreundete Damen treffen sich zwanglos in mehr oder weniger kurzen Abständen zu Diskussion oder Erfahrungsaustausch über die sie bewegenden Probleme, als da sind Männer, ihr Beruf, Kinder oder die immer wieder neuen gleichbleibenden Themen, die die Mode heraufbeschwört. Auch die Ehefrauen der Männer, die beruflich engen Kontakt haben, verspüren oft das Bedürfnis, sich näherzukommen.

Einladungen sind deshalb überflüssig. Die Termine stehen ja meistens fest. Wenn nicht, genügt ein telefonischer Rundruf.

Natürlich muß ein solcher Kreis keine geschlossene Gesellschaft bleiben. Er sollte offen sein für die neu hinzugezogene Nachbarin wie für die Frau eines neuen Kollegen des Ehemannes.

Lassen Sie mich aber noch etwas Grundsätzliches nachholen: nehmen Sie nicht unbedingt jeden in Ihren Kreis auf. Gesellige Menschen sind ideale Partygäste. Muffel stören jede Gesellschaft.

Man findet sich am Nachmittag zu Kaffee oder Fünf-Uhr-Tee oder am Abend zu einem zwanglosen kleinen Essen zusammen. Reihum bewirtet immer eine der Damen die Runde. Der Kreis sollte nicht mehr als acht bis zehn Personen umfassen, eine Zahl, die sich immer wieder als ideal für die meisten Arten geselligen Zusammenseins bewährt. Der Gastgeberin sei jedoch, da sie ja einen regelmäßig wiederkehrenden Gästekreis bewirtet, empfohlen, darauf zu achten, das zum Essen Gebotene möglichst zu variieren.

Reden und Diskutieren mag nicht für jeden abendfüllend sein und schon gar nicht Klatschen. Dann bietet gemeinsame Beschäftigung wie Kartenspielen, Gymnastik unter Anleitung einer Turnlehrerin, Schwimmen oder Saunen aktive Zerstreuung.

Wohnt eine der Damen in der Nähe eines Parks, der einen Spaziergang lohnt, so könnte ich mir auch das als schönen Auftakt eines Damennachmittags oder -abends vorstellen. Ja, selbst Stricken ist nicht ungewöhnlich.

Man kann sich natürlich auch Diskussionsthemen stellen: neue Bücher, eine Theateraufführung oder auch Schulprobleme. Hauptinhalt solcher Treffen sind also das Gespräch und gemeinsames Tun. Das heißt, Sie müssen sich hier nicht herausgefordert fühlen, sehr große kulinarische Anstrengungen zu unternehmen. Ein guter Kaffee – denken Sie auch an coffeinfreien –, ein leichtes Gebäck, zum Abend belegte Brote oder ein kleines Menü genügen vollauf.

Ein zu einer Teeprobe ausgeweiteter Fünf-Uhr-Tee, auf dem viele verschiedene Sorten des aromatischen Getränks geschmeckt werden können, wäre eines der wenigen Beispiele, wie eine Damenparty sinnvoll in einen Gaumengenuß umfunktioniert werden könnte. Also, nicht abwarten und Tee trinken steht als Motto über dieser Party, sondern etwas tun und Tee trinken. Wobei die Betonung auf ersterem liegt.

An dieser Stelle möchte ich wieder betonen: alles, wovon ich spreche, darf natürlich nur als Vorschlag aufgefaßt werden. Feste Regeln für den Ablauf von Partys oder Festen gibt es nur sehr wenige. Eine Veranstaltung entwickelt sich um so schöner, je mehr es Ihnen gelingt, sie individuell zu gestalten. Es ist auch öfter erlaubt, als ich es anmerken kann, Partyabläufe und -gerichte zu mischen.

Laden Sie zu Canasta oder Bridge oder gar zum Skatspielen ein, so richten Sie mehrere Spieltische her. Dabei ist auf gute Beleuchtung zu achten. Einige Knabbereien, Gebäck oder Salzmandeln stellen Sie in Reichweite. Etwa zwei Stunden nach Beginn sollte eine Pause eingelegt werden, in der ein kleiner Imbiß geboten wird. Wenn sie zwanzig Minuten vorher angekündigt wird, können sich alle Spieler darauf einstellen.

Aber, wie bereits gesagt, Essen und Trinken sind hier nicht Selbstzweck. So sind Ihre Gäste schon dankbar für einige belegte Brote oder für ein höchstens aus Suppe, kleinem Hauptgericht und Dessert bestehendes Abendessen.

Ich platzte einmal in einen ungefähr 15 Damen umfassenden Kreis, die sich nachmittags mit ihren Hunden eingefunden hatten. Jede Dame hatte ihren Hund herausgeputzt. Star des Nachmittags war ein Chihuahua, den eine bunte Schleife verschönerte – und vergrößerte. Gott sei Dank war ich erst später hinzugekommen. Die große Aufregung der Begrüßung und Beschnupperung hatte sich schon gelegt. Auch die Fütterung der Raubtiere, jedes Tier hatte eine

Pikantes für die Damen

Avocado-Salat
Die Avocados halbieren und aushöhlen. Das Fruchtfleisch, Tomaten und Zwiebeln in Scheiben schneiden. Mit Zitronensaft, Salz und Pfeffer würzen. Die gesamten Zutaten vorsichtig mit Joghurt mischen. Den Avocado-Salat in die ausgehöhlten Früchte füllen, auf Salatblättern anrichten.

Pikantes Töpfchen
Schweinefilet in Streifen schneiden, würzen und anbraten. In Streifen geschnittene Zwiebeln, Paprikaschoten, gekochten Schinken und Champignons dazugeben und gardünsten. Paprikapulver darüberstreuen, gut verrühren und mit saurer Sahne auffüllen. Mit Salz, Pfeffer und Majoran abschmecken. Falls nötig, mit Mehlbutter binden.
In einem feuerfesten Keramiktopf servieren. Als Beilage körnigen Reis servieren.

Orangenfilets mit Grand Marnier
Orangen filetieren, zuckern und ca. zwei Stunden Saft ziehen lassen. Mit Grand Marnier übergießen und kühl anrichten.

Extrawurst bekommen, war schon vorbei. Und so lagen die Gesprächsthemen friedlich zu Füßen ihrer Frauchen. Eine ungewöhnliche Veranstaltung. Aber Sie wissen sicherlich: München ist hundenärrisch.

In Hamburg habe ich eine ganz andere, nicht alltägliche Damenparty erlebt: ein weibliches Tabakskollegium. Da saßen die Damen mit weißen Tonpfeifen beisammen und ließen die Probleme ihrer Welt in blauem Dunst aufgehen. Der Gipfel der Gleichberechtigung!

Einen gewissermaßen versöhnlichen Abschluß einer Damenparty würde es bedeuten, wenn die Männer dieser bescheidenen emanzipatorischen Geselligkeit gegenüber Toleranz demonstrierten und ihre Frauen abends abholten. Zum Dank dafür sollten sie dann einen Kaffee, einen Tee und einen Cognac angeboten bekommen. Und die Frauen gesellen sich zu diesem Drink mit einem Likör oder einem Glas Sekt. Selbstverständlich werden Sie sich auch für ein Routine-Beisammensein am nächsten Tag bedanken.

Fasching – Karneval
Kostümfest

Fasching, Karneval oder Fasnacht feiern ist eine Sache. Darüber nüchternen Sinnes lesen, eine andere. Wenn Sie also die Geschichte, die ich Ihnen jetzt berichten werde, für albern halten, dann mögen Sie vielleicht sogar recht haben. Dann können Sie sich aber auch die Lektüre des ganzen Kapitels sparen. Denn Narrentreiben bewegt sich nun einmal hart an der Grenze zum Verrückten, »Gspinnerten«, wie die Münchner sagen. Und wer das nicht wenigstens für ein paar Stunden nachvollziehen kann, läßt wohl besser die Hände davon.

Das Faschingsfest, von dem ich erzähle, habe ich vor ein paar Jahren in München veranstaltet – zu meinem privaten Vergnügen, wohlgemerkt. Eingeladen habe ich zu einem »Ball verkehrt« für etwa sechzig Personen, bei dem die Herren als Damen und die Damen als Herren verkleidet kommen mußten. Wir Herren trafen uns in der Wohnung eines Freundes ab drei Uhr nachmittags, wo wir von Kosmetikerinnen und Maskenbildnerinnen ganz professionell mit Schminke und Perücken hergerichtet wurden. Währenddessen brachte ein Kostümverleih eine Auswahl an weiblichen Gewändern, aus der sich jeder etwas aussuchen konnte. Die ganze Prozedur dauerte mindestens zwei Stunden. Wir bekamen dabei natürlich Durst, und nach ein paar Drinks waren wir mächtig in Fahrt, als wir mit einem Ausflugsbus ins Café Luitpold fuhren, wo wir uns vorher telefonisch als amerikanisches Damenkränzchen angesagt hatten. Das Café liegt zentral; wer Kontakt sucht oder nichts mit sich anzufangen weiß, geht hierher. Schon auf der Straße gab es

mächtiges Aufsehen, als das dreißigköpfige Damenkränzchen zunächst eine Runde um den Block drehte, erst recht dann im Café. Wir benahmen uns höchst albern und überdreht, halt so, wie sich alleinstehende Frauen im Fasching benehmen. Wir tranken Sekt aus Kaffeetassen, tanzten zusammen nach den Rhythmen einer südamerikanischen Band, die wir uns bestellt hatten, und brachten den Cafetier schier zur Verzweiflung. Der normale Nachmittagsbetrieb kam fast völlig zum Erliegen.

Inzwischen waren auch die »Herren« soweit. Sie hatten eine ähnliche Verwandlungsprozedur hinter sich und ka-

men nun, nachdem sie sich in einer Bar kräftig Mut angetrunken hatten, in das Café, um uns auszulösen und abzuholen. Das gab nochmals ein gewaltiges Spektakel, weil wir uns ja nun gegenseitig identifizieren mußten, was gar nicht so leicht war und sicher eine gute Stunde dauerte. Als wir alle zusammen endlich das Haus verließen, machte der Cafetier drei Kreuze hinter uns her.

Wir fuhren dann in ein großes Fotoatelier, das wir als unser Faschingslokal hergerichtet und dekoriert hatten. Dort ging es mit Musik und Tanz, Essen und Trinken weiter – bis Mitternacht, nicht länger. Aber wir hatten ja auch schon am frühen Nachmittag angefangen und waren mit unserer Kondition am Ende. Es war ein herrliches Fest, das sich auch in der Erinnerung deutlich von den vielen Faschingspartys abhebt, die man so im Lauf der Zeit mitmacht. Es war, meiner Meinung nach, deshalb besonders gelungen, weil jeder seine Rolle gespielt und nicht darauf gewartet hat, daß die anderen etwas bieten werden.

Daran zeigt sich, daß zu einer gelungenen Faschingsparty Gäste gehören, die wirklich mitspielen. Tun sie das nicht, kann der Gastgeber sich noch soviel Mühe gegeben, noch so schön organisiert und dekoriert haben – der Funke wird nicht zünden, es wird ein müdes Fest bleiben. Meine Geschichte soll aber auch zeigen, daß eine Faschingsparty gut, überlegt und ideenreich vorbereitet sein will. Natürlich gibt es improvisierte und zugleich inspirierende Faschingsfeste. Doch sie sind nur die Ausnahmen, welche die Regel bestätigen.

Bisheriges Fazit: Wenn Sie zu einer Faschingsparty einladen wollen, dann bitte nicht mit halbem Herzen, sondern voll einsteigen! Wenn Sie zum Beispiel Ihr schönes Wohnzimmer hübsch mit Luftschlangen und Girlanden dekorieren, ein paar nette Ehepaare einladen und um den Couchtisch gruppieren, Pappnasen und lustige Hüte verteilen, dann kann das sicher sehr nett und gemütlich werden; nur ein richtiges ausgelassenes, turbulentes Faschingsfest wird dabei nicht herauskommen.

Fragen Sie sich also zuerst, ob Sie geeignete Räume haben oder ausfindig machen können. Ich möchte Ihnen dringend davon abraten, Ihre eigene Wohnung herzunehmen. Hobby- oder Kellerräume sind schon besser. Jedenfalls müssen es Räume sein, die man total umkrempeln und verfremden, deren Wände man bekleben und bemalen kann. Noch besser ist es, wenn Sie eine leerstehende Wohnung auftreiben oder Nebenräume in einer Wirtschaft bekommen, die Sie selbst dekorieren können. Dafür brauchen Sie nicht einmal Miete zu zahlen, denn der Wirt verdient am Umsatz. Ideal ist es, wenn Sie sich mit zwei oder drei Freunden zusammentun und alles gemeinsam vorbereiten. Das entlastet Sie und gibt Ihnen mehr Spielraum. Außerdem machen die Vorbereitungen viel Spaß, weil Sie sich gemeinsam schon in die richtige Stimmung hineinsteigern.

Es gibt ein paar Tips, an denen man gleich den Faschingsexperten erkennt: möglichst viele Leute einladen, damit die Bude richtig voll wird. Denn je leerer die Räume, desto gähnender die Stimmung. Vor allem, wenn dann die ersten schon wieder gegangen sind. Nicht nur Leute einladen, die sich untereinander kennen; aber auch nicht so einladen, daß keiner den anderen kennt. Fifty-fifty ist die brauchbarste Mischung, bei der sich niemand verlassen vorkommt, aber jeder das Gefühl hat, er könnte hier neue Bekanntschaften machen. Keine komfortablen Sitzgruppen, keine Tische, an denen die Leute festkleben wie bei einem gesetzten Essen, sondern provisorische Sitzgelegenheiten, wie Matratzen, zusammengerollte Teppiche, Kisten, Hokker und jedenfalls weniger Sitzplätze als Anwesende! Wer keinen Platz hat, wird aktiv, unternimmt etwas, und genau das soll er auch.

Umstritten ist die Frage: ein Motto oder keins? Es gibt alte Faschingshasen, die

jede derartige Festlegung strikt ablehnen, weil sie der Ansicht sind, jeder soll nur die Rolle spielen, die ihm am meisten Spaß macht. Ich selbst gehöre zur Gegenpartei derer, die viel Freude daran haben, sich ein originelles Motto auszudenken und sich daran zu halten, in der Dekoration, in der Kostümierung, im Rollenspiel. Einige Faschingsfeste mit Motto, an die ich besonders gern zurückdenke: eine Kinderparty, zu der wir alle als Kinder verkleidet kamen – mit Schulranzen, als Gassenjunge oder Lieschen Müller, als Brüderchen und Schwesterchen. Vorweg bekam jeder einen Aperitif aus einer Milchflasche mit Gummisauger. Eine Gangsterparty à la Bonnie and Clyde in den Kostümen von 1930. Der Bartresen war als Bankschalter dekoriert, wenn einer was trinken wollte, machte er einen Banküberfall mit oder ohne Geiselnahme (die beiden hübschen Mädchen hinter der Bar), und dann wurde heftig um das Lösegeld gefeilscht. Ein Atelierfest im Stil von Künstlerleben

Anno 1900, das in einem echten Atelier inszeniert wurde. Da standen die Staffeleien herum und ein paar Gipsfiguren, an denen jeder herummodellieren durfte. Und lebende Modelle gab es natürlich auch. Im ähnlichen Rahmen spielte sich eine Jugendstilparty ab, bei der es vor allem auf stilechte und originelle Kostüme ankam, unter denen übrigens die selbstgemachten attraktiver waren als die originalen aus jener Zeit.

Zu einer Faschingsparty gehört eine schriftliche, möglichst originelle Einladung. Ich kenne Faschingsfans, bei denen das Entwerfen der Einladung regelmäßig zu einer Voraus-Orgie führt. Ob die Einladung nun in Versen oder Prosa gefaßt, handgemalt oder maschinegeschrieben ist, kann jedem selbst überlassen bleiben. (Zu der Kinderparty wurden beispielsweise die Einladungen an eine Kinderrassel geheftet, die jeder beim Einlaß vorzeigen mußte; das ging also schon mit Höllenspektakel los.) Nur darf man bei aller Originalität die notwendigen Angaben nicht vergessen – etwa auch, wenn ein Unkostenbeitrag erbeten wird.

Das übrigens wird von niemandem als Zeichen der Knauserigkeit verstanden. Wenn es nicht gerade ein Krösus ist, wird man heute von keinem Menschen erwarten können, daß er einen Haufen

Leute einlädt, sich eine Menge Arbeit macht und dann noch alles selber zahlt. So ist es durchaus üblich, einen Unkostenbeitrag von zehn oder zwanzig Mark zu erbitten, die auch jeder gern investieren wird. Denn alle Welt ist ja heute froh, wenn sich einer findet, der sich etwas einfallen läßt, der Organisation, Verantwortung und manchmal auch Ärger auf sich nimmt. Wer das nicht will, der soll – meine ich – wenigstens finanziell etwas beitragen. Kümmern Sie sich mit besonderer Sorgfalt um die Musik. Im Rahmen, den ich in diesem Kapitel gezogen habe, wird eine Band wohl kaum »drin« sein. Es kommen also in erster Linie Tonbänder in Frage, bei Platten gibt es zu lange Pausen. Suchen Sie bei den Bändern nicht nur das heraus, was Ihnen gefällt, sondern versuchen Sie sich auch in Ihre Gäste hineinzuversetzen. Die richtige Mischung Stimmung und Schmalz, langsam und schnell, traditionell und modern ist gar nicht so einfach herzustellen. Versuchen Sie deshalb, sich von einem Experten beraten zu lassen! Jedenfalls kann die falsche Musik zur falschen Zeit einer Faschingsparty langsam, aber sicher den Garaus machen. Und vernachlässigen Sie auch die Technik nicht! Einwandfreie Übertragung und die richtige Lautstärke müssen garantiert sein.

In diesem Zusammenhang noch ein Hinweis, den ich schon wiederholt angebracht habe: verständigen Sie sich vorher, so gut es geht und so nett wie möglich, mit Ihren leidtragenden Nachbarn. Einladen ist natürlich immer das beste Rezept. Wenn das nicht geht, stecken Sie wenigstens jedem einen freundlichen Entschuldigungsbrief in den Briefkasten. Das ist nicht nur ein Gebot der Höflichkeit, sondern auch eines der Klugheit. Sonst haben Sie während der Party alle naselang die Polizei auf dem Hals.

Zu den Getränken: an den Anfang einer jeden Faschingsparty gehört ein kräftiger Schluck, der die Glieder und die Stimmung lockert und den Übergang vom Alltag ins Reich des Faschings erleichtert. Das kann ein Schnaps oder ein Glas Sekt sein. Als geistiges und feuchtes Zentrum ist ferner eine Bar unentbehrlich. Sie darf ganz schlicht sein, es braucht auch nichts gemixt zu werden. Ihr Repertoire kann sich auf – wenige! – harte Drinks, Sekt und Bier

Französisches Gemüsegulasch für 20 Personen

2 dl Pflanzenöl
3 kg Gulaschfleisch vom Rind
Salz, Pfeffer, Paprika
1 kg Zwiebeln in Scheiben
150 g Tomatenmark
4 zerdrückte Knoblauchzehen
1 kg Zucchinis
1 kg Auberginen
1 kg Paprikaschoten
1 kg Tomaten
2 TL Basilikum
2 TL Thymian

Pflanzenöl im großen Bratentopf heiß werden lassen. Das Fleisch würzen und scharf anbraten. Mehrmals mit Wasser oder Brühe ablöschen und verkochen lassen. Zwiebeln, Knoblauch und Tomatenmark dazugeben und mitschmoren. Zucchinis, Auberginen und Paprikaschoten in grobe Würfel schneiden und zum Gulasch geben.

Mit Wasser oder Brühe auffüllen, Basilikum und Thymian beigeben und schmoren lassen. Nach ca. einer Stunde die geviertelten Tomaten noch 10 Minuten mitkochen lassen. Nach Belieben mit Mehl andicken und abschmecken. Dazu frisches Bauernbrot reichen.

beschränken, das äußerste ist schon ein Gin Tonic oder ein Wodka Bitter Lemon. Das hängt letzten Endes davon ab, wer hinter dem Tresen steht: ein Profi oder ein nettes junges Mädchen. Ansonsten ist das Prinzip einer einfachen, klaren Linie – eine Sorte Sekt, eine Sorte Wein, Bier – und der Selbstbedienung zu empfehlen. Man sollte auf einem Faschingsfest nicht vom Gastgeber erwarten, daß er mit der Weinflasche herumläuft und nachschenkt. Er muß nur den Überblick behalten und allenfalls, wenn die Stimmung gar zu überschäumend wird, den Nachschub unauffällig drosseln.

Das Essen rückt bei einem Faschingsfest naturgemäß in den Hintergrund. Es kommt sehr häufig vor, daß bis gegen Mitternacht überhaupt nichts Nahrhaftes geboten wird. Ein voller Bauch tanzt nicht gern, meinen manche Routiniers, und wer satt ist, muß wieder viel mehr trinken, um in Stimmung zu kommen. Freilich können Sie auch ein einfaches Buffet anrichten: mit einem Stück Fleisch, von dem man sich etwas herunterschneiden kann, einem Berg Fleischpflanzl (Buletten, Frikadellen) und einigen Salaten. Das steht bescheiden in einer Ecke, und wer Appetit hat, greift einfach zu.

Unerläßlich dagegen ist etwas Handfestes um oder kurz nach Mitternacht. In München gibt es dann seit undenklichen Zeiten Weißwürste mit Brezeln und süßem Senf. Da Weißwürste aber nicht jedermanns Geschmack sind, empfehle ich einen schönen großen Hühner- oder Rindfleischeintopf. Sehr gut kommt auch ein (nicht zu dickes) Kartoffelgemüse mit Fleischeinlage an. Oder natürlich Wiener Würstl mit Kartoffelsalat und scharfem Senf, Debreciner Würstl mit Meerrettichsenf. Eine scharfe Gulaschsuppe ist ebenfalls sehr beliebt. Doch nehmen Sie das Gulasch, wenn Sie Ihren Gästen wohlwollen, nicht aus der Dose! Zu all diesen Mitternachtsgerichten wird am liebsten Bier getrunken – und zwar auch von vielen Damen.

Fernsehparty

Fernsehen ist nicht doof! Fernsehen gefährdet nicht nur familiäre Harmonie. Fernsehen muß nicht unbedingt unsere Initiative zu gesellschaftlichen Kontakten lähmen. Ein gemeinsam mit Bekannten und Freunden vor dem Bildschirm zugebrachter Abend kann Beispiel dafür sein, wie wir mit Hilfe einer zu Unrecht verdammten technischen Errungenschaft durchaus unser Leben um eine Variante zwischenmenschlicher Beziehungen bereichern können.

Welche Sendungen bieten sich zu gemeinschaftlichem Sehen an? Das sind entscheidende Fußballkämpfe, Kriminalspiele oder -serien, eine Wahlnacht oder ein herausragendes Fernsehspiel mit großer Besetzung. Ein solcher Televisionsabend ist eine der wenigen Gelegenheiten, eine zwanglose Einladung unter ein Motto zu stellen. Das bedeutet aber auch, daß die Auswahl der Teilnehmer im Hinblick auf das Fernsehthema erfolgen sollte. Ausgesprochene Sport- oder Krimi-Muffel würden nur stören, sicher aber ist es möglich, beispielsweise auch Frauen für Sportreportagen zu interessieren. Da wir schon beim Motivieren sind, auch das läßt sich geschickt arrangieren. Sportliche Laien könnten an den gebotenen Wettkämpfen eventuell mit Hinweisen auf landsmannschaftliche Sympathien angestachelt oder aber durch gemeinsames Wetten über den Ausgang des Fußball- oder Kriminalspiels zum Mitmachen gereizt werden. Und wenn denn die Damen nicht mit Geld und guten Worten zu animieren sind, so machen Sie den Vorschlag, daß sie sich zu einer Damenparty (siehe S. 112) in einen Nebenraum zurückziehen oder zu einer Leidensgenossin in eine andere Wohnung ausweichen.

Die Einladung zur Fernsehparty kann natürlich für die Zeit nach dem Abendessen erfolgen. Doch ich würde das gemeinschaftliche Genießen der Vorfreude auf das zu erwartende spannende Ereignis doch schon auf ein Abendessen vorverlegen, das jedoch nur leicht sein sollte. Mit einem Glas Rotwein oder einem Bier bewaffnet, nimmt man anschließend auf den bereitgestellten Sitzgelegenheiten Platz. Beistelltische, die sich bei jeder Party bewähren, sind hier besonders praktisch. Tische und vor allem Sitze sollten nicht zu eng stehen. Haben Sie schon einmal die kuriosen raumgreifenden Beinverrenkungen eines Fußballfans beobachtet, wenn es spannend wird? Und auch das Aufspringen über das erlösende Siegtor müßte schon erlaubt sein. Man sollte auch, ohne seine Nachbarn zu stören, hin und wieder aufstehen können.

Während der Schau wird kein Imbiß gereicht. Wir hätten ja sowieso keinen großen Genuß davon. Wir wollen uns ja auf die Ereignisse auf dem Bildschirm konzentrieren. Stellen Sie aber jedem Gast eine Flasche Bier oder Wein in so greifbare Nähe, daß das Einschenken nicht zur Störaktion gerät.

Nach dem im allgemeinen zwei Stunden während Spektakulum schalten Sie rigoros das Gerät ab. Auch die Nachrichten können nicht so weltbewegend sein, uns den Spaß an dem jetzt einsetzenden Nachtarocken, wie wir in Bayern zum Besserwissen nach dem Kartenspielen sagen, zu nehmen. Jetzt sollen ruhig die ganz Schlauen zu Wort kommen, die die taktischen Varianten des Bundestrainers verdammen, die die Handlung des Mordfalles psychologisch für nicht hinreichend motiviert ansehen oder die die schauspielerische Leistung der Liv Ullmann auch wieder nicht so umwerfend finden. Dieses Vergnügen danach macht eine Fernsehparty erst vollständig.

Denn geteilte Fernsehfreude ist doppelte Freude – geteilter Fernsehschmerz ist halber Schmerz.

Wenn Sie jetzt zu einer nicht sehr aufwendigen Vesper (siehe S. 236) mit Brot, Aufschnitt und Käse oder auch mit einer heißgemachten Suppe bitten, wird das die erregten Gemüter schnell wieder besänftigen. Bieten Olympische Spiele oder eine Fernsehserie Unterhaltung für mehrere Abende, so ist es ratsam, die Einladungen reihum zu veranstalten. So verteilen sich Arbeit und auch Kosten gerecht. Aber denken Sie daran, daß Sie sich zu gemeinsamem Genuß televisionärer Darbietungen zusammenfinden und nicht zu gesellschaftlichem Wettbewerb, wo einer den anderen an Gastfreundschaft übertrumpfen will.

Eine Variante gemeinsam erlebter Sportereignisse sind die durch die Satelliten-Wunderwerke ermöglichten Direktübertragungen aus Übersee. Die elektronischen Kommunikationsmittel ermöglichen auch im Sport eine einzige Welt. Nur die Zeitunterschiede machen uns dabei zu schaffen. Durch sie, vor allem im Verhältnis zur Neuen Welt, finden die Sendungen meistens tief in der Nacht, wenn nicht erst am frühesten Morgen statt. Das zwingt uns, ein ganzes Partyprogramm vor der Übertragung abrollen zu lassen. Ich will Ihnen erzählen, wie wir das einmal aufgezogen haben:

Ich hatte zur Übertragung eines Boxkampfes Cassius Clay, alias Muhammed Ali, gegen Joe Frazier geladen. Ich verschickte an ungefähr 40 Boxenthusiasten – auch Damen waren mit von der Partie – mit kleinen Kinderboxhandschuhen die Einladung, mich gegen zwölf Uhr Mitternacht zu besuchen. In meiner Wohnung hatte ich einen improvisierten Boxring aufgebaut. In der Mitte luden Matratzen und Decken zum Sitzen ein. In den beiden mit Bademänteln dekorierten Ecken standen auf zwei Stühlen TV-Geräte und vermittelten uns den Kampf. Doch so weit war es noch lange nicht!

Zunächst mußte jeder Besucher auf die Waage und zeigen, wieviel »Box-Gewicht« er brachte. Dann stiegen zwei Freunde spontan in den Ring und imitierten einen kurzen Kampf.

Ich bemühe mich stets, mit solchen Initialzündungen meinen Partys von Anfang an einen gewissen Drive zu verleihen. Und meine Erfolge, die ich damit erzielen konnte, sollten auch Sie ermuntern, Ihren Festen mit solchen Gags eine bestimmte Anfangsgeschwindigkeit zu geben.

Zurück zu Muhammed Ali: Die Zeit bis zum Kampf vertrieb ich uns mit Tonbandaufzeichnungen großer Boxveranstaltungen mit Max Schmeling, Joe Louis, Bubi Scholz und Franz Mildenber-

ger und auch von Cassius Clay. Kurz vor 3 Uhr konnten wir mit großem Hallo den Sportreporter Ludwig Maibohm mit dem Boxer Franz Mildenberger begrüßen. Sie gaben uns letzte Informationen aus erster Hand. Mildenberger hatte immerhin schon gegen Clay im Ring gestanden. Eine lange Nacht macht natürlich nicht nur müde, sondern auch durstig und hungrig. Geizen Sie aber mit alkoholischen Getränken. Die Party könnte sonst aus dem Ruder laufen. Nebenstehend finden Sie eine Reihe alkoholarmer und -freier Getränke sowie einige scharfgewürzte pikante Kleinigkeiten.

Zum Glück ging dieser Boxkampf über die volle Distanz. So hatte sich das lange Aufbleiben gelohnt. Er war auch so

Fernseh-Dippen macht Spaß

Vieles läßt sich dippen:
Cocktailwürstchen, gebratene Hackfleischbällchen, gekochtes oder gebratenes Geflügelfleisch, Heringshappen, Hummerkrabben, Muschelfleisch, Staudensellerie, Paprikaschoten, Gurkenscheiben, Tomatenviertel, Radieschen, gekochte Champignons, Kräcker, Salzbrezeln, Kartoffelchips.

Philadelphia-Dip
200 g Philadelphia-Frischkäse
1 kleines Glas Mixed Pickles
1 kleine geriebene Zwiebel

Mixed Pickles in kleine Würfel schneiden. Den Philadelphia-Frischkäse mit Mixed Pickles-Flüssigkeit kremig rühren. Die Mixed Pickles-Würfel und die geriebene Zwiebel dazugeben und verrühren.

Paprika-Dip
200 g Sahnequark
3 EL saure Sahne
Salz, Zucker, Basilikum
Worcestersauce
1 Paprikaschote

Quark und saure Sahne kremig rühren. Mit Salz, Zucker, Basilikum und Worcestersauce pikant abschmecken. Die entkernte Paprikaschote in kleine Würfel schneiden. In die Quarkmischung geben. Beliebig nachwürzen.

Bananen-Dip
200 g Sahnequark
3 EL saure Sahne
Salz, Zucker, Curry, Zitronensaft,
Sojasauce
1 Banane
40 g geröstete Mandeln

Quark und saure Sahne kremig rühren. Mit den Gewürzen abschmecken. Die Banane in kleine Würfel schneiden. Mandeln und Bananenwürfel vorsichtig unter die Quarkmischung geben.

faszinierend, daß wir anschließend bis in den hellen Tag hinein diskutierten. Das brachte uns so in Hochstimmung, daß wir noch nicht auseinandergehen wollten. So fielen wir zu einer Brotzeit in ein Frühschoppenlokal ein. Schade, daß weit und breit noch kein Nachfolger für Muhammed Ali zu sehen ist, der uns solche um die Ohren geschlagenen Nächte zum Vergnügen macht. Dafür gibt's zum Glück jede Menge Fußball!

Für das nächste große Match habe ich mir auch schon etwas ausgedacht: legen Sie Ihr Fernsehzimmer mit einem künstlichen Rasenteppich aus, den es ja in verschiedenerlei Formen gibt. In der Mitte stellen Sie zwei Fernsehgeräte mit dem Rücken zueinander auf. Ihre Gäste teilen Sie in zwei jeweils mit einer Mannschaft sympathisierende Zuschauergruppen und placieren sie vor ein Gerät. So können sie nicht nur das Geschehen auf dem Rasen beziehungsweise Bildschirm, sondern auch Freude und Enttäuschung in den Gesichtern ihrer Gegenüber verfolgen.

Mit diesen Beispielen wollte ich Ihnen demonstrieren, daß eine Party um so flüssiger abläuft, je mehr Gedanken Sie sich für ihren Verlauf im voraus einfallen lassen. Am wichtigsten aber ist der Start. Eine paar zündende Gags an den Beginn gesetzt, lassen die Party recht schnell ihren eigenen Rhythmus finden. Um so unauffälliger müssen Sie dann noch dirigierend eingreifen. Anfang gut – alles gut!

Foto- und Filmabend

Manchmal habe ich das Gefühl, daß Abende, an denen Dias oder Filme aus dem Urlaub vorgeführt werden, den Charakter von Racheakten haben: »Wenn wir uns die langweiligen Bilder von Müllers ansehen mußten, sollen die sich gefälligst auch unsere Bilder anschauen!« Und so verläuft dann auch oft ein solcher Abend.

Wer Freunde an seinen Urlaubserinnerungen teilnehmen lassen will, sollte sich das vorher gut überlegen. Er muß bedenken, daß »Müllers« ja schließlich auch ihren Urlaub gemacht und etwas dabei erlebt haben. Fragen Sie sich also genau, ob Sie Ihren Gästen wirklich einen besonderen Eindruck von Ihrem Urlaub vermitteln können. Wenn Sie auch nur geringe Zweifel haben, unterlassen Sie besser diesbezügliche Aktivitäten.

Im Prinzip gibt es drei »Aufhänger« für eine Urlaubserinnerungs-Party. Man hat wirklich gute Bilder oder einen wirklich guten Film vorzuzeigen. Man hat spezielle musikalische Eindrücke – auf Platten oder Bändern – gesammelt, von denen man annehmen kann, daß sich andere dafür interessieren. Oder man hat kulinarische Entdeckungen gemacht, die am eigenen Herd reproduziert werden sollen, und man braucht aufgeschlossene Versuchskaninchen dazu. In allen drei Fällen sollten Sie ehrlichen Herzens darauf verzichten, Ihren Gästen imponieren zu wollen. Dann kann es nämlich geschehen, daß Sie gerade von Agadir schwärmen, bis einer Ihrer Gäste lässig einwirft: »Das kennen wir gut. Von da aus haben wir voriges Jahr unsere Sahara-Durchquerung angetreten!« Und Sie sollten darauf achten, daß Sie nur Gäste einladen, von denen Sie wissen oder annehmen können, daß sie sich für das Gebiet interessieren, in dem Sie Ihren Urlaub verbracht haben. Eine ganze Menge Einschränkungen und Voraussetzungen also! Aber ich weiß von zu vielen

128

stinklangweiligen Dia-Abenden, als daß ich Sie in eine sichere Blamage hineinschlittern lassen könnte.

Vielleicht erscheint es Ihnen etwas übertrieben, aber ich bin davon überzeugt, daß man eine wirklich schicke Erinnerungsparty schon beschließen sollte, wenn man noch unterwegs ist. An seine Dias und Filme wird man nämlich höhere Ansprüche stellen, auch die Tonbandjagd oder der Einkauf von Folklore-Schallplatten wird konsequenter mit dem Blick auf die geplante Party betrieben. Letztlich haben Sie von dieser gezielt erlangten Urlaubsausbeute auch selbst größeren Gewinn.

Das gilt erst recht für den Fall, daß man sich an Ort und Stelle für die Party verproviantieren will – sei es mit spanischem Wein, griechischem Ouzo, norwegischem Lachs oder Südtiroler Bauernspeck. Das meiste bekommt man ja auch in unseren Delikatessenläden; vieles, was man für die Party braucht, wird man ohnehin zu Hause kaufen müssen. Doch macht es einen ganz anderen, kompetenteren Eindruck, wenn Sie guten Gewissens sagen können: »Die Aale haben wir auf Bornholm direkt in der Räucherei gekauft.« Und so weiter.

Auch manche andere Ideen lassen sich während des Urlaubs besser verwirklichen als zu Hause. So wird es Ihren Gästen großen Spaß machen, wenn sie die Einladung zu Ihrer griechischen Erinnerungsparty mit einer Postkarte, vielleicht schon aus dem Urlaub, zugeschickt bekommen, auf der die Akropolis bei Athen oder der Badestrand von Mykonos abgebildet ist. Auch für die

Griechische Auberginen

(Für 4 Pers.)
2 große Auberginen
¼ l Weißwein
400 g gemischtes Hackfleisch
2 Eier
30 g eingeweichte Korinthen
Salz, Pfeffer, Streuwürze
4 Scheibletten
50 g gewürfelte Zwiebeln
1 abgeriebene Zitronenschale
Saft einer Zitrone
Mehl zum Bestäuben
½ l Sahne
Salz, Pfeffer

Die Auberginen halbieren und mit Weißwein im Ofen 5 Minuten dünsten. Das Innere der Auberginen herausschneiden und mit dem Hackfleisch, Eiern und Korinthen vermischen. Mit den Gewürzen abschmecken. Die Masse in die gewürzten Auberginenhälften verteilen. Jeweils mit einer Scheiblette bedecken. Und bei 200 bis 220 Grad im Ofen backen. Die gewürfelten Zwiebeln mit der abgeriebenen Zitronenschale und dem Zitronensaft dünsten. Mit Mehl bestäuben und Sahne auffüllen. Aufkochen lassen und würzen. Die Sauce extra servieren.

Portweinmelone
(für 4 Pers.)
Eine gekühlte Melone in zwei Hälften schneiden und die Kerne mit einem Löffel herausstreichen. Portwein in die Melonenhälften gießen, den Rand mit Zucker bestreuen und ca. 30 Minuten kalt stellen. Danach den Portwein herausgießen. Die Melonenhälften nochmal durchschneiden, auf Teller mit Portwein begossen servieren.

Dessert
Weinblätter aus der Dose mit Schafskäse.

129

Dekoration Ihrer Partyräume decken Sie sich am besten im Urlaubsland ein. Es müssen ja nicht gerade die Chianti-Flaschen oder die Stierkampfplakate, die spanische Druckereien mit dem eigenen Namen versehen, sein, die keiner mehr sehen kann. Da genügen schon ein paar Fähnchen oder Poster, die einfach an die Wand gehängt werden.

Am abgerundetsten wird Ihre Party ohne Zweifel, wenn Sie die drei Motive, die ich vorhin genannt habe, miteinander kombinieren können. Wenn Sie also Ihre Dia-Vorführung mit Hintergrundmusik von Folklore-Platten untermalen und anschließend zu einer landesüblichen Mahlzeit bitten können. Dazu nur ein Beispiel, nicht einmal ein sonderlich originelles: Sie zeigen die Dias oder den Film aus Neapel, Sorrent und Capri. Dazu erklingen leise neapolitanische Canzoni, während es aus der Küche bereits appetitlich nach Pizza duftet. Denn die Pizza war ja, bevor sie zum Allerweltsschnellgericht wurde, eine typische Spezialität, die man nur in Neapel und Umgebung bekam.

Solche Kombinationen müssen gar nicht hundertprozentig konsequent sein. Das wäre oft zu mühsam. Es genügt schließlich, daß Sie Ihren Gästen, wenn Sie eine Schweiz-Reise gemacht haben, eine Fondue anbieten, wenn Sie in Tunesien waren, einen Kouskous oder, falls Sie bis nach Hawaii gelangt sein sollten, einen speziellen Drink vorweg und dann Spareribs mit gegrilltem Mais. Hauptsache, das eine oder andere weckt Erinnerungen oder Sehnsucht – dann ist die Urlaubserinnerungs-Party perfekt.

Abschließend nur noch einen Tip für die Dias oder den Film. Vielleicht sind Ihnen wirklich schöne Aufnahmen gelungen. Doch selbst die reine, objektive Schönheit wird auf die Dauer langweilig. Bauen Sie also ein paar lustige Gags ein, über die Ihre Gäste lachen können. Am wirkungsvollsten ist dabei immer noch der Humor, der auf Ihre eigenen Kosten geht. Als unterhaltsamer Gastgeber können Sie dabei nur gewinnen.

Frühschoppen

Der Frühschoppen stammt aus der Zeit, als die Leute am Sonntag noch regelmäßig in die Kirche gingen und mittags ihren Braten aßen. Die Stunden zwischen dem »Amen« in der Kirche und dem Augenblick, da die dampfende Suppe auf den Tisch kam, pflegten die Herren der Schöpfung im Wirtshaus bei einem (oder mehreren) Schoppen Wein bzw. Bier zu verbringen. Die Frauen waren derweilen zu Hause schwitzend in der Küche tätig. Es soll Haushalte geben, in denen diese praktische Arbeitsteilung immer noch eingehalten wird. So kann man auch in manchen Büchern jüngeren Datums immer noch lesen, daß der Frühschoppen nur etwas für ältere Herren sei und daß Frauen bei ihm nichts zu suchen hätten.

Ich bin weder Kulturgeschichtler noch Volkskundler. Deshalb werde ich jetzt auch nicht die Gründe untersuchen, die dazu geführt haben, daß wir heute unter einem Frühschoppen etwas ganz anderes verstehen. Das fängt damit an, daß man einen Frühschoppen ebenso gern und selbstverständlich zu Hause veranstaltet wie in einem Wirtshaus. Und das geht zum Beispiel damit weiter, daß bei einem Frühschoppen nicht mehr nur biedere Männer zugelassen sind, sondern auch fröhliche Leute beiderlei Geschlechts und aller Generationen. Kurz: der Frühschoppen hat sich, zumindest in Süddeutschland, zu einer der beliebtesten und zwanglosesten geselligen Veranstaltungen gemausert.

Wenn Sie sich für einen Frühschoppen zu Hause entscheiden wollen, sollten Sie schon einen Garten oder eine größere Terrasse zur Verfügung haben. Und für den Fall, daß der gefürchtete Platzregen niedergeht, auch die entsprechenden Ausweichräumlichkeiten. Denn ein Frühschoppen läßt sich nicht von heute auf morgen improvisieren oder abblasen. Deshalb heißt es, sich mit dem Wetter arrangieren. Man kann natürlich auch mit Hilfe eines Zeltes allen meteorologischen Eventualitäten begegnen. Doch das ist, vor allem bei einer größeren Veranstaltung, kein ganz billiger Spaß. Und unkomplizierter ist es auch, wenn man im Falle eines Falles nur von draußen nach drinnen wechseln muß, jeder nimmt seinen Stuhl mit, und ein paar starke Männer bringen das Bierfaß in Sicherheit.

Frühschoppentermin ist üblicherweise ein Samstag, ab 11 Uhr. Da kann man vorher noch gut einkaufen, was frisch auf den Tisch kommen soll. Außerdem können die Gäste, die sich fürs Wochenende etwas vorgenommen haben, anschließend immer noch wegfahren. Haben Sie bitte Verständnis dafür, wenn ich öfter einmal Münchner Verhältnisse als Beispiel anführe. München ist meine Heimatstadt, hier habe ich die meisten Erfahrungen gesammelt, und schließlich stehen seine Bewohner im Ruf, für das Festefeiern besonders begabt zu sein. In München also werden die meisten Frühschoppen auf die drei Oktoberfest-Wochenenden (zwei davon fallen immer in den September!) gelegt. Das große Fest inspiriert gewissermaßen die vielen kleinen. Ähnliche Konstellationen gibt es ja auch in anderen Städten, wenn Kirmes, Dom, Schützenfest, Wurstmarkt oder eine entsprechende Veranstaltung steigt. Überhaupt bieten sich die in der Regel schönen Herbstwochen besonders an, ebenso natürlich ein mildes Maiwochenende, während die hochsommerliche Badezeit weniger beliebt ist. Da wollen bei schönem Wetter die meisten so früh wie möglich an irgendein Wasser. Halten Sie den Kreis der Leute, die Sie einladen möchten, nicht zu klein. Beim Frühschoppen darf es ruhig einigen Auftrieb geben. Es macht auch nichts, wenn Ihre Gäste so eng nebeneinander sitzen müssen wie auf den Oktoberfestbänken. Dies ist übrigens die ideale Gelegenheit, Problemfällen gerecht zu werden. Das schwierige Ehepaar, das Sie schon längst hätten einladen sollen, das aber bei jeder denkbaren Kombination ein Fremdkörper geblieben wäre, fällt in der allgemeinen betriebsamen Euphorie gar nicht auf. Und wer weiß, vielleicht taut es sogar auf.

Laden Sie schriftlich ein, am besten vierzehn Tage vorher. Nicht, weil ich den Frühschoppen für einen besonders formellen Anlaß halte (im Gegenteil!), empfehle ich die schriftliche Einladung, sondern weil sie so praktisch ist. Am Telefon kann man nie sicher sein, ob man auch alles gesagt und der andere alles verstanden hat. Auf dem Papier kann es keine Mißverständnisse geben. Sie brauchen übrigens auch keine langweilige Bütteneinladung zu verfassen. Schreiben Sie Ihren Text auf ein Brotzeitbrettchen, auf einen hübschen Holzteller, oder stecken Sie ihn in einen kleinen Maßkrug! Dann kann sich der Empfänger schon denken, was ihn erwartet.

Zur zünftigen Frühschoppenatmosphäre, wie ich sie mir vorstelle, gehören auch lange Wirtshaustische für acht bis zwölf Personen mit den passenden Holzbänken (ohne Lehne). Solches Mobiliar verleihen die Brauereien, bei denen man das Bier bestellt. Großbrauereien allerdings lassen sich dazu weniger bereitwillig herab als die kleinen Brauereien draußen auf dem Land. Kümmern Sie sich aber bitte rechtzeitig darum! Gerade in Zeiten der Frühschoppen-Hochkonjunktur ist die Nachfrage nach diesen Garnituren sehr lebhaft.

Daß eine Blasmusik mit Saft und Kraft zum Frühschoppen gehört, versteht sich im Grunde von selbst. Meistens wird man sich auf die Übertragung von Platten und Bändern beschränken müssen. Um so größer wird die Resonanz sein, wenn der Gastgeber eine »lebendige« Blaskapelle in seinem Garten postiert. Mit Glück kann man hin und wieder ein paar Amateure finden, die aus Spaß an der Sache nur maßvolle Gagen verlangen.

Den gewichtigen Konzentrationspunkt eines Frühschoppens auf bayerische Art bildet das Bierfaß. Daß es aus Holz sein sollte, gehört zu den vielgeliebten Vorurteilen, von denen man so schwer lassen kann. Doch da Holzfässer immer schwieriger aufzutreiben sind, darf man sich mittlerweile auch schon mit einem Aluminiumfaß sehen lassen. Die gängigen Faßgrößen für Privatfeste liegen zwischen 30 und 50 Liter. Wenn Sie eine Maß (1 l) pro Person rechnen, kommen Sie sicher gut hin. Mancher trinkt vielleicht mehr. Aber viele Damen trinken nur wenig oder gar kein Bier. Wenn Sie im Zweifel sind, ob das reicht, stellen Sie lieber noch einen Kasten mit Flaschenbier bereit. In vorgerückter Stunde merkt das dann keiner mehr. Flaschenbier kann man aufheben, Faßbier dagegen nicht. Lassen Sie das Faß schon zwei Tage vorher kommen und an seinem definitiven Platz aufstellen, damit der vom Transport aufgewühlte Gerstensaft sich wieder beruhigen kann. Natürlich darf das Faß nicht in der prallen Sonne stehen. Lassen Sie sich zum Kühlen etwas Eis mitliefern. Erinnern Sie die Brauerei auch daran, daß sie Ihnen das nötige Gerät zum Zapfen mitschickt (Wechsel, Schlegel). Wenn Sie selbst kein routinierter Anzapfer sind und nicht riskieren wollen, daß sich eine schaumige Bierfontäne über die Frühschoppengesellschaft ergießt, müssen Sie die verantwortungsvolle Aufgabe einem kundigen Gast übergeben. Deshalb schon bei der Einladung daran denken, daß einer dabei ist, der das besorgen kann!

Wo das Bier so im Mittelpunkt steht, hat der Wein nichts zu suchen; das gilt natürlich auch umgekehrt. Es genügt daher, wenn Sie nur noch einen kräftigen Obstler oder einen Enzian oder nördlich der Main- bzw. Weißwurstlinie einen Korn, Steinhäger oder Aquavit zum Empfang bereithalten und für die kompromißlosen Bierverweigerer ein paar Flaschen Orangensaft sowie Mineralwasser. Zum Frühschoppenbier gehört eine kräftige Brotzeit. Zum Beispiel: eine Leberknödelsuppe vorweg, danach (Münchner) Weißwürste oder ein frischer Leberkäs, den man warm von der Metzgerei holt oder im eigenen Rohr brät, oder ein Tellerfleisch mit geschabtem Meerrettich oder ein Schinken in Brotteig oder ein gebratener Schweineschlegel mit Kartoffelsalat. Viel Anklang finden hübsch angerichtete Teller mit Radieschen, aufgeschnittenem Rettich, gefärbten Brotzeiteiern und Käse; ebenso ein großer Brotkorb mit Brezeln, Salzstangen, Kümmelwecken und allen möglichen anderen Brötchen, die man kurz vorher noch ofenwarm vom Bäcker geholt hat.

Bei einem Frühschoppen wie auch bei vielen anderen Anlässen liegt nie falsch, wer sich das Prinzip zur Regel macht: nur einfache Produkte und Zubereitungen, die aber von erstklassiger Qualität! Wie lange sich der Frühschoppen in den Nachmittag hineinzieht, das liegt nicht nur an den Gästen, sondern auch am Gastgeber. Die einen lassen ihn gegen

14 Uhr auslaufen, die anderen fahren dann Kaffee und selbstgemachten Kuchen auf, im Herbst vorzugsweise Zwetschgen- oder Apfelkuchen. Das ist dann das Zeichen dafür, daß es noch viel länger dauern kann.

Wer einen Heim- oder Schrebergarten hat, wird es sich nicht nehmen lassen, im Sommer mindestens einmal einen Frühschoppen auf seinem Grund und Boden zu veranstalten, etwa nach dem Motto: »Aus deutschen Landen frisch auf den Tisch!« Das gilt nicht gerade für Bier und Brot, wohl aber für Tomaten, Gurken, Rettich und Radieschen, für grünen Salat, Schnittlauch und Dill, die man frühmorgens erntet und dann vielleicht gemeinsam mit seinen Gästen in dieser oder jener Form anrichtet. Bei einem dieser Garten-Frühschoppen haben wir auch schon einmal Makrelen am offenen Feuer gebraten und uns damit ein paar höchst fidele Stunden gemacht. Denn der Fisch will ja schwimmen.

Wem Garten, Terrasse und geeignete Räumlichkeiten fehlen, der darf auch gern zu einem Frühschoppen ins Wirtshaus einladen. Freilich sollte er sich dann schon etwas Spezielles einfallen lassen. Dazu gehört einmal die Wahl des Lokals, das Atmosphäre und einen soliden Hintergrund haben muß. Da denke ich gleich an liebenswerte Wein-Wirtshäuser in den Gegenden, wo die guten Lagen wachsen, wo man im Herbst den jungen Wein probieren und Zwiebelkuchen dazu essen kann. Nur: je schöner diese Häuser liegen, um so weiter ist der Weg zu ihnen. Und damit wären wir dann beim leidigen Thema »Alkohol am Steuer«. Doch glücklicherweise gibt es auch in der Stadt immer noch stilvolle und traditionsreiche Lokale, in denen man sehr gut einen Frühschoppen inszenieren kann.

Das Spezielle an einem Frühschoppen außer Hause könnte auch in der Wahl des Zeitpunktes liegen. Man könnte zum Beispiel während des örtlichen Volksfestes – oder wie das sonst in den verschie-

Ein Prosit der Gemütlichkeit!

denen Regionen heißen mag – einen Tisch im Festsaal oder -zelt reservieren lassen und seine Freunde dorthin einladen. Vorteil: man hat praktisch keine Arbeit, dazu aber noch das Vergnügen, an der großen Gaudi, dem allgemeinen Rummel teilzunehmen. Anderswo gibt es vielleicht kein Volksfest, dafür aber ein Stadtjubiläum, eine historische Folklore-Veranstaltung, in Köln den Karneval und in Frankfurt den Wäldchestag. Hauptsache, man ist auch dabei!

Mit einer ganz speziellen Frühschoppenform, die wir in München kreiert haben, möchte ich dieses Kapitel beschließen. Wenn Sie im Winter in der Nähe ein zugefrorenes Wasser haben, laden Sie doch einmal zu einem Eisstock-Frühschoppen ein. Dazu gehört ein großer Kessel mit einem Eintopfgericht und ein nicht viel kleinerer Kessel für den Punsch. Dazu gehört ferner mitgebrachtes oder an Ort und Stelle gesammeltes Brennholz. Damit machen Sie Feuer, stellen die Kessel darauf oder hängen sie darüber. So bleiben Eintopf und Punsch heiß, während Sie mit Ihren Gästen ein zünftiges Eisstockschießen veranstalten. Und jeder geht, wenn ihm danach zumute ist, zu den Kesseln, um sich diesen Inhalt in ein Glas oder jenen Inhalt auf einen Teller zu schöpfen, die Sie natürlich ebenso wie die Schöpfkellen mitgebracht haben. Erfahrung nach mehreren gelungenen Eisstock-Frühschoppen: je kälter es ist, desto gelöster wird die Stimmung. Aber bitte: die Feuerstellen nicht auf dem Eis anlegen!

Frühschoppen auf dem Eis

Gelbe Erbsensuppe mit Schweinsohren – eine Käfer-Spezialität (für 10 Pers.)

½ Schweinskopf
3 Lorbeerblätter
½ Zwiebel
5 Pimentkörner
Salz, Pfefferkörner
500 g gelbe Erbsen
½ gewürfelte Zwiebel
100 g gewürfelte Karotten
100 g gewürfelte Sellerie
500 g rohe, gewürfelte Kartoffeln
Salz, Pfeffer
20 g gehackte Petersilie

Schweinskopf mit Lorbeerblättern, Zwiebel, Pimentkörnern, Salz und Pfeffer in Wasser weichkochen. Fleisch vom Schweinskopf in grobe Würfel schneiden, Schweinsohren abschaben. Gelbe Erbsen in der Schweinskopfbrühe weichkochen. Das Gemüse und die Kartoffeln 20 Minuten mitkochen lassen. Zum Schluß das gewürfelte Fleisch und die Schweinsohren hinzugeben und mit Petersilie überstreuen.

Rotweinpunsch
3 l französischer Rotwein
3 Orangen
3 Zitronen
2 Zimtstangen
2 ganze Nelken
300 g Zucker
¾ l schwarzer Tee
¼ l Rum
¼ l Arrak
¼ l Cognac

Orangen und Zitronen in Scheiben schneiden. Rotwein mit Zitronen, Orangen, Zimtstangen, Nelken und Zucker erhitzen. Nicht kochen lassen. Danach den Tee, Rum, Arrak und Cognac dazugeben und umrühren. Den Punsch immer heiß halten.

Frühstück

Es gibt (nicht wenige) Morgenmuffel, mit denen sich über Annehmlichkeiten und Vorzüge eines gepflegten Frühstücks nicht reden läßt. Sie stopfen morgens wahllos irgend etwas in sich hinein, lesen dabei womöglich noch Zeitung. Für sie ist es sicher ein haarsträubendes Ansinnen, einem Frühstück Freuden abgewinnen oder es gar gesellig zelebrieren zu wollen. Manche Völker, zum Beispiel die Franzosen oder die Italiener, wissen mit dem Frühstück nichts anzufangen, obgleich sie in der allgemeinen Lebenskunst uns Deutschen gewiß überlegen sind. Auf der anderen Seite sind da die Engländer, Holländer, Skandinavier mit ihrer entwickelten Frühstückskultur . . .

Ein weites Feld! Aber ich will mich nicht in Völkerpsychologie verlieren, sondern lieber eine kleine Geschichte von einer ungewöhnlichen Frühstücksparty erzählen:

Es war einmal eine Abiturklasse in einem Mädchenpensionat. Die jungen Damen hatten ihre Abschiedsfeier schon hinter sich und schliefen selig dem Morgen entgegen, an dem sie in die Freiheit entlassen werden sollten. Geweckt wurden sie mit der ungewöhnlichen Aufforderung, sich nur etwas frisch zu machen, dann aber wieder ihre Betten aufzusuchen und dort der weiteren Dinge zu harren. Riesige Aufregung im großen gemeinsamen Schlafsaal! Plötzlich erschien der Vater eines der jungen Mädchen und verkündete ihnen, er habe ihnen zur Feier des Tages ein festliches Bettfrühstück anrichten lassen. Da öffnete sich auch schon die Tür, und zwanzig seriöse ältere Diener in schwarzen Anzügen und mit weißen Handschuhen marschierten herein. Jeder trug ein schneeweißes Hufeisenbrett vor sich her, setzte es auf dem Bett eines Mädchens ab, marschierte wieder hinaus, und gleich darauf kamen sie alle wieder im Gleichschritt hereinmarschiert. Diesmal mit einem Tablett, auf dem ein köstliches Frühstück angerichtet war. Es sah genauso appetitlich und »zum Anbeißen« aus wie die jungen Mädchen in ihren Pensionatsbetten. Die Begeisterung war grenzenlos, und die eine Stunde, die sie nun schmausend schwatzten oder schwatzend schmausten, waren für die meisten sicher die schönsten ihrer ganzen Schulzeit.

Ich hatte die ganze Veranstaltung angeregt und inszenierte sie aus dem Hintergrund. Es hat mir dann sehr viel Spaß gemacht, daß der Vater in seiner kleinen Abschlußrede mich als den »Spiritus rector« vorstellte und ich nun die Gunstbezeugungen der enthusiasmierten jungen Damen einheimsen konnte. Schade, daß man diese Empfindungen nicht konservieren und dann gelegentlich einmal eine Dose aufmachen kann! Immerhin sind einige der Mädchen – inzwischen gestandene Damen und Mütter – heute noch meine, hoffentlich zufriedenen Kundinnen.

Der Arbeitstag der meisten Leute beginnt so früh, daß für das Frühstück kaum mehr als die notwendigste Zeit übrigbleibt. Wochentage sind daher wenig geeignete Termine für eine Frühstückeinladung. Dabei haben sie einen unschätzbaren Vorzug gegenüber den Sonn- und Feiertagen: es gibt frische Brötchen bzw. Semmeln. Und die gehören nach Meinung vieler eben immer noch zu einem kultivierten Frühstück. Wenn Sie es einrichten können, sollten Sie Ihren Gast oder Ihre Gäste deshalb unbedingt zu einem Werktagsfrühstück einladen. Notfalls kann man sich ja ein paar Stunden freinehmen oder von der gleitenden Arbeitszeit profitieren. Oder Sie müssen den Samstag wählen. Und bei einem durchreisenden Besuch, wie er sich in Großstädten mit Umsteigebahnhöfen hin und wieder einstellt, kann man sich den Wochentag ohnehin nicht aussuchen.

Ihr besonderes Augenmerk möchte ich auf die Optik des gedeckten Frühstückstisches richten. Morgens werden ja keine Kreationen der großen Küche serviert, sondern im Grunde nur – Naturalien. Da kommt es, fast mehr noch als bei anderen Mahlzeiten, auf hübsche, appetitanregende Äußerlichkeiten an: eine freundlich gemusterte oder karierte Tischdecke mit den dazu passenden Servietten, ein eher gemütliches als vornehmes Geschirr einschließlich Zuckerdose und Sahnekännchen. Auch Brotkorb und Eierkörbchen, Marmeladendosen und Honigtopf, Butterschale und Aufschnitt- oder Käseplatte sollten gut zusammenpassen und können so zu der behaglichen Atmosphäre beitragen, die ein gedeckter Frühstückstisch ausstrahlen sollte.

Ein gastliches Frühstück ist zwar kein Brunch (siehe S. 102), doch eine reichhaltige, für das Auge verführerische Aus-

wahl gehört zu seinen Wesensmerkmalen. Mit Verschwendung hat das nichts zu tun. Denn was auf den Frühstückstisch kommt, ist meistens sowieso im Hause – mit Ausnahme der frischen Morgensemmeln. Die haben heute zwar allgemein an Qualität eingebüßt. Doch gibt es noch Bäcker, die sie nicht von der Brotfabrik beziehen. Und es gibt auch noch Frühstücksfans, die »gehen meilenweit« – (oder eher, fahren) –, nicht um eine Schachtel Zigaretten, sondern um die frischen Brötchen von ihrem Bäcker zu holen. Wenn Sie Ihrem Gast wohlwollen, tun Sie's ebenso! Außerdem gehören in den Brotkorb je ein paar Scheiben Schwarzbrot, Pumpernickel, Weißbrot zum Toasten und Knäckebrot. Wir Deutschen haben der Welt ja nicht viel Originales an Nahrungsmitteln zu bieten. Nur im Reichtum unserer Brotsorten sind wir führend. Warum sollten wir auf unserem eigenen Frühstückstisch nicht davon profitieren!

Ähnliches gilt von den süßen Brotaufstrichen. Ein paar Töpfe und Gläser mit verschiedenen Marmeladen (am besten selbst eingemacht, das ist heute ja wieder »in«), Gelees, Pflaumenmus, Honig erfreuen einen jeden, auch wenn er nur eine halbe Semmel damit bestreicht. Gekochte Eier oder Eier im Glas, Wurst

und Käse dürfen nicht fehlen. Bei den Eiern halte ich es immer so, daß ich meine Gäste vorher frage, wie sie es denn gern hätten: vier Minuten, fünf Minuten, Rühreier oder Spiegeleier mit Schinken. An Wurst und Käse kommen einfach die Sorten auf den Tisch, die zu Hause ohnehin vorrätig sind.

Bei den Getränken sollte eine Kanne mit Orangen- oder Grapefruitsaft bereitstehen. Vielleicht stellen Sie auch noch eine aufgeschnittene Grapefruit dazu. Kaffee oder Tee? Die Frage läßt sich nach Vereinbarung oder durch ein »Sowohl-Als-auch« lösen. Leider kommt in vielen Häusern als Morgengetränk nur eine labberige Brühe auf den Tisch. Auch wenn Sie selbst sich daran gewöhnt haben sollten: Geben Sie Ihrem Gast die Ehre, und kochen Sie ihm einen starken Kaffee, dessen Duft allein schon anregend durch die Räume zieht, beziehungsweise einen kräftigen Tee, der nicht aus dem Teebeutel kommt! Er wird es Ihnen mit Sicherheit danken.

Beim Katerfrühstück treten die süßen Sachen in den Hintergrund, dafür wird die kräftige Komponente stärker betont. Eine große Pfanne Rühreier mit Schinken auf dem Tisch wird begeisterten Zuspruch finden, marinierter Hering, Räucheraal, kalter Schweinebraten ebenfalls. Frisches kühles Bier sollte ebensowenig fehlen wie ein eiskalter klarer Korn oder Obstler.

Ein ungewöhnliches Frühstück

Lammnieren in
Schinkenkräuterpfannkuchen
¹/₈ l Milch
2 EL Mehl, 2 Eier
Salz, Muskat
125 g roher, gewürfelter Schinken
10 g gehackte Petersilie
1 gewürfelte Zwiebel
400 g Lammnieren in dünne Scheiben
geschnitten
100 g frische Champignons in Scheiben
Salz, Pfeffer
1 cl Cognac
4 Grilltomaten
Brunnenkresse

Milch, Mehl und Eier zu einem dünnen Teig rühren und würzen. Schinken und Petersilie daruntermischen. Aus dem Teig hauchdünne Pfannkuchen backen. Die Zwiebeln in Butter andünsten. Nieren und Champignons dazugeben. Mit Salz und Pfeffer würzen und mit Cognac flambieren. 3 bis 5 Minuten kochen lassen.
Die Pfannkuchen flach auf einem Teller anrichten und zur Hälfte mit den Nieren bedecken. Die zweite Pfannkuchenhälfte über die Nieren decken. Mit Grilltomate und Brunnenkresse garnieren.

Gartenparty

Ein Fest in der freien Natur vor der Haustür, im Garten, auf der Terrasse oder auch im Schrebergarten bedeutet für viele den Höhepunkt eines Jahres geselliger Gastlichkeit.

Bei vielerlei Anlässen können wir die Vorteile einer Einladung ins Freie genießen: bei einem Sektfrühstück für Freunde auf der Durchreise, bei einem Kindergeburtstag oder bei einem nachmittäglichen Kaffeeklatsch in schattiger Laube. Wir beschränken uns hier auf die zwanglose abendliche Einladung zum Essen, Trinken und Fröhlichsein.

In unseren Breiten kann auch der Festesfreudigste nicht in Frieden feiern, wenn es dem grollenden Petrus nicht gefällt. Da wir im Sommer immer wieder nach zwei schönen Sonnentagen mit Donner und Regen rechnen müssen, wollen wir uns vorsichtshalber auch auf plötzlich eintretendes schlechtes Wetter vorbereiten. Sind diese Vorkehrungen für die Katz', weil das Wetter mal gehalten hat, was das Barometer versprach, um so schöner für alle Beteiligten, und niemand denkt dann noch an die vergeblichen vorsorgenden Mühen.

Am praktischsten erweist sich natürlich eine ausladende Markise. Ist sie vorhanden, rollen Sie sie auf jeden Fall aus. Sie bietet Schutz vor der feuchten Kühle der Nacht. Ansonsten gibt auch eine ein für allemal besorgte Plastikplane einen guten Wetterschutz. Und geschmückt mit grünen Zweigen, verliert sie ihr unschönes Aussehen. Für den Grillplatz sollte noch ein Sonnenschirm bereitstehen. Ein ausrangierter tut es auch. Steht eine geräumige Garage zur Verfügung, so lassen sich Grill und Buffet dort zur Not aufstellen. Mit ein paar Bast- oder Strohmatten und etwas Baumgrün wird ver-

hältnismäßig unkompliziert ihr prosaischer Zweck verdeckt. Wer ganz sicher gehen will, bestellt sich von einem Verleihunternehmen ein geräumiges Zelt.

Neben dem Charme einer lauen Sommernacht bietet das Gartenfest den profanen Vorteil, daß Haus oder Wohnung geschont wird. Doch dafür müssen wir um so mehr Anstrengungen unternehmen, Garten und Terrasse angenehm und komfortabel herzurichten. Placieren Sie die Sitzgelegenheiten so am Haus unter dem Terrassendach, daß die gegen Kühle Empfindlichen geschützt sind. Zusätzliche Tische, Stühle und Bänke besorgen Sie sich nötigenfalls von Nachbarn oder dem Bierlieferanten. Decken und Wollsachen halten Sie parat.

Der Grill, der Mittelpunkt des kulinarischen Programms, soll so aufgestellt werden, daß er den Gästen nicht den Rauch ins Gesicht bläst. Auch und gerade beim Gartenfest ist die Beleuchtung ein wesentliches Stimmungselement. Lampions passen eher zu einem Kinderfest. Mir gefallen in den Boden gesteckte Fackeln am besten. Achten Sie jedoch darauf, daß die heruntergebrannten nicht Blumen oder Rasen schaden. Sehr dekorativ machen sich auch Rechaudkerzen. Da sie recht billig sind, können Sie es sich leisten, damit sogar Geburtstagszahlen oder Namen illuminiert darzustellen. Ziert eine Wasserfläche Ihren Garten, so lassen Sie auf der Oberfläche auch Lichter schwimmen. Apropos Wasser: für einige Unentwegte sollten Sie einige der lustigen quergestreiften Badeanzüge bereithalten. In Full Dress zu baden, ist lustiger in alten Hollywood- oder deutschen Fernseh-Klamotten zu betrachten, als selbst auszuführen.

Verschwenden Sie auch einige Gedanken

darauf, wie Sie mit originellen Einladungen Vorfreude bereiten können. Ich schlage vor, einen gepreßten kleinen Blütenstrauß von Blumen Ihres Gartens zu verschicken. Oder Sie heften Ihrer Einladung die neueste Ausgabe einer blumenstrotzenden Gartenillustrierten bei. Sehr individuell wirkt ein Foto Ihres schönstes Blumenbeetes, Ihres Hauses, Ihrer Gartenlaube oder auch Ihres dampfenden Grills, vergrößert auf Postkartenformat. Die Einladung muß rechtzeitig verschickt werden. Denn es ist Sommer, das heißt Urlaubszeit! Und vielleicht konkurriert der eine oder andere Bekannte seinerseits mit ähnlichen Vorhaben. Dann müssen Absagen durch rechtzeitige zusätzliche Einladungen ausgeglichen werden. Nichts ist trauriger als ein großer Abend in kleiner Besetzung. Ein vorsorglicher Rundruf am Vorabend schafft letzte Klarheit.

Wenn es sich nicht um einen besonders festlichen Anlaß handelt, kann die Kleidung sportlich leger sein. Ein langer Rock kleidet die Damen nicht nur gut, er ist hier auch ob seiner wärmenden Eigenschaften sehr zu empfehlen.

Im Mittelpunkt des Geschehens steht, wie gesagt, der Grill. Wenn Sie in Ihrem Garten keinen fest gemauerten besitzen – der läßt sich mit einigen Ziegelsteinen und dem darübergelegten Backofenrost ohne großen Aufwand errichten –, können Sie ihn sich von Freunden leihen. Ich rate jedoch jedem, sich einen Grill zu kaufen. Diese einmaligen Anschaffungskosten lohnen sich in jedem Fall. Nur sollte es nicht ein zu primitiver, zu wackliger sein. Achten Sie auch auf eine große Rostfläche. Damit läuft dann die Speisung der Hungrigen um so zügiger ab. Und erlauben Sie mir noch einen Rat: haben Sie keine Routine mit dem Grillen, so üben Sie erst im Familienkreis. Einige Erfahrung sollte man doch schon gesammelt haben, bevor man Gäste bewirtet. Fühlt man sich im Kochen, Braten oder Rösten absolut unbegabt, dann bestellen Sie einen erfahrenen Freund zum Grillmeister, der zunächst die Hauptgerichte zubereitet. Vergessen Sie die Küchenschürze und Handschuhe für ihn nicht. Eine lustige Grillschürze ist auch ein schönes Mitbringsel. Aber natürlich kann auch jeder Gast sein eigenes Stück

Würstchen, Fisch oder ein ganzes
Schwein auf Stock und Grill
oder am Spieß gebraten,
verheißen Gaumenfreuden

Fleisch braten. Es gibt ja keinen Brei, den viele Köche verderben können. Im übrigen konnte ich feststellen, Grillen ist die erfolgreichste Methode, am Kochen uninteressierte Männer an den Herd zu bringen. Der Appetit kommt hier im wahrsten Sinne des Wortes beim Essen. Bitten Sie rechtzeitig Ihren Schlachter, gut abgehangenes Fleisch zum Grillen bereitzuhalten. Vorzüglich eignen sich folgende Fleischsorten: Ochsenfilet, Steaks, Lenden, Koteletts von Kalb, Lamm oder Schwein. Decken Sie sich auch mit Würstchen ein. Mit ihnen können Sie die Hungrigsten schon vorab und auch gegebenenfalls noch nach den Hauptgerichten zufriedenstellen.

Das Fleisch – in kleine Portionen geschnitten – und die Würstchen werden auf einem Tisch nahe dem Grill bereitgestellt. Dort stehen auch kleine Töpfe mit verschiedenen Gewürzen, so daß sich jeder sein Fleisch selbst würzen kann. Ich bin ein entschiedener Gegner des Vorwürzens. Dadurch wird der Saft aus dem Stück gezogen. Außerdem sollen meine Gäste ihr Fleisch nach ihrem Geschmack würzen. Doch noch ist es nicht so weit.

Auf einem weiteren Tisch richten Sie ein Buffet her. Dort bauen Sie rustikales Geschirr oder Pappteller, Holzteller, Bestecke, Gläser und viele Papierservietten auf. Pikante Saucen dürfen auf keinen Fall fehlen. Diese muß man heute nicht mehr selbst anrühren. Es gibt sehr raffinierte fertig zu kaufen. Frisches Gemüse, Salate, verschiedene Brote und ein großes Brett Käse mit Birnen und Trauben locken zur Selbstbedienung.

Zum Trinken kann fast alles, von Frucht- und Gemüsesäften über Cola, Landwein, Bier bis zu Whisky und Wodka, angeboten werden. Doch Bier und Wein dürften vor allem zum Essen wohl die geeignetsten Getränke sein. Beim Bier vom Faß – und das geht nun mal besser die Kehle hinunter als das aus der Flasche – bereitet die Kühlung Probleme. Entweder Sie besorgen sich von dem Bierlieferanten eine Zapfanlage mit elektrischer Kühlung, oder Sie müssen wieder eine Wanne mit Trockeneis aufstellen, in der das Faß eine gewisse Zeit eine angenehme Temperatur behält. Eine Bowle mit Früchten der Jahreszeit mundet im Garten ganz besonders.

Auch zum Gartenfest sollte Musik erklingen. Eine professionelle Kapelle ist wahrscheinlich zu teuer. Doch in jeder Stadt finden Sie in volkstümlichen Lokalen junge Künstler, die gegen verhältnismäßig geringes Entgelt gern im netten privaten Kreis auftreten. Sonst bieten sich natürlich auch wieder Platten und Tonbandaufzeichnungen an.

An dieser Stelle muß ich noch einmal auf Ihre Nachbarn aufmerksam machen. Nicht nur Musik ist mit Krach verbunden. Es geht nun einmal auf keiner fröhlichen Party leise zu. Bitten Sie daher schon vorher, am besten mit einer Flasche Wein, um Nachsicht. Ist das erreicht, steht einem feucht-fröhlichen Verlauf Ihres Festes nichts mehr im Wege.

Es ist sehr ratsam, die Gartenparty früh beginnen zu lassen. Zwischen 18 und 19 Uhr. Um so länger können Ihre Gäste die angenehmeren Temperaturen des Abends genießen. Wenn die ersten Besucher eintreffen, animieren Sie sie zur Selbstbedienung an Bar und Salatbuffet. Dort finden sie Cocktails, Melonen mit frischem Schinken, gefüllte Tomaten, Zucchini und ähnliche Appetithappen. Sie selbst sind ja mit dem Grill vollauf beschäftigt. Die Holzkohle darf nicht brennen, sondern sie muß glimmen. Notfalls werden züngelnde Flammen mit Wasser gelöscht. Haben die Holzstückchen Weißglut erlangt und hält Ihre Hand fünf Zentimeter über dem Rost die Hitze nicht mehr aus, können die ersten Grilladen aufgelegt werden. Aber zuvor sind entweder Wacholder, Tannenzapfen, Heidekraut oder Thymian ins Feuer geworfen worden. Diese Zutaten geben dem Fleisch einen ganz besonders aromatischen Geschmack. Neben dem Fleisch läßt sich auch noch Gemüse sehr gut grillen.

Einen ganz besonderen Reiz verleiht Ihrer Party ein am Spieß röstender Braten, auch Barbecue genannt. Das Wort haben die Amerikaner aus dem Französischen »barbe à queue« verballhornt. Es bedeutet »von der Schnauze zum Schwanz«. Womit ein ganzes Tier, ein Spanferkel oder ein Lamm, aufgespießt, gemeint ist. Es muß ja nicht gleich ein ganzer Ochse sein. Sie können auch ein größeres Stück Fleisch, eine englische Hochrippe oder auch einen Knochenschinken am Spieß grillen. Ich brate solche Portionen vorher im Rohr an und muß sie dann nur noch eine halbe Stunde am Spieß drehen. Ist Ihr Bratofen zu klein, finden Sie sicherlich einen Wirt, der Ihnen das besorgt. Damit haben Sie auch die Garantie, daß der Braten wirklich gar ist. Das letzte Drehen hat dann eigentlich nur den Zweck, Ihrer Gästeschar wie den Pawlowschen Hunden das Wasser im Munde zusammenlaufen zu lassen.

Auf dem Rost brutzeln inzwischen das Gemüse, Fenchel, Mais, Tomaten, Paprika, Auberginen und Kartoffeln. Letztere schmecken – in Folie gewickelt und in der Glut geröstet – ganz besonders herzhaft. Als Nachtisch schmeckt mir bei solcher Gelegenheit ein frischer Eisbecher, garniert mit Beeren der Jahreszeit und einer Krokantsauce, am besten.

Wie Sie die Nacht herumbringen, ob bei Tanz, Gesprächen oder Trinken, werden Sie schon selbst wissen. Zum Aufbrechen brauchen Sie nicht auf die Uhr zu schauen. Ein Hahn wird zwar kaum krähen. Aber wenn Ihnen die erste Morgendämmerung nicht auffällt, werden spätestens die ersten Amselflötentöne Sie an den neuen Tag und damit zum Aufbruch mahnen.

Eine kleine Ferkelei

Spanferkel am Spieß (für 10 Pers.)
Ein ausgenommenes Spanferkel von ca. 5 kg mit Salz, Pfeffer und Senf einreiben. Ohren, Schwanz und Füße mit Alustar umwickeln, damit diese Teile nicht verbrennen.

Das Spanferkel aufspießen und auf den vorgeheizten Grill geben. Während des Bratens das Spanferkel öfter mit weicher Butter und Malzbier bestreichen. Bratdauer 2½ bis 3 Stunden. Kurz vor Fertigstellung die Alustar-Folie entfernen.

Dazu Barbecue Relish, Mustard Sauce und Speckkartoffelsalat reichen.

Speckkartoffelsalat
Gekochte Kartoffeln in dünne Scheiben schneiden. Durchwachsenen Speck und Zwiebelwürfel in der Pfanne anbraten. Gewürfelte Essiggurken, Brühe, Öl, Essig, Salz und Pfeffer mit in die Pfanne geben. Den heißen Fond gleichmäßig über die Kartoffelscheiben verteilen, untermischen und nachschmecken. Mit Schnittlauch überstreuen.

Hausmusik

Der Mensch lebt nicht vom Brot allein und ebensowenig das zwanglose gesellige Beisammensein allein vom Essen und Trinken. Heitere Musik macht ein Fest erst zu dem, was wir heute darunter verstehen. Durch sie wird auch eine Party erst wirklich schön.

Über Gott und die Welt wird bei so manchem geselligen Beisammensein mit unterschiedlichem Sachverstand diskutiert. Die Welt wird dadurch zwar nicht verbessert, aber den Beteiligten tut's gut. Warum sollten daher Dilettanten, die auf die Frage »Schiller oder Goethe« immerhin »Haydn« antworten, nicht der Musik wieder den Platz als Medium für harmonisches Zusammensein zuweisen, den sie früher unumstritten besessen hat, nämlich der Unterhaltung und Erbauung von begrenzten Zuhörerkreisen zu dienen. Seit zu Beginn des vorigen Jahrhunderts erstmals Konzerte Zuhörer in großen Zahlen anzogen, verlor die Hausmusik immer mehr Freunde. Geblieben ist der Geringschätzung bezeugende Unterton, mit dem das Wort »Hausmusik« oft benutzt wird. Doch in unserer Zeit scheint sich das Blatt wieder zu wenden. Immer öfter wird zu musikalischen Darbietungen nach Hause eingeladen.

Die Hausmusik als Thema einer Partyva-

riation. Sie muß nicht unbedingt mit eigenem Musizieren gleichgesetzt werden. Es könnte sehr verdienstvoll sein, wenn Sie einem Ihnen bekannten jungen Musiker die Möglichkeit bieten, zum ersten Mal sozusagen öffentlich aufzutreten. Die klavierspielende »höhere Tochter« scheint zum Glück, wie es ein Partyspezialist drastisch formulierte, ausgestorben. Sie war früher das Schreckgespenst so mancher Gesellschaft. Aber wenn Ihre Kinder über das Anfangsstadium ernsthaften Bemühens hinaus sind, so wird ihr Ehrgeiz durch die Aufmerksamkeit eines verständnisvollen Publikums bestimmt neue Anstöße erhalten. Es muß ja nicht immer Klavier sein. Ein Gitarrenabend, wie ihn

junge Leute heute oft veranstalten, kann durchaus auch in den Ohren von Erwachsenen Musik sein. Aber auch ein geschickt zusammengestellter Plattenabend, zu dem eventuell der eine oder andere Gast eine neuerworbene Rarität beisteuert, bereitet ebenso Vergnügen wie ein auf Tonbändern zusammengeschnittenes Konzert. Und sicher ist die Leistungsfähigkeit Ihrer neuen Stereoanlage für den einen oder anderen auch ein Motiv für sein Kommen. Die Qualität moderner Phonogeräte können einen Kunstgenuß vermitteln, der dem manch eines Konzerts in öffentlichen Sälen vorzuziehen ist. Oft sitzen dort die Snobs im Konzertsaal und nicht unter den Gästen von Musikpartys. Sie genießen angeblich die Kunst, in Wirklichkeit aber frönen sie dem zweifelhaften Vergnügen des Sehens und Gesehenwerdens.

Sie können sich auch mit einigen Freunden zusammentun und ein privates Konzert mit Berufsmusikern arrangieren. Ich habe schon mehrmals für ein Hauskonzert ein achtköpfiges Orchester aus Budapest kommen lassen. Je nach der Zahl der sich Beteiligenden müssen die Kosten pro Person auf nicht viel mehr als 100–200 Mark kommen. Dafür haben Sie aber ein einmaliges Erlebnis. Vielleicht können Sie auch zu einem runden Geburtstag einem Musikliebhaber in Ihrem Kreis damit eine unvergeßliche Freude bereiten. Einmal habe ich einen ungewöhnlichen Adventsabend mit einer aus vier Mann bestehenden Bayern-Kapelle gestaltet. Sie nannte sich »Die singenden Sägen«. Eine Stunde lang begeisterten die in Holzhackertracht spielenden Niederbayern ihre Zuhörer mit Weihnachtsliedern. Als Instrumente dienten ihnen normale große Baumsägen, denen sie mit einem Geigenstab die schönsten Melodien entlockten.

Die langen Abende von November bis März sind die beste Zeit für Konzertveranstaltungen im Hause. Es ist selbstverständlich, sich für einen solchen Abend – ich beschreibe hier nur das wohl öfter vorkommende abendliche Hauskonzert, natürlich können Sie auch zur vormittäglichen Matinee oder zum Nachmittag einladen – die Gästeliste mit größerer Aufmerksamkeit zusammenzustellen, als Sie es sonst tun. Sie erweisen mit dem Vortrag klassischer Musik weder dem Gast noch sich einen Gefallen, wenn sich dessen Plattensammlung nur aus Beat- oder Operettenmelodien zusammensetzt. Zum Hauskonzert ist es ratsam, schriftlich einzuladen. Wenn Sie etwas investieren wollen, verschicken Sie eine Platte, eine Single natürlich, mit einer auf dem Programm stehenden Musik! So können Sie Ihre Freunde schon einstimmen. Auch eine aus einem Notenbuch

die Bewirtung der Gäste und einen für die musikalischen Darbietungen. Auch die Akustik des Musikzimmers sollte ein Minimum an Klangqualität verbürgen. Ein nicht zu unterschätzender Vorteil solcher privater Veranstaltungen gegenüber öffentlichen Konzerten ist es, daß Sie Ihren Gästen bequeme Sitzgelegenheiten bieten können. Auf einem Küchenstuhl kann auch der höchste Kunstgenuß zu einem Martyrium werden.

Das Hauskonzert sollte nicht sehr viel länger als eine Stunde dauern. Eine kleine Pause wird sicherlich dankbar

Exklusives Da Capo

Hummerkrabben und Scallops gebacken
Rohe ausgelöste Hummerkrabben und Scallops (Tiefseemuscheln) mit Salz, Worcestersauce und Zitronensaft würzen. Mit Mehl, Ei und Weißbrotbröseln panieren. In Öl backen, bis das Weißbrot goldbraun ist. Die gebackenen Hummerkrabben und Scallops werden auf karibischem Reis angerichtet.
Dazu 1000 Island Dressing servieren.

Karibischer Reis für 6 Personen
100 g gewürfelte Zwiebeln
4 cl Olivenöl
800 g gekochter Langkornreis
3 g Safran
200 g Paprikaschoten in Streifen geschnitten
200 g gekochte Muscheln
200 g Nordseekrabben
Salz, Pfeffer, Streuwürze

Zwiebeln in Olivenöl andünsten. Reis, Safran und Paprika dazugeben, heiß werden lassen. Muscheln und Krabben dazugeben, würzen und vorsichtig mischen. Nach 10 Minuten Garzeit bis zum Servieren im Backofen heiß stellen.

herauskopierte Seite symbolisiert Ihren Gästen den Anlaß der Einladung. Sie sollte auch das Programm aufführen oder wenigstens andeuten. Vor dem Konzert bieten Sie kleine Kanapees an und die klassischen Drinks, wie Sherry, Campari mit Sekt, trockenen Port oder Vermouth, vor leichter Musik Orange mit Sekt, Cassis-Likör und Sekt, Bitter Lemon und Wodka, Gin Tonic und dergleichen.

Eine wichtige Voraussetzung für einen Hausmusikabend sind geeignete Räume. Sie sollten schon zwei Räume zur Verfügung haben. Einen für den Empfang und

begrüßt. Setzen Sie sich selbst so, daß Sie gegebenenfalls aufstehen können, ohne zu stören.

Nach dem Konzert wird man nicht gleich auseinandergehen wollen. Um so weniger, wenn Sie ein Buffet vorbereitet haben. Ich würde empfehlen, nur gekochte Spezialitäten anzubieten. Das gekochte Fleisch hat den Vorteil, daß es am Abend viel bekömmlicher ist als gegrilltes. Damit haben Sie auch die Möglichkeit, das Fleisch vorzukochen, und Sie können es ohne große Arbeit in hübschen Schüsseln oder Töpfen auf dem Buffet anrichten. Auch die wahrscheinlich große Personenzahl schließt ein Essen am Tisch aus. Ein gutes Glas Wein beschließt den Abend.

Ich liebe vor allem österreichische oder Tegernseer Stubenmusik mit Zither- und Gitarrenmelodien. Dann biete ich anschließend meinen Freunden ein österreichisches kleines Buffet mit Tiroler Speck, den ich vor den Gästen aufschneide, mit schmackhaftem grauen Brot. Dazu serviere ich einen Südtiroler Wein. Mit dem Schluß des Konzerts ist die Wiedergabe von Musik beendet. Verderben Sie nicht den Eindruck der dargebotenen Musik auf Ihre Zuhörer, indem der Plattenspieler oder gar das Radio weiterspielt. Lediglich die Aufführung von Unterhaltungsmusik kann gegebenenfalls ausgeweitet werden, eventuell sogar zu einem Tanzabend (siehe S. 220).

Ein Tip für die Eingeladenen: Ihre Gastgeber werden es dankbar registrieren, wenn Sie die Mühe und den Aufwand eines Hauskonzerts durch das Tragen entsprechender Kleidung honorieren. Und zum Schluß noch ein guter Rat für die Gastgeber: Vergessen Sie nicht, ein Hauskonzert mit Solisten und originaler Musik mit einem Tonbandgerät aufzunehmen. Sie werden sich später darüber so freuen wie über gelungene Fotos oder Filme.

Auftakt zu einem Abend gepflegter Gastlichkeit

Haus- oder Wohnungseinweihung

Ich möchte nicht kostbaren Platz verschwenden, um Begriffe zu definieren. Manche Einweihungsparty wird in der Art aufgezogen, wie ich sie für die Umzugsparty (siehe S. 232) empfehle. Warum auch nicht! Die Grenzen sind bei vielen Partys fließend, und Vorschriften, die man zu beachten hätte, gibt's Gott sei Dank keine. Ich stelle aber mir eine Haus- oder Wohnungseinweihung nicht als großes Partyereignis vor. Ich würde nur ein paar ausgewählte Freunde einladen. Ausgewählt nach ihrer Anteilnahme und ihrem Interesse für mein neues Haus, meine neue Wohnung. Im Lauf der Zeit, in der man baut, plant oder eine neue Wohnung sucht, kristallisieren sich ja immer einige Leute heraus, mit denen man seine Probleme bespricht, von denen man sich beraten läßt, die einem auch in irgendeiner Form helfen. Die interessieren sich natürlich auch am meisten dafür, was schließlich aus alledem geworden ist. Ihnen kann man das neue Domizil dann auch richtig zeigen. Es springt vielleicht sogar noch ein Tip oder eine nützliche Anregung dabei heraus. Und so bekommt die Housewarmingparty einen richtigen Sinn. Deshalb würde ich die Zahl der Einzuladenden auf acht bis höchstens zwölf Personen beschränken.

Der Gastgeber kann auch auf andere Weise zum Ausdruck bringen, daß er nicht zu einer Allerweltsparty eingeladen hat. Haus oder Wohnung sind zu diesem Zeitpunkt in der Regel schon fertig eingerichtet. Doch bei jedem Umzug oder Neubau ergeben sich bekanntlich Probleme, auch Meinungsverschiedenheiten innerhalb der Familie, die sich erst allmählich lösen. Und da ist es nicht nur originell, sondern kann auch recht praktisch sein, wenn die Gäste an dieser Meinungsbildung mitwirken: wie die Polstergruppe gestellt werden soll, wo welche Bilder aufgehängt werden könnten, ob ein antikes oder modernes Buffet besser ins neue Eßzimmer paßt. Wem der Gedanke an solche »Mitbestimmung« etwas unheimlich sein sollte, der braucht sich ja nicht an die Beschlüsse seiner Gäste zu halten. Aber Anregungen können ihm solche Diskussionen immer bringen.

Kürzlich hat ein befreundetes Ehepaar zu seiner Housewarmingparty eingeladen. Es waren einigermaßen turbulente Monate vorhergegangen: das Bauherren-Ehepaar hatte zu fast jeder Frage eine unterschiedliche Meinung gehabt. Während des Baus war ständig umdisponiert worden. Dadurch hatte es dann auch Ärger mit und unter den Handwerkern gegeben. Das Ganze drohte, sich zu einem riesigen Chaos zu entwickeln. Doch schließlich gab es – von fast niemandem mehr erwartet – doch noch ein Happy-End. Für diese Housewarmingparty hatten wir Eingeladenen einen Sketch vorbereitet. Wir spielten ein paar Szenen, die uns bekanntgeworden waren, nach – natürlich mit deftigen Übertreibungen. Der eine kam als Maurer verkleidet, der andere als Elektriker, der dritte als Maler, und zwei der Gäste spielten die Rollen des unentschlossenen Bauherren-Paares. Der Text war sicher nicht sonderlich geistreich. Aber wie das in solchen Fällen immer ist: der persönliche Bezug und der Spaß, den wir »Schauspieler« an der Sache hatten (na-

152

türlich waren vorher ein paar feuchtfröhliche Proben abgehalten worden), ließen die Aufführung zu einem großen Lach- und Rührerfolg bei unseren Gastgebern werden.

Einladungen und Garderobe würde ich bei diesem Anlaß ganz zwanglos halten: für ein Treffen unter Freunden. Wenn eine Housewarmingparty zu formell und aufwendig angelegt ist, entsteht leicht der Eindruck, daß hier mit dem neuen Heim renommiert werden soll. Ein wenig Untertreibung, meine ich, steht den Gastgebern besser an. Hat man tatsächlich so viele interessierte Freunde, die man eigentlich einladen müßte oder wollte, dann sollte man seine Housewarmingparty lieber in mehreren kleineren Zirkeln wiederholen.

Ein netter, zudem sinnvoller Gag ist es, die ankommenden Gäste mit Filzpantoffeln oder Stoffüberziehern zu versorgen – zwecks Schonung der Böden und Teppiche. Das geht dann zu wie bei einer Schloßbesichtigung. Wenn man weiß, wem man sie zumuten kann, ist auch das eine originelle Idee: da hatte eine Familie ihre neue Wohnung im achten Stock eines Neubaus bezogen. Die Kinder wurden unten an den Eingang postiert und mußten den Ankommenden sagen, leider sei der Aufzug noch nicht in Betrieb und man möchte sich doch bitte zu Fuß hinaufbemühen. Wohl oder übel machten sich also die Gäste auf den Weg, die Treppe hinauf. Nachdem sie zwei Stockwerke bezwungen hatten, fanden sie ein paar Stühle und einen kleinen Imbiß vor, im vierten Stock ebenfalls, und als sie endlich oben ankamen, waren sie schon recht aufgekratzt. Denn bei den Imbißstationen fehlten auch nicht ein paar Gläser mit Obstler-Schnaps. Nach der Party durften die Gäste dann mit dem Lift abwärts fahren. Dumm ist es natürlich, wenn es Ihnen dann so geht wie mir: als wir unsere Freunde, die uns mit diesem Scherz zum Narren gehalten hatten, dann zum zweiten Mal besuchten, versagte der Aufzug tatsächlich!

Essen und Trinken sind bei einer Wohnungseinweihung nicht die Hauptsache. Ich würde meinen Gästen also zunächst nur einen Drink in die Hand drücken und sie dann zur Besichtigung des neuen Hauses oder der neuen Wohnung bitten. Wir waren ja bei der Einladung davon ausgegangen, daß es ernsthaft interessierte Leute sind, und so wird niemand diese Aufforderung als aufdringlich empfinden. Für diesen Programmpunkt würde ich mir auch reichlich Zeit lassen. Ist es ein größeres Heim, würde ich vielleicht sogar in verschiedenen Räumen kleine Sitz- und Trinkecken einrichten, wo man sich in aller Ruhe niederlassen und Meinungen austauschen kann. Denn ich meine doch (auch auf die Gefahr hin, mich zu wiederholen), man sollte Wert darauf legen, daß jede Party ihren eigenen, spezifischen Charakter erhält. Und bei einer Housewarmingparty steht nun einmal das neue Domizil im Mittelpunkt des Abends und des allgemeinen Interesses.

Dieser Einstellung entspricht auch, daß die Bewirtung zwar nicht vernachlässigt werden, doch vergleichsweise schlicht sein sollte. Dafür wird jeder Gast Verständnis aufbringen, zumal wenn der Gastgeber darauf anspielt, daß er nach Bau oder Umzug total pleite sei, daß man also jetzt die letzten Pfennige verfressen und versaufen wolle. Zu diesem Situationsbericht paßt kein üppig gedeckter Tisch, kein viergängiges Menü. Wenn die Küche groß genug ist, wie man das heute ja recht oft wieder hat, würde ich dort Tisch und Stühle aufstellen und eine vergnügte Schmauserei vorbereiten. Ich kann mich zum Beispiel an ein recht unterhaltsames Spargelessen aus diesem Anlaß erinnern. Wenn gerade Saison und der Spargel nicht zu teuer ist, wüßte ich nichts Besseres. Er macht, abgesehen vom Schälen, nicht viel Arbeit, es gibt eine Sauce Vinaigrette dazu und einen Katen- oder einen Parmaschinken und hinterher eine große Käseplatte. Ähnlich erfreulich stelle ich mir – wenn die Party

ins Winterhalbjahr fällt – ein zwangloses Austernessen vor. Auch das ist einfach vorzubereiten und geht keineswegs so ins Geld, wie der Unkundige fürchtet. Denn der Aufwand drum herum ist bescheiden: Zitrone und grober Pfeffer, Pumpernickel und Chesterscheiben oder ein einfaches graues Brot mit Butter. Dazu gibt es einen ebenfalls einfachen französischen Landwein, zum Beispiel einen Entre-deux-Mers. Das wichtigste dabei ist der Austernöffner, worunter ich zum einen das Gerät zum Knacken der Austern verstehe, zum anderen denjenigen, der dieses Gerät zu bedienen versteht, ohne sich die Finger zu verstümmeln. Traut der Hausherr sich das nicht selber zu, so sollte er wenigstens wissen, wem unter seinen Gästen er dieses Vertrauensamt antragen kann. Denn der muß nicht nur die Technik beherrschen, er ist auch verantwortlich dafür, daß keine verdorbene Auster auf den Tisch kommt. Dritter Vorschlag: eine Terrine mit hausgemachter Landpastete, dazu nur französisches Stangenbrot und hinterher wieder ein volles Käsebrett.

Wenn Sie aber das Gefühl haben, daß Sie Ihren Gästen eine warme Mahlzeit bieten müssen (Spargel gehört ja nicht uneingeschränkt dazu), dann empfehle ich Ihnen beispielsweise einen schönen Hasenpfeffer oder ein Rehgulasch mit selbstgeschabten Spätzle und Preiselbeeren. Das steht dann in großen Töpfen auf dem Herd, und jeder kann sich auf seinen Teller schöpfen, was er mag.

An dieser Stelle möchte ich noch einmal eine Lanze für das schlichte Hühnervolk brechen. Die Massenproduktion aus der Tiefkühltruhe hat es mit Recht in Verruf gebracht. Doch wenn Sie frische Bauernhähnchen bekommen und im Rohr (voll mit Petersilie gefüllt) braten können,

Eine alte Sitte, die auch in unserer modernen Zeit noch gepflegt wird: zum Einzug werden Brot und Salz überreicht

155

machen Sie Ihren Gästen bestimmt eine große Freude. Und Sie selbst haben nicht viel Arbeit – vorausgesetzt, Sie haben genügend Platz im Rohr, denn für zwölf Personen brauchen Sie sechs Hähnchen. Dazu reichen Sie nur noch frischen Salat und frisches Brot. Noch unkomplizierter ist wohl ein Stück Roastbeef (gut abgehangene Lende), das Sie schon am Vormittag braten können, mit einer naturellen Kräutersauce und einer Remoulade dazu. Und vielleicht noch einen Waldorf- oder Diplomatensalat dazu, die Sie fertig kaufen können, wenn Sie ein gutes Delikatessengeschäft in der Nähe haben.

Es macht Spaß, seinen Gästen etwas wirklich Exquisites zum Essen anzubieten. Die große Kunst des Gastgebers, meine ich, besteht aber vor allem darin, daß er dem Anlaß entsprechend die richtige Wahl trifft. Bei einer Wohnungseinweihung erwarten die Gäste sicherlich kein kulinarisches Festmahl. An diese Erwartung sollte der Gastgeber sich unbesorgt halten. Das erscheint mir eine gute Voraussetzung für das Gelingen der Party zu sein.

Zwei Ideen für Topf und Ofen

Wildgulasch mit Spätzle
(für 12 Pers.)
1,5 kg Wildfleisch
Salz, Pfeffer
5 g Wacholderbeeren
3 Lorbeerblätter
1,5 l Rotwein
600 g geviertelte frische Champignons
1,5 l saure Sahne
Mehl zum Binden
150 g Preiselbeeren
Salz, Pfeffer

Wildfleisch in 1½–2 cm große Würfel schneiden, würzen und anbraten. Wacholderbeeren und Lorbeerblätter dazugeben. Mit Rotwein aufgießen und weichschmoren. Champignons 10 Minuten vor dem Anrichten hinzugeben, mitkochen. Saure Sahne und etwas Mehl mischen, Sauce damit binden.
Das Gulasch mit Preiselbeeren, Salz und Pfeffer abschmecken. Mit geschlagener Sahne verzieren. Dazu hausgemachte Spätzle servieren.

Kirschstrudel
(für 10 Pers.)
500 g Mehl
150 g Butter
2 Eier
Salz
¼ l warmes Wasser

Aus Mehl, Butter, Eiern und etwas Salz einen mittelfesten Teig kneten und ruhen lassen. Teig dünn ausziehen. Mit flüssiger Butter bestreichen.

30 g Butter (flüssig und erkaltet)
800 g Schattenmorellen
30 g Stärkemehl
100 g Zucker
50 g Puderzucker

Schattenmorellen mit Zucker und Stärkemehl zur Füllung verarbeiten. Füllung auf den Teig geben und einrollen. Um den Teig nicht zu beschädigen, sollte er am besten auf einem großen Tuch ausgerollt werden. Mit Hilfe des Tuches läßt er sich dann leichter zum Strudel formen. Vorsichtig auf ein gefettetes Backblech geben und bei 220 Grad ca. 40 Minuten backen.
Mit Puderzucker bestreuen. Warm servieren.

Jagdparty

Ein schöner Rücken kann auch entzükken. Und der Rücken vom Reh ist für viele Feinschmecker das erlesenste Fleisch überhaupt. Sicherlich gibt es für dieses Urteil objektive Geschmacksmaßstäbe. Aber hier spielt auch die ungewöhnliche Wertschätzung eine Rolle, die das Wild in den Vorstellungen der Menschen ganz allgemein einnimmt. Immer noch ist es umgeben von einem Hauch von Exklusivität wie auch von der Erinnerung an die Märchen unserer Kindheit. Weiter wirkt auch nach, daß früher die Jagd nur ein Privileg der Herrschenden war.

Doch zum Glück ist es heute kein großes Ereignis mehr, Wildbret zu erwerben.

Und Jagdscheininhaber sind auch nicht mehr nur Angehörige des Hoch- oder Geldadels.

Wenn Sie heute zur Jagdparty – oder als gewöhnlicher Sterblicher zum Wildessen – laden, so sollten Sie schon äußerlich der damit verbundenen Romantik Tribut zollen. Das beginnt damit, daß man Wildessen nach Möglichkeit in die Jagdzeit legt. Wildfleisch leidet zwar im allgemeinen nicht in der Kühltruhe, aber bei Fasanen ist das schon anders. Und wie Sie für die Jagd Glück brauchen, so müssen Sie als Nichtjäger das Glück haben, ein gutes Stück Wildfleisch zu erhalten.

Die Qualitäten von Wildfleisch sind nun

Rehrücken – eine erlesene Speise, angerichtet in kultiviertem Dekor

einmal sehr unterschiedlich. Der Rücken einer alten Ricke ist nicht so zart wie der einer jungen. Ein rauschiger (brunftiger) Keiler kann fast ungenießbar sein. Und die unzähligen Schrotkörner aller Kaliber in einem auf der Treibjagd von einem halben Dutzend Jägern beschossenen Hasen werden Ihren Zähnen schlecht bekommen. Man muß also schon sehr auf die Qualität des Fleisches für ein Wildessen achten. Am glücklichsten dürfen Sie sich schätzen, wenn Sie einen Jäger kennen. Er wird Ihnen sicher hin und wieder ein gutes Stück, vielleicht sogar vom Hirschkalb oder einem Überläufer (wie die Jäger einjährige Wildschweine nennen), abgeben.

Den Tisch decken Sie, wenn Sie haben, mit einer grünen Damastdecke. Anderenfalls können Sie die Tafel auch mit einem grünen Dekorationsfilz schmücken. Weiße Servietten heben sich sehr schön davon ab. Ein Latschen- oder Kieferngesteck mit einer naturfarbenen Kerze oder einige Tannenzweige geben dem Tisch ein bißchen Waldatmosphäre. Wer nun noch Geschirr mit Jagdmotiven und Hirschhornbestecke besitzt, schafft die perfekte Atmosphäre.

Die Begrüßung der Gäste durch ein Signal mit einem Fürst-Pleßschen-Jagdhorn klingt wohl etwas dick aufgetragen. Aber auch Jagdmusik, Jägerlieder oder sinfonische Melodien vom Plattenspieler geben eine stimmungsvolle Geräuschkulisse.

Das Essen kann nun entweder warm – ein Braten – oder auch kalt aufgetragen werden. Wenn ich letzteres serviere, bemühe ich mich um ausgefallene Delikatessen, wie geräucherten Schinken vom Bären, vom Reh oder vom Rentier mit geschabtem Meerrettich und dazu schön krosses Brot. Getrunken wird fast nur Rotwein. Wem dieser zu schwer ist, dem schlage ich Rosé vor. Der mundet ebenfalls immer zum Wild.

Die Tischordnung können Sie lustig mit jagdlichen Motiven arrangieren: entweder Sie überreichen jedem Gast ein kleines Spielzeugjagdhorn mit seinem Namen oder ein Spielzeugtier, dessen Pendant auf dem Tisch den Platz anzeigt. Vielleicht finden Ihre Freunde Spaß daran, wenn Sie ihnen die Zeit des

Aperitifs – das muß nicht unbedingt ein Jägermeister sein – mit Luftgewehrschießen auf eine Scheibe vertreiben.

Wenn ich Ihnen jetzt von einem großen Jagdessen im Hause von Ernst Wilhelm und Gunter Sachs auf ihrem Besitz in Oberaudorf berichte, dann weiß ich sehr wohl, daß so eine kaum wiederholbare Jagdparty nur sehr begrenzt als Beispiel dienen kann. Aber vielleicht animiert Sie dieser Bericht doch ganz allgemein, sich für Ihre Einladungen jeweils irgend etwas Ausgefallenes einfallen zu lassen. Freunde nur zum Essen einzuladen, ist mir zu phantasielos. Es tut doch jedem von uns gut, auf der Bühne des täglichen Lebens nicht nur als passiver Zuschauer, sondern hin und wieder auch einmal als aktiver Schauspieler zu agieren.

Die Brüder Sachs hatten 240 Gäste zu

einer großen Jagdparty in eine alte große, vor allem hohe Scheune geladen. Es kamen fast nur Bauern, Jäger und Treiber und Mitbewohner aus dem Ort Oberaudorf, auf dessen Boden der Sachs-Besitz liegt.

Wir hatten die Tenne mit viel Tannen- und Latschengrün, mit alten Gewehren, Hirschgeweihen und mit alten Schieß- scheiben geschmückt. Die Gäste wurden beim Eintreffen mit fröhlichem Hörner- klang empfangen und zunächst an die Biertheken gebeten. Dort hielten sie sich an einem Glas Bier oder einem Schnaps fest und harrten der Dinge, die noch kommen mußten. Kommen sollte vor allem das Essen. Nach einiger Zeit wur- den die Sachs-Brüder unruhig. Endlich stellten sie mich zur Rede. Meine ge- stammelte Entschuldigung über unseren wohl auf der Autobahn liegengebliebe- nen Lieferwagen ließen sie nicht gelten. Eine Veranstaltung wie diese dürfe man eben nicht auf die letzte Minute planen. Auch mein Vorschlag, die Gäste erst einmal mit einem weiteren Bier zu ver- trösten, machte vor allem Gunter Sachs nur noch wütender. Er war kurz davor,

Halali für sechs Personen

Steinpilztoast
1 gewürfelte Zwiebel
100 g Kräuterbutter
2 kg frische Steinpilze in Scheiben
2 Knoblauchzehen, Salz
10 g gehackte Petersilie
5 g gehackter Dill
6 Scheiben Toastbrot

Zwiebelwürfel in Kräuterbutter andün- sten. Steinpilzscheiben dazugeben und gardünsten. Knoblauch und Salz zerrei- ben. Mit Petersilie und Dill zu den Pilzen geben. Glasig werden lassen. Auf Toast anrichten und servieren.

Wildschweinkeule mit Rosenkohl und Spätzle
2,5 kg Wildschweinkeule
½ Flasche Rotwein
1 Zwiebel
1 Karotte
¼ Sellerie
2 Tomaten
Honigkuchenbrot
6 grüne Pfefferkörner, Salz

Die Wildschweinkeule, grob gewürfelte Zwiebeln, Karotten und Sellerie 4 Tage in Rotwein einlegen.

Keule gut abtrocknen und scharf anbra- ten. Tomaten dazugeben. Mit der Einle- geflüssigkeit immer wieder ablöschen, bis die Sauce dunkelbraun und die Keule gar ist. Wildschweinkeule warm stellen, Sauce durch ein Sieb streichen und mit dem Honigkuchenbrot binden. Sauce ko- chen, bis sich das Brot ganz aufgelöst hat. Mit grünem Pfeffer und Salz ab- schmecken. Dazu Rosenkohl in Speck und Zwiebeln und angebratene Spätzle reichen.

Waldmeistercreme
100 g Waldmeister
¼ l heißes Wasser
3 Blatt Gelatine
3 Eigelb
100 g Puderzucker
¾ l Schlagsahne

Frischen oder getrockneten Waldmei- ster mit heißem Wasser brühen. Gelatine darin auflösen und kalt werden lassen. Eigelb, Puderzucker und Schlagsahne vorsichtig darunterziehen. In Glasschäl- chen anrichten.

DAS JAGDMITTAGESSEN STEHT AUF DEM JAGDMITTAGS TISCH WIR WÜNSCHEN: WAIDMANNS HEIL!!

an die Decke zu gehen. Hätte er es getan, wäre er sehr schnell auf den Grund der ganzen Aufregung gestoßen: dort oben hing nämlich, von unten nicht zu erkennen, der Gag, den ich mir dieses Mal als Initialzündung für diesen großen Abend ausgedacht hatte. Plötzlich ging das Licht aus. »Sehen Sie, Herr Sachs, so wie bei Ihnen der Strom ausfallen kann, so bin auch ich hilflos unvorhergesehenen Störungen ausgeliefert.« Dann fing irgend etwas fürchterlich an zu rumpeln. Als ob das Dach einstürzen wollte. Die Scheune erstrahlte wieder in hellem Licht, und ein über acht Meter langes und vier Meter breites vollständiges »Tischlein-deck-Dich« wurde mit starken Trossen vom Dach auf die Tenne heruntergelassen. Darauf befand sich das ganze Essen für 240 Personen angerichtet. Sogar vier Köche hatten in der schwindligen Höhe Stunden ausgeharrt und dem warmen Buffet den letzten Schick gegeben. Sie hatten das Essen mit Spezialgeräten heiß gemacht und warm gehalten. Den ganzen Zauber hatten wir durch geschickte Beleuchtung so getarnt, daß niemand vorher etwas von dem Guten, das dann wirklich einmal von oben kommen sollte, ahnen konnte. Aller Ärger war vergessen. Das Gute bestand aus vielerlei Wildspezialitäten, wie Hirschkeulen, Rehrücken, Wildschweinschinken, Fasanen, Rebhühnern, Wildpasteten und ähnlichen Gerichten. Getrunken wurde vorwiegend Bier vom Faß und bayerischer Wein, Frankenwein.

An diesem Abend wurde noch viel Jägerlatein zum besten gegeben. Doch immer wieder wurde unser verwirklichtes Märchenbuffet vor allem ob seines geglückten Überraschungseffekts gelobt.

Wenn Sie heute nach Oberaudorf kommen sollten und Sie dort in den Wirtsstuben von dem riesigen »Tischlein-deck-Dich« hören, so wissen Sie, daß es sich dabei nicht um Jägerlatein, sondern um einen – wenn auch überdimensionalen – Partygag handelt.

Käseparty

Bei der Eröffnung einer Gemäldegalerie in München – feine Leute nennen das eine »Vernissage« – erregte ein Kunstwerk besonderes Aufsehen. Als einziges unter lauter abstrakten, progressiven und überwiegend unverständlichen Werken stellte es ein ganz naturalistisch gesehenes üppiges Käse-Stilleben dar. Die begeisterten Besucher bedauerten nur, daß sie das Gemälde – offensichtlich seiner Kostbarkeit wegen – nur aus einiger Distanz durch eine Glasscheibe bewundern durften. Zu allem Überfluß wurde das Meisterwerk auch noch von zwei Privatdetektiven bewacht, die der Galerist originellerweise als Köche verkleidet hatte.

Der eigentliche Gag kommt aber erst. Auf dem Höhepunkt der Vernissage bat der Galerist seine Gäste zu einem »kleinen Imbiß«. Die Glaswand wurde beiseite geschoben, und das naturalistische Stilleben entpuppte sich als echtes Käsebuffet, die verkleideten Köche als echte Köche, die jetzt den Vernissage-Besuchern bei der Auswahl aus über fünfzig verschiedenen Käsesorten behilflich waren. Später war zu hören, daß der geschäftliche Erfolg der Ausstellung keineswegs hinter dem Überraschungseffekt des Buffets zurückgeblieben sein soll. Eine Käseparty ist im Grunde etwas für Kenner und Liebhaber. Leute, die den Genuß im Leben vor allem quantitativ bemessen (»Das Essen war großartig! Die Schnitzel hingen über den Tellerrand!«), werden ein Käsebuffet wahrscheinlich nicht als überwältigendes kulinarisches Angebot verstehen. Gästen aber, von denen Sie wissen, daß sie gut und kultiviert zu essen pflegen, werden Sie mit einem Käsebuffet ein echtes Vergnügen bereiten. Dann ist es allerdings nicht damit getan, daß man drei oder vier Sorten zur Auswahl hinstellt. Dann muß man dem Käse schon einen eindrucksvolleren Auftritt gönnen.

Die Käseparty steht und fällt mit der Fülle des vielfältigen Angebots. Denken Sie an den Stoßseufzer des Generals de Gaulle: »Wie soll man ein Land (Frankreich) regieren, in dem es über 300 Käsesorten gibt!« Gehen Sie also unbedingt in die vollen, wenn Sie schon eine Käseparty machen wollen, und tischen Sie dreißig oder vielleicht gar fünfzig Sorten auf! Das ist bei dem heutigen Angebot unserer Delikatessengeschäfte kein Kunststück. Schlimmstenfalls müs-

sen Sie sich Ihre Auswahl in zwei oder drei Läden zusammenkaufen. Nehmen Sie aber nicht nur französische Sorten, wie man das so oft erleben kann, weil französisch als »chic« gilt. Oder nur Schweizer. Suchen Sie auch nach italienischen, englischen, holländischen, dänischen, norwegischen Sorten! Und vergessen Sie die – zu Unrecht unterschätzten – deutschen Käse nicht!

Zum anderen ist die Käseparty aber auch eine ungemein dekorative »Show«. Käse läßt sich hübscher und appetitlicher arrangieren als manche anderen Lebensmittel. Machen Sie die Probe aufs Exempel vor den Auslagen eines Feinkostgeschäftes – das Käsefenster ist immer ein besonderer Blickfang. Nichts ist leichter, als runde, quadratische, ovale, rechteckige, tortenförmige, kugelförmige Käse hübsch anzuordnen, und diese Anordnung dann nach Geschmack und Jahreszeit zu ergänzen. Zum Beispiel mit weißen und blauen Trauben, Weinblättern, Radieschen, Tomaten, frischen Gemüsen, aufgeschnittenen und gekühlten Birnen. Dazu mehrere Tontöpfe mit Butter, sie sollte nach Möglichkeit gesalzen sein, und Körbe mit Brot: französisches Stangenbrot, Holzofenbrot, Toastbrot (den Toaster nicht vergessen!), Pumpernickel. Sie werden sehen, wie Sie unter der Hand ein Stilleben erschaffen, ohne daß Sie ein van Gogh oder Rembrandt sind.

Das Käsebuffet können Sie ohne weiteres auf jeder beliebigen Party anbieten, nur nicht gerade bei einer offiziellen Cocktailparty oder einem anderem irgendwie förmlichen Anlaß. Aber von der eingangs beschriebenen Vernissage bis zur harmlosen Gartenparty ist ein Käsebuffet fast immer denkbar. Sie können das Käsebuffet aber auch ganz bewußt zum Anlaß oder Thema Ihrer Party machen. Das geht freilich nur, wenn Sie sicher sein können, daß Ihre Gäste sich für Herkunft, Verarbeitung und Geschmacksrichtungen des Käses interessieren. In diesem Fall sollten Sie noch

etwas dazu tun. Zum Beispiel die hübschen sprechenden Landkarten, auf denen die bekannten Käselandschaften eingezeichnet sind (es gibt sie mindestens für Frankreich, Italien, die Schweiz). Oder Käsekochbücher und andere Literatur, wie man sie auf Reisen leicht bekommen kann.

Ein noch weiter gehender Vorschlag wäre eine Art »Käse-Bottle-Party«, das heißt: jeder Gast wird aufgefordert, einen Käse nach seiner Wahl mitzubringen, möglichst natürlich einen originellen, unbekannten, der Gastgeber komponiert dann daraus das Käsebuffet. Und unter Käsekennern kann er jetzt das große Käse-Quiz veranstalten: wie heißt dieser Käse, wo kommt jener her, welches ist seine geschmackliche Besonderheit? Doch jetzt wird es fast schon professionell. Besser also, ich bremse meine Phantasie, bevor sie ganz zu Käse gerinnt.

165

Lieber noch ein paar praktische Anregungen: ich würde auf die party-üblichen und damit langweilig gewordenen Käsewürfel und -happen verzichten, dafür möglichst viele Sorten im Stück aufstellen. Dann muß ich allerdings auch laufend dafür sorgen, daß mein Käsebuffet nicht unansehnlich wird. Da der Käseschmaus sich ja in die Länge ziehen soll, muß man zwischendurch immer wieder mal kleine Reste beseitigen und das verbleibende Angebot konzentrieren.

Frisches, noch ofenwarmes Käsegebäck zu vorgerückter Stunde ist eine hübsche, stilgerechte Überraschung. Mindestens ebenso empfehlenswert ist es, eine kräftige Fleischsuppe vorzubereiten, damit die Käsefans gegen Schluß noch einmal auf einen anderen Geschmack kommen. Eine Käse-Fondue kann auch recht reizvoll sein. Allerdings ist das eine ganz andere Veranstaltung, die mit unserer Käseparty im Grunde nichts zu tun hat. Wer gern einmal Käse-Fondue essen will, sollte sich nur vorher überlegen, ob er das nicht besser anläßlich eines Aufenthalts in der Schweiz oder in Savoyen erledigt. Den recht penetranten Duft hat er anschließend nämlich nur in den Kleidern, nicht aber in den eigenen Räumen. Die Wahl der Getränke für die Käseparty ist einfach: die bewährten Begleiter für

168

den Käsegenuß Rotwein und Roséwein, Mineralwasser für den nackten Durst, aber kein Bier. Der Wein wird aus Karaffen oder Krügen eingeschenkt, vielleicht auch aus einem Fäßchen gezapft, wie man es heute zu kaufen bekommt. Weinflaschen jedenfalls passen nicht zur Käseparty.

Was tun mit den Resten, die zweifellos übrigbleiben? Wenn Sie nicht in den folgenden Tagen morgens, mittags und abends Käse essen wollen, geben Sie jedem Ihrer Gäste ein Stück mit, eingewickelt in Alufolie. Oder Sie schließen gleich eine weitere Party an: ein großes Kässpatzenessen, bei dem Sie die Reste verarbeiten können. Kässpatzen liegen allerdings recht schwer im Magen. Man sollte sie deshalb nicht am Abend, sondern nur mittags reichen.

Käsebuffet – kalt und warm

Salat mit Roquefort-Dressing
Salate der Jahreszeit in Streifen schneiden und in einer Schüssel anrichten. Roquefort zerdrücken. Mit Essig, Öl, Salz und Pfeffer zu einer Sauce rühren. Gehackte Zwiebeln druntermischen und über den angerichteten Salat gießen. Mit Schnittlauch und Radieschenscheiben überstreuen.

Käse-Windbeutel
Ungefüllte Windbeutel beim Konditor kaufen. Für die Käsefüllung Philadelphia-Frischkäse, Butter und Eigelb gut vermischen. Mit Cayenne-Pfeffer, Salz und gestoßenem Kümmel abschmecken. Von den Windbeuteln den Deckel abschneiden und mit der Käsecreme füllen. Mit Radieschenscheiben und frischen, gewürfelten Gurken die Käsecreme dick belegen. Mit gehackter Petersilie überstreuen. Den Deckel wieder aufsetzen und anrichten.

Schweizer Käse-Küchli
(für 10 Pers.)
Törtchenform mit dünn ausgerolltem Blätterteig auslegen. Füllung zubereiten.

150 g gewürfelter Emmentaler
50 g gewürfelter Chester
50 g gewürfelter gekochter Schinken
4 Eier
2 Becher (400 ccm) Sahne
Salz, Paprika, Cayennepfeffer

Emmentaler, Chester und gekochten Schinken mischen und in die Törtchen geben. Eier, Sahne und die Gewürze mit dem Schneebesen aufschlagen. Über die Käse-Schinken-Füllung gießen. Bei 220 Grad ca. 25 Min. im Ofen backen, bis sie goldbraun sind.

Käse-Gebäck
175 g Mehl
½ TL Backpulver
125 g Butter
150 g geriebener harter Käse
2 Eigelb
Salz, Paprika, Mohn, Kümmel, grobes Salz

Mehl, Backpulver, Butter, geriebenen Käse, Eigelb, Salz und Paprika zu einem glatten Teig verkneten. Etwa eine Stunde im Kühlschrank ruhen lassen. Den Teig etwa 4 mm dick ausrollen. Mit einem Teigrädchen in Rechtecke ausradeln. Auf ein gefettetes Backblech legen, mit Eigelb bestreichen. Nach Belieben mit Mohn, Kümmel oder grobem Salz bestreuen. Im Ofen bei 200 Grad ca. 10 Minuten backen.

Kaltes Buffet

Das Kalte Buffet bietet sich immer dann an, wenn es heiß herzugehen verspricht. Wenn mehr Gäste bewirtet werden müssen, als Eßplätze vorhanden sind, als Personal, eigene Kräfte oder gedungene, zur Verfügung steht. Auch wenn man verpflichtet ist, sehr viele Menschen unterschiedlicher Temperamente einzuladen. Essen kann man zur Not im Stehen oder auf improvisierten Sitzgelegenheiten – auch die Treppe ist eine. Die Gäste bedienen sich selbst. Die Essenden müssen nicht den ganzen Abend in einer Sitzordnung bleiben, sie können sich, ohne unhöflich zu werden, neu gruppieren. Leute, an die Sie immer schon dachten, zu denen Sie aber kaum Partner fanden, können Sie dazu einladen.

Ihre Gäste bekommen den Eindruck vermittelt, an einer wirklich wichtigen Party teilzunehmen. Die große Zahl der Eingeladenen bietet auch die Möglichkeit, interessante Personen unterschiedlichen Alters und unterschiedlicher Berufe in sein Haus zu bitten.

Das Kalte Buffet ist keine Veranstaltung

an sich, sondern nur Mittel zum Zweck. Es dient jeder Art von Geselligkeit – ob Geburtstag, Teenagerparty, Hochzeit, Jubiläum oder gemütlicher Abend – als lukullischer Mittelpunkt.

Bedenken Sie also zunächst, wieviel Gäste Sie einladen wollen. Nur bis zu zwanzig Personen können Sie selbst bewirten. Stehen Ihnen mehr Menschen ins Haus, so laufen Sie Gefahr, zusammenzubrechen. Als Lösung bietet sich dann aber die Beauftragung eines Partyservices an (lesen Sie dazu S. 248 ff.).

Als erstes benötigen wir einen großen, mindestens zweieinhalb Meter langen Tisch. Ein ausgezogener Tisch eignet sich dazu ebenso wie ein über zwei Böcke gelegtes Brett oder auch eine Tischtennisplatte.

Haben wir genügend Platz, so stellen wir den Tisch so weit von der Wand weg, daß die Gäste um ihn herumgehen können. Damit wird das unschöne Gedränge, das das Kalte Buffet so ins Gerede gebracht hat, verhindert. Jeder Hungrige muß an jede Speise, ohne Platten zu verrücken, herankommen können. Das bedeutet für Sie mehr Aufmerksamkeit beim Dekorieren. Das Buffet ist ein Selbstbedienungsessen. Legen Sie keine Speisen vor. Der Gast soll sich frei fühlen und wirklich frei auswählen können, was und wieviel er will.

Der Unterbau des Tisches oder seines Ersatzes wird mit einem in Falten gesteckten Dekorationsstoff verkleidet. Dazu nehmen Sie aber nur Farben, die zur Art des Buffets passen. Ein helles Grün, ein helles Rot oder Maisfarbe. Sind Sie glücklicher Besitzer eines alten Bauerntisches, so verzichten Sie selbstverständlich auf eine Verkleidung. Der Tisch strahlt ja seinen eigenen Charme auf das Buffet aus. Aber dann sollte auch das Geschirr dazu rustikalen Einschlag haben.

Der Aufbau verlangt großes Geschick. Denn ein Buffet soll auch ein Schmaus für die Augen darstellen. Der Gesichtssinn muß befriedigt werden, bevor der Hunger gestillt wird. Deshalb ist es auch schön, wenn das Buffet so aufgestellt wird, daß es sofort alle Blicke auf sich zieht. Ihr künstlerisches Geschick müssen Sie also jetzt herausgefordert fühlen. Während es die Bescheidenheit sonst dem Gastgeber gebietet, in den Hintergrund zu treten, so dürfen Sie – beziehungsweise Ihr Werk – hier glänzen.

Bauen Sie zunächst ein Hauptgericht, ein großes Stück Braten, einen Rehrücken, eine Gans, einen Truthahn oder auch einen sehr dekorativ wirkenden Hummer, in der Mitte oder eventuell an der Wand erhöht auf. Als Unterlage hat sich ein ganz ordinärer Spiegel, der sonst an der Wand hängt, sehr bewährt. Sie erzielen damit eine größere Wirkung als mit der tollsten Silberplatte, die sowieso niemand in dieser Dimension hat. Sie können auch das Fleisch auf ein großes Schneidbrett legen. Besonders dekorativ macht sich dafür ein von einem Schreiner besorgtes Brett, das noch die Baumrinde aufweist. Haben Sie keinen passenden

Spiegel zur Verfügung, so empfehle ich, ein Brett mit Silberfolie zu bedecken. Um diesen Mittelpunkt herum kleben Sie nun zu Kugeln zusammengeknüllte Alufolie. Und da hinein stecken Sie mit Hilfe von überlangen Zahnstochern – kleine Stecken tun denselben Dienst – Gemüse, Obst und Blätter und Zweige der Jahreszeit. Im Winter können Sie Tannenzweige und Weinblätter, die es in Dosen zu kaufen gibt, nehmen. Achten Sie wieder auf die Farben. Auch sie müssen zusammenstimmen. Die optische Wirkung eines solchen Buffets erhöht sich im wahrsten Sinne des Wortes, wenn Sie mit Kasten, kleinen Kisten oder auch einem Bügelbrett Stufen einbauen, die ebenfalls verkleidet werden. Ziert Ihre Wohnung ein besonders schönes Möbelstück, zum Beispiel ein Flügel oder eine alte Kommode, so wirkt auch darauf das Buffet besonders attraktiv.

Verzetteln Sie sich nicht so sehr mit Ihrem Essensangebot. Es genügt durchaus, wenn Sie zwei Fleischsorten, einen Fisch, dazu drei Salate, Käse und Dessert auf den Tisch stellen. Haben Sie dennoch Lust auf etwas Ausgefallenes, garnieren Sie das Ganze mit einigen Exotika, wie gerösteten Ameisen, Seidenraupen und Schlangenfilet. Diese Kuriositäten kann man heute schon in jeder Delikatessenabteilung vieler Kaufhäuser erwerben. Sie schmecken nicht nur gut, sondern liefern auch gleich Gesprächsstoff, denn sehr bekannt sind sie ja noch nicht. Wenn Sie nur eine Fleischsorte anbieten, was gar nicht unüblich ist, müssen Sie nur darauf achten, daß es möglichst Kalbfleisch ist. Beim Rindfleisch ist es schwer, den Geschmack aller zu treffen. Einer mag nur halb durchgebratenes, anderen wieder widersteht halbrohes Fleisch. Wieder andere mögen kein Wild. Und kaltes Lamm können Sie, wenn überhaupt, nur mariniert servieren.

Ich empfehle im Sommer auch gern Schinken. Westfälischen und Prager Schinken, Knochenschinken, französischen Tellerschinken, Bündner Fleisch, Tiroler Speck. Dazu verschiedene Sorten Melone. Gerade die Wassermelone eignet sich wunderbar zum Dekorieren. Auf einem großen Brett richten Sie die Schinken an, aber im Stück. Schneiden Sie nur Scheiben ab für den ersten Bedarf. Ich möchte es nochmals sagen: auch Fleisch, Fisch und Käse lege ich immer in ganzen Portionen auf, damit nichts abtrocknet und abblaßt und dann unappetitlich wirkt. Aus demselben Grund wird überhaupt das gesamte Buffet so spät wie möglich aufgebaut. Achten Sie besonders darauf, daß Meeresfrüchte erst wenige Minuten, bevor der erste Gast erwartet wird, auf den Tisch kommen.

Das Buffet sollte möglichst nicht im hellsten Licht stehen, das gilt auch vorher für die Waren. Denken Sie auch bei dem auf dem Tisch stehenden Geschirr an die Wirkung des Erscheinungsbildes. Wenn möglich, nehmen Sie als Salatschüsseln Ton- oder hübsche Glasgefäße. Mischen Sie auch einige antike Gegenstände, so Sie sie besitzen, unter das Angebot. Ob das eine alte Kaffee- oder Pfeffermühle, ein alter Messingleuchter oder auch ein schöner Steintopf ist. Das verleiht Ihrem Buffet zusätzlich Atmosphäre. Sehr passend, weil es ein sinnvoller Schmuck ist, macht sich natürlich frisches Gemüse, wie Wirsingblätter, frische Maiskolben, Spargelbündel, Karottenbüschchen, Radieschen. Im Winter nehmen Sie die bizarren Blätter des grünen Kohls. Dieser Tafelschmuck hat den Vorteil, daß Sie ihn am nächsten Tag ohne weiteres kochen können. Wein, in Flaschen oder in Krüge abgefüllt, macht sich hübsch auf jedem Buffet.

Teller und Bestecke warten auf kleinen Nebentischen. Weitere Tischchen müssen unbedingt bereitstehen zur Aufnahme benutzten Geschirrs. Aber organisieren Sie darüber hinaus den Abtransport dieser Teller und Bestecke – eventuell durch Ihre Kinder. Achten Sie auch darauf, daß an anderen Plätzen abgestellte Teller oder benutzte Gläser sofort in die Küche weggeräumt werden. Rechnen müssen Sie mit mindestens doppelt so viel Geschirr und Besteck, wie Sie Gäste erwarten. Zur Not borgen Sie sich etwas von Nachbarn oder Freunden. Wer will schon Fleisch, Fisch, Käse und Dessert vom selben Teller essen! Natürlich bleibt auch noch die Möglichkeit, zwischendurch etwas abzuspülen. Vergessen Sie auch den Blumenschmuck nicht. Aber lassen Sie keine Blumen mit Speisen in Berührung kommen, und hüten Sie sich vor giftigen Pflanzen, Blumen und Früchten! Vertrauen Sie auch nicht auf Fotovorschläge in einschlägigen Veröffentlichungen. Man glaubt es kaum, selbst renommierte Zeitschriften sind in dieser Hinsicht leichtfertig!

Sie sollten unbedingt dafür sorgen, daß das Buffet nach dem ersten Ansturm wieder ansehnlich hergerichtet wird. Nichts sieht abstoßender aus als ein abgegessenes Buffet. Nötigenfalls bringen Sie Nachschub aus der Küche.

Früher wurde sehr viel Aspik verwendet, um die Haltbarkeit wie auch das Aussehen der Lebensmittel zu verbessern. Ich bin dagegen ebenso, wie ich gegen konservierten Meerrettich bin. Ich lege meinen Ehrgeiz darein, nur frische und natürlich angerichtete und damit bekömmlichere Speisen zu servieren.

Eine interessante Variation des Kalten Buffets ist das schwedische Nationalessen, der Smörgasbord. Das Wort Smörgas bedeutet »Buttergans«. Damit wurden in Schweden früher die Rahmklumpen, die beim Buttern obenauf schwammen, bezeichnet. Diese Butter wurde auf die Vesperbrote geschmiert (Smör = Butter). Dazu gab es Käse, und es wurde das dritte Hauptnahrungsmittel in Skandinavien, der Hering, auf den Tisch, auf schwedisch, den Bord, gebracht. Da aber vor allem der Hering schwimmen wollte, durfte Schnaps nicht fehlen. Spaßvögel nennen einen solchen Tisch auch ein Aquavit-Buffet, zu dem Brot, Käse und Heringsgerichte nur

Ein delikater Import aus dem hohen Norden: der schwedische Smörgasbord

gestellt werden, weil man den Schnaps ja nicht nüchtern zu sich nehmen dürfe. Das Ganze wurde ursprünglich als Appetitanreger-Buffet verstanden. Doch langsam wurde der Smörgasbord neben zahlreichen verschiedenen unzähligen Zubereitungen des Herings mit immer mehr Spezialitäten des Landes angereichert, besonders mit deftiger selbstgemachter Hausmannskost. Heute setzt sich der Smörgasbord aus bis zu fünfzig verschiedenen Gerichten aus allen Landschaften und Gewässern Schwedens zusammen. Allen voran der König der schwedischen Tafel, der Hering, in einem Dutzend von Zubereitungen. Selbstverständlich dürfen auch die anderen Wasserfrüchte, wie Krebs, Lachs, Aal, Krabben, nicht fehlen. Einen echten schwedischen Smörgasbord muß man in Ruhe genießen. Nur so wird es möglich, sich an den vielen weiteren Leckerbissen, wie Scheiben vom Schneehuhn, Rentierschinken, Leberpastete, selbstgemachten Würsten und Sülze, zu delektieren. Am Ende des Bords finden sich sogar noch warme Speisen, wie gebratene Rindfleischklößchen, überbackenes Ragoût fin, Bauernomelette und geröstete Würstchen. Frische Salate, rohe und gekochte Gemüse fehlen in der Sommerzeit nicht. Und zum Abschluß wird auch in Schweden ein Käsedessert genommen mit Camembert, Brie und einheimischem Kräuterkäse sowie einem Käsetopf, in dem Käsereste mit Butter gemischt und mit Pfeffer, Kümmel und Schnaps gewürzt werden.

Ich bin sicher: mit einem sorgfältig zusammengestellten und reichhaltig bestückten Smörgasbord werden Sie wegen seiner Originalität und Vielfalt großes Lob ernten.

Haben Sie den Hunger Ihrer Gäste gestillt, so räumen Sie das Kalte Buffet ab. Es ist jetzt kein Augenschmaus mehr. Und auch Gerüche und Essensdüfte mögen die Gäste nicht mehr in der Nase haben. Stellen Sie die Speisen und Gerichte auf wenigen Tellern zusammen in der Küche so auf, daß später der eine oder andere, wenn er um Mitternacht seinen zweiten Hunger oder auch nur Appetit verspürt, noch einmal zugreifen kann.

Smörgasbord – ein Buffet aus dem Norden

Matjes süßsauer in Rotwein eingelegt
Matjes mit Äpfeln und Zwiebeln
Matjes in Sahnesauce
Matjes mit gestoßenem Pfeffer und Senf
Grönland-Krabben mit gewürfelten Artischockenböden, Dill und Catalina-Dressing
Blanchierte, ausgelöste Scampis mit Rose-Island-Sauce
Geräucherter Stör mit Preiselbeer-Sahnemeerrettich

Gravlax mit Honig-Senfsauce
Geräucherte Makrele mit Zitronenscheiben
Gedünstete Seezungenröllchen mit Dillrahmsauce
Räucheraal auf Kräuterrührei

Tatar pikant angemacht
Geräucherter Rentierschinken mit geschabtem Meerrettich
Schweinerücken gebraten mit Backpflaumen gefüllt
Gespickte Rinderleber im ganzen gebraten und aufgeschnitten

Muschelsalat mit Tomatenwürfeln und Olivenscheiben
Melonen-Obst-Salat
Apfel-Sellerie-Salat

. . . und so wird's gemacht

Gravlax
1 kg frischer Ostseelachs
15 g frischer Dill
15 g Salz
5 g weiße Pfefferkörner grob gemahlen

Den Lachs beim Fischhändler sachgerecht filieren lassen (Gräte entfernen, Haut dranlassen).
Ein Filet mit der Haut nach unten in eine flache Schüssel legen. Auf das Filet den Dill, Salz und Pfeffer verteilen. Das zweite Filet mit der Hautseite nach oben legen, mit Gewichten beschweren. Täglich die Filets wenden und mit dem ausgetretenen Beizsaft innen und außen begießen. Drei bis vier Tage gekühlt ziehen lassen.

Honig-Senfsauce
75 g Senf
5 g Senfpulver
150 g Honig
1 Tasse Essig
¼ l Sonnenblumenöl
40 g Dill

Senf, Senfpulver, Honig und Essig verrühren. Mit dem Öl zu einer dicken Sauce aufschlagen. Geschnittenen Dill darunterheben. Vor dem Anrichten gut durchrühren.

Rose-Island-Sauce
250 g Mayonnaise
100 g Ketchup
½ Tasse Gurkenwasser
1 Teelöffel Senf
2 Eßlöffel Essig
1 Eßlöffel Sherry
2 Eßlöffel Chilisauce
Saft einer Orange
50 g kleingewürfelte Cornichons
Salz, Pfeffer, Streuwürze

Alle Zutaten miteinander verrühren und würzen.

Apfel-Sellerie-Salat
(für 8 Pers.)
1 große Sellerieknolle in dünne Streifen schneiden. In Salzwasser kurz blanchieren. Die gleiche Menge in Streifen geschnittene saftige Äpfel mit den abgetropften und abgekühlten Selleriestreifen vermischen. Mit Salz, Pfeffer und geriebener Zwiebel würzen und Mayonnaise und Joghurt locker darunterziehen.

Melonen-Obst-Salat
(für 8 Pers.)
1 Melone und 1 Apfel in 2 cm große Würfel und 2 Bananen in Scheiben schneiden. Zu den Fruchtwürfeln 1 Dose Mandarinenfilets und 250 g halbierte Weintrauben geben. Mit 250 g Miracel Whip-Dressing locker mischen und mit Zitronensaft und Salz abschmecken.

Kartoffelparty

Was ist der Unterschied zwischen dem Dollar und der Kartoffel? Der Wert der amerikanischen Währung sinkt, der Wert der Kartoffel steigt! Mag sein, daß es einmal wieder umgekehrt sein wird. Zur Zeit jedenfalls kann man sich kaum noch vorstellen, daß die Kartoffel bei uns das am geringsten geachtete Nahrungsmittel war. Sie teilte dieses Schicksal mit dem Hering. So lange nämlich der Hering das typische Arme-Leute-Gericht gewesen ist, so lange haben ihn die

Feinschmecker der besseren Stände vornehm ingnoriert. Denn was so billig war, konnte doch unmöglich gut sein! Erst jetzt, da die Heringsschwärme immer geringer werden, beginnt man den Hering als echte Delikatesse zu entdecken. Auch die Kartoffeln haben sich jüngst recht rar gemacht und sind daraufhin zum zweitenmal »entdeckt« worden. Nun glaube ich nicht, daß die extreme Aufwertung der Kartoffel im vergangenen (trockenen) Sommer von Dauer sein wird. Denn da gibt es bei uns ja auch noch

das Gesetz von Angebot und Nachfrage. Das wird die Bauern veranlassen, wieder mehr Kartoffeln anzubauen. Doch ihren verächtlichen proletarischen Geruch hat die Knollenfrucht sicherlich für lange Zeit, wenn nicht für immer verloren.

Die richtige Zeit für eine Kartoffelparty ist der Herbst. Am besten schmecken zwar die jungen Kartoffeln, die im Frühjahr auf den Markt kommen. Aber nur im Herbst riecht es nach Kartoffeln und nach Kartoffelfeuer. Denn erst im Herbst gibt es ja das Kartoffelkraut, das man so schön verbrennen kann. Damit wären wir beim ersten Stichwort: sehen Sie zu, daß Sie sich für Ihre Kartoffelparty genügend Kraut besorgen. Das zünden Sie, im Garten natürlich, an, bevor Ihre Gäste kommen. Eine bessere Einstimmung als das qualmende, mit würzigem Duft brennende Feuer kann ich mir nicht vorstellen.

Doch vorher noch ein Wort zur Einladung: bitten Sie Ihre Gäste, statt Blumen Kartoffeln mitzubringen. Ob eine oder mehrere, spielt keine Rolle. Nur hübsch und originell geformt sollten sie sein. Sie wissen vielleicht noch aus Ihrer Kinderzeit, was für drollige Figuren man aus Kartoffeln schnitzen kann, mit Streichholzbeinen und Streichholzgelenken. Auch anziehen läßt sich die Kartoffelfamilie allerliebst. Wer da ein bißchen Geschick zeigt und sich ein wenig Mühe gibt, kann verblüffende Wirkungen erzielen. Wenn nun jeder der eintreffenden Gäste sein knolliges Mitbringsel präsentiert, ist der Auftakt Ihrer Party schon einmal ein todsicherer Erfolg. Räumen Sie der versammelten Kartoffel-Mannschaft dann einen Ehrenplatz auf Ihrem Kartoffelbuffet oder dem Kaminsims oder sonstwo ein, wo man sie gut sieht – sozusagen als Schirmherren der Party.

Der Gastgeber kann die allgemeine Kartoffelbildnerei noch dadurch anreichern,

Eine Delikatesse am Kaminfeuer: in Folie gebackene Idaho-Kartoffeln

daß er geeignet geformte Kartoffeln zu Schnapsgläsern aushöhlt, in denen er einen Kartoffelschnaps – das nächstliegende ist ein Wodka – anbietet. Der russische Wodka, das Wässerchen, muß zwar nicht unbedingt aus Kartoffeln destilliert sein. Nur, kanadischer Weizen kostet in der UdSSR wertvolle Devisen. Und die Planzahlen für Kartoffeln (ein Drittel der Weltproduktion!) werden dort eher erfüllt als die für Roggen, Weizen und Gerste. Polnischer Wodka ist übrigens besser als russischer. Da wir unsere Kartoffelparty ja im Spätherbst feiern, wird es jedem Gast einleuchten, daß er sich zunächst einmal von innen aufwärmen muß. Letzter Kartoffelgag: Wenn Sie zu einem gesetzten Essen einladen, sollten Kartoffelmännlein anstelle von Tischkarten nicht fehlen. Wenn Sie kein Plastik-Genie sind, werden Sie physiognomische Ähnlichkeiten mit Ihren Gästen gewiß nicht zustande bringen. Aber es genügt ja schon, wenn Kartoffelmännlein und -weiblein Fähnchen tragen, auf denen die Namen geschrieben sind. Das ist übrigens eine Aufgabe, an der auch Ihre Kinder Freude haben könnten.

Wenn ich mir nun die kulinarischen Möglichkeiten ansehe, die sich bei einer Kartoffelparty verwirklichen lassen, dann wird mir die Wahl schwer, was ich Ihnen empfehlen soll. Wir müssen ja von der Tatsache ausgehen, daß in unserer Zeit das Kalorienbewußtsein groß und dadurch das Aufnahmevermögen geringer geworden ist. Aber es gibt, glaube ich, zumindest eine Teillösung für dieses Problem: versuchen Sie, Ihre Kartoffelparty – an einem Wochenende natürlich – mit einer lustigen Wanderung zu kombinieren. Vielleicht wohnen Sie so günstig, daß man unmittelbar vom Haus aus losziehen kann. Vielleicht müssen Sie einen Wagentransport in das nächstgelegene Wandergebiet organisieren. Aber die Mühe lohnt sich! Nachdem die Partygesellschaft bei Ihnen einen Schnaps aus dem Kartoffelbecher bekommen hat, zieht sie für zwei, drei Stunden los, hinein in die herbstliche Landschaft, durch die gefärbten Wälder, über die abgeernteten Felder – die Route müssen Sie natürlich vorher genau festgelegt haben. Und überraschen dürfen Sie Ihre Gäste mit solchen Plänen bitte nicht. Denn wer mit Genuß wandern will, muß richtig angezogen sein. Denselben Effekt können Sie mit einer Radpartie (beachten Sie die andere Schreibweise!) erzielen. Nur müssen Sie, wenn Sie die vorhaben, sich im voraus vergewissern, daß Ihre Gäste a) ein Fahrrad und b) keine Angst vor demselben haben.

Was gibt es Kartoffeliges zu essen? Ich schlage ein Kartoffelbuffet vor, auf dem Sie wahlweise placieren können: eine schöne hausgemachte Kartoffelsuppe in einem großen Topf oder Kessel. Berge von goldgelb gebratenen Puffern (Reibekuchen, Reibadatschi), aus vorgefertigter Masse mit Apfelmus. Folienkartoffeln (Baked Potatoes, Idaho-Kartoffeln), die nicht nur gut schmecken, sondern auf dem Buffet auch dekorativ wirken und sich lange warm halten. Das, würde ich sagen, ist auf alle Fälle obligatorisch. Ferner, je nach Geschmack und technischer Möglichkeit: Fingernudeln, Strohkartoffeln, die man auch mit den Händen und kalt essen kann, Schweizer Rösti, Kartoffelwaffeln, Kartoffeln in der Specksauce, überbackenen Kartoffelschaum, Bratkartoffeln mit Zwiebeln, Kümmel und Petersilie, Mintkartoffeln mit frischem oder getrocknetem Mint, ein saures Kartoffelgulasch, Bouillonkartoffeln mit Fleisch, am besten einem Tafelspitz, Rahmkartoffeln mit Hering. Und, last not least, einen leichten Kartoffelsalat. Als Nachtisch einen Kartoffelauflauf mit Äpfeln . . .

Sie sehen schon: der Alte Fritz, der bekanntlich die aus Südamerika verpflanzte Kartoffel einst in Preußen, Deutschland und damit auch in Europa erst wirklich heimisch gemacht hat, hätte sich nicht träumen lassen, was man alles aus diesen schlichten Erdäpfeln zaubern kann. Dabei ist, was ich hier genannt habe, noch längst nicht alles. Ja, ich möchte sagen: es gibt kaum eine vielseitigere Frucht als die Kartoffel, kaum eine kulinarisch abwechslungsreichere Einladung als die Kartoffelparty. Zu bedenken bleibt nur noch eins: trotz der bereits erwähnten Wertsteigerung ist die Kartoffel immer noch ein vergleichsweise preisgünstiges Produkt. Doch wenn Sie auch nur einen Teil meiner Anregungen verwirklichen wollen, dann müssen Sie sich darüber klar sein, daß Sie viel Arbeit investieren müssen. Getränke zur Kartoffelparty: außer dem Wodka ein frisches Bier, möglichst vom Faß. Dazu vielleicht noch einen Rosé-Landwein, der ebenfalls im Fäßchen erhältlich ist.

Kartoffeliges aus Böhmen

Böhmische Kartoffeltaschen mit Zwetschgen gefüllt
(für 8 Pers.)
500 g gekochte Kartoffeln
190 g Mehl
30 g Butter
1 Ei
Salz
30 g Butter
500 g entkernte Zwetschgen
Zucker, Zimt

Aus den gekochten, pürierten Kartoffeln mit Mehl, Butter, Ei und Salz einen mittelschweren Teig bereiten. Ausrollen, in rechteckige Streifen schneiden. Die Teigstreifen mit flüssiger Butter bestreichen und zur Hälfte mit den entkernten und mit Zucker und Zimt bestreuten Zwetschgen belegen. Die Taschen schließen und auf einem leicht gebutterten Backblech bei 220 Grad ca. 25 Min. goldbraun backen. Nach dem Backen nochmals buttern und mit Zimt und Zucker bestreuen.

Käfer-Spezialität:

Kartoffelsuppe
(für 4 Pers.)
1 l Kraftbrühe
½ Pfund gekochte Kartoffeln
1 gewürfelte Zwiebel
100 g gewürfelter Bauchspeck
2 Tassen rohe feingewürfelte Karotten, Sellerie und Lauch
Salz, Pfeffer, Majoran, Petersilie

Die Kartoffeln passieren und in die kochende Kraftbrühe geben. Die gewürfelten Gemüse hinzufügen und durchkochen lassen. Zwiebelwürfel mit dem Bauchspeck glasig ausbraten und zur Suppe geben. Mit Salz, Pfeffer und Majoran würzen. Mit viel frischer gehackter Petersilie anrichten.

Kellerparty

Zu einer Kellerparty brauchen Sie – ja, natürlich: einen Keller. Aber das wissen Sie sowieso. Außer dem Raum also brauchen Sie ein möglichst unempfindliches Gehör und eine gewisse Veranlagung als Hobbydekorateur. Alles weitere wird sich finden.

Wer feiert eine Kellerparty? Ich würde sagen: überwiegend Leute, die eine zu

kleine oder eine zu feine Wohnung haben, aber auch manchmal so richtig fröhlich und ausgelassen mit ihren Gästen sein wollen. Und weil sie das in ihrer kleinen oder feinen Wohnung nicht sein können, weichen sie in den Keller aus. Wenn sie einen entsprechenden haben.

Ich kenne Leute, die total aus dem Häuschen geraten, wenn von einer Kellerparty die Rede ist. Erst recht, wenn es sich um die handelt, die sie selbst einmal veranstaltet haben oder veranstalten wollen. Für die ist eine Kellerparty das Höchste. Entweder haben sie sich längst ein rustikales Trinkstüberl mit allem üblichen Drum und Dran eingerichtet. Oder aber sie begeistern sich an der Vorstellung, ihren Kellerraum auf die Dauer eines Abends für ein Bacchanal im Souterrain zu dekorieren.

Der Phantasie sind dabei keine Grenzen gesetzt, dem Arbeitseifer ebensowenig. So habe ich einmal tolle Licht- und Farbeffekte auf einer Kellerparty erzielt, für die ich eine ganze Wand mit – von hinten beleuchteten – Weinflaschen dekoriert habe. Es gehört allerdings einiger Enthusiasmus dazu. Denn zunächst muß man sich die Flaschen beim Altflaschenhändler besorgen. (Das Stück zu 10–15 Pfennig. Ich habe 1000 Flaschen gebraucht! Aber wenn Sie gut mit Altflaschenhändlern umgehen können, bekommen Sie die Flaschen vielleicht auch zu einer geringeren Gebühr geliehen.) Dann muß man ein paar Kinder anheuern, die die Flaschen etwas ab- und ausspülen. Und schließlich muß man die 1000 Flaschen (oder so viel, wie man braucht) an der Wand hochstapeln – nachdem man vorher die Beleuchtung installiert hat. Dafür genügen aber nackte Glühbirnen, denn die Lichteffekte entstehen ja durch das transparente Flaschenglas.

Diese Dekoration hat mir, so mühsam sie war, riesigen Spaß gemacht. Und sie hat auch großartig gewirkt. Aber Sie merken vielleicht schon: wer an derartigen Vorbereitungen zu einer Kellerparty – wie zu jeder anderen Party – kein Vergnügen hat, der sollte sie sich lieber gar nicht erst aufladen. Das ist wie vor einer Faschingsparty: die Vorbereitungen können für den Gastgeber mindestens ebenso lustig sein wie die Party selbst. Apropos Fasching: ich habe schon Kellerpartys zu allen möglichen Jahreszeiten erlebt, die man von einer Fa-

schingsparty nicht mehr unterscheiden konnte. Das finde ich nicht gut. Ich bin gewiß nicht der Typ, der auf Definitionen herumreitet. Aber ich meine doch, daß eine Faschingsparty eine Faschingsparty und eine Kellerparty eine Kellerparty bleiben sollten.

Wein paßt nach meiner Auffassung am besten zu einer Kellerparty. Aber es begeht auch der keinen Fauxpas, der bei seiner Kellerparty ein Faß Bier aufmacht. (Nur sollte der dann nicht meinen, das sei jetzt ein »bayerischer Bier-

Ihre Brauerei leiht es Ihnen gern: das zünftige Fäßchen für das kühle Bier

keller«! Denn unter dem versteht man in München und Umgebung einen von alten Kastanienbäumen beschatteten Wirtsgarten. Daran läßt sich ebensowenig rütteln wie an der Tatsache, daß das Münchner Oktoberfest überwiegend im September stattfindet. »Preußische« Leser mögen diese bayerischen Widersprüche bitte hinnehmen, wie sie sind. Abstellen können und wollen wir sie nicht.)

Zur Kellerparty also Wein! Diese Empfehlung braucht man denen nicht zu geben, die sich ohnehin einen Wein-Trink-Keller eingerichtet haben, vielleicht mit eingemauerten oder gestapelten Dränagerohren zur Aufbewahrung der Flaschen, mit Eckbank, Tisch und entsprechender Beleuchtung. Doch wer in seinem Keller noch nicht über eine »vinologische Infrastruktur« verfügt, der muß sich zur Dekoration eben Einschlägiges einfallen lassen: weißgescheuerte Tische und lange Holzbänke, ein paar Körbe mit leeren Flaschen (anstelle der oben beschriebenen Flaschenwand) und natürlich Weinlaub soviel wie möglich, an den Wänden und, wenn es sich machen läßt, auch entlang den Decken.

Da es sich bei einer Kellerparty nicht um eine Weinprobe handelt, sondern um einen zwanglosen – Hemdsärmel willkommen! – Abend für gesellige Freunde des Weins, würde ich die Party unter ein bestimmtes regionales Motto stellen. Da bieten sich viele Möglichkeiten an, unter denen ich nur ein paar herausgreifen möchte. Sie können einladen zu einem Wiener Heurigen-Abend oder zum Südtiroler Törggelen, um »den Nuien zu verkoschten«, also den neuen Wein zu probieren. Man kann zu einem fränkischen ebenso wie zu einem Pfälzer Wein, zum griechischen Retzina wie zum Frankfurter Äppelwoi bitten. Das hängt letzten Endes davon ab, was Ihnen als Gastgeber am besten schmeckt und am meisten Freude macht. Doch wofür Sie sich auch entscheiden: der Rahmen, die Atmosphäre sollten einfach, rustikal bleiben. Der Wein wird aus tönernen Krügen oder Karaffen ausgeschenkt, aus schlichten Gläsern oder Bechern getrunken. Und wenn Sie dann noch als Winzer oder Küfer mit entsprechender Schürze oder Kopfbedeckung auftreten, wenn Sie außerdem die Wände mit ein paar Plakaten aus Griechenland, Südtirol oder Würzburg dekoriert haben, brauchen Sie sich um den Verlauf der Kellerparty keinerlei Sorgen mehr zu machen.

Bei einer Kellerparty sollte man nicht mit anspruchsvollen kulinarischen Genüssen aufwarten wollen. Und man kann es in der Regel auch gar nicht. Denn die Küche ist weit entfernt, und Warmes wird kalt, bevor es auf den gescheuerten Tischen im Keller landet. Es empfehlen sich also die einfachen Brotzeiten und Vespern, die traditionell zum Wein gereicht werden: Südtiroler Bauernspeck, Vinschger Fladen und geschälte Walnüsse oder geröstete Maroni zum Südtiroler Roten, Oliven und Schafskäse zum Retzina. »Handkäs mit Musik« zum Appelwoi, Ripple mit Kraut zum Pfälzer. Oder – was an sich immer paßt – ein großes Stück Fleisch oder Schinken, von dem sich jeder seine Scheibe herunterschneiden kann.

Die Kellerparty, ich sagte es schon, ist eine zwanglose Veranstaltung. Man braucht weder lange vorher noch schriftlich einzuladen. Und anziehen kann sich jeder so leger, wie es ihm Spaß macht. Die Zahl der Gäste richtet sich nach dem Raum, der zur Verfügung steht. Ich würde sagen: von sechs Personen an aufwärts. Aber bitte nicht zu viele! Mancher ist schon am Morgen nach einer Kellerparty mit entsetzlich dickem Kopf aufgewacht. Doch schuld am Brummschädel war nicht etwa ein gepanschter Wein, sondern die in Kellerräumen übliche dröhnende Akustik!

Deftig und Rustikal

Schweinemett-Platte
(Schweinehack oder Tatar)
Auf einem Holzbrett mit viel kleingehackten Zwiebeln und Petersilie, Salz und Pfeffermühle anrichten.

Katenschinken-Platte
Katenschinken mit einem ganzen Stück Katenschinken und kleingeschnittenen Gewürzgurken anrichten. Noch besser eignet sich ein Schinkenbock zum Selbstabschneiden.

Wurst-Platte
Katenrauch-Mettwurst, kleine Leber- und Blutwürste nur zum Teil aufgeschnitten anrichten. Dazu Mixed Pickles anrichten.

Zwiebelsuppe
(Für 10 Pers.)
75 g Butter
1 kg in Streifen geschnittene Zwiebel
1 Glas trockenen Weißwein
2½ l Kraftbrühe
Salz, Thymian, Pfeffer, Knoblauch,
Muskat, Lorbeerblatt, Paprika
geröstete Weißbrotwürfel
geriebener Parmesan-Käse

Butter und Zwiebeln glasig dünsten und mit Weißwein ablöschen. Mit Kraftbrühe auffüllen. Mit den Gewürzen abschmecken, ca. 30 Minuten leicht kochen. Die Zwiebelsuppe mit gerösteten Weißbrotwürfeln und Parmesan-Käse überstreuen und überbacken.

Küchenparty

Allmählich werden auch unsere Küchen wieder wohnlicher. Zähneknirschend verleugnen die Innenarchitekten ihren Hang zu dem, was sie Modernität nennen. Anstelle von Schleiflack, Chrom und Kunststoff erhalten sie mit Holz und Eßecken mehr und mehr einen Grad von Behaglichkeit, der die Küche wieder zu dem macht, was sie für die Generationen vor uns stets gewesen ist: ein Mittelpunkt des Familienlebens. So war es nur eine Frage der Zeit, bis auch Partys in die Küchen verlegt wurden. Dorthin, wo die Gerichte direkt vom Herd auf den Tisch serviert werden können – Kartoffelpuffer, Spiegeleier oder Omeletts landen noch dampfend auf dem Teller.

Hier sollen Ihre Gäste walten:
Stilleben vor Beginn der Küchenparty

Wenn Sie also eine geräumige Küche besitzen, in der acht bis zehn Personen Platz finden, so laden Sie zu einer Küchenparty ein. Im Mittelpunkt dieser Einladung steht das Zubereiten der Speisen. Jeder, ob Gastgeber oder Gast, ist aufgefordert, seine Küchenkünste zu demonstrieren und so zum Gelingen der Party beizutragen. Die Einladungskarte wird wieder mit einem kleinen beziehungsreichen Utensil, einem alten Haferl zum Beispiel, durch ein buntes Band verknüpft. Es kann ruhig einen Sprung haben. Die Emaille darf auch angeschlagen sein.

Dekorieren Sie Ihre Küche mit Gemüse und Früchten, mit Knoblauch- und Zwiebelsträngen und Gewürzsträußen. Stellen Sie altes Geschirr, das ruhig unterschiedliche Muster haben darf, bereit, und füllen Sie Vorratskammer und Kühlschrank mit den nötigen Zutaten und Getränken. Das Gewürzgestell sollte mit möglichst vielen, unterschiedlichen Gewürzen gefüllt sein. Denn verschiedene Köche wollen ihrem Gericht ihren individuellen Geschmack mitgeben. Halten Sie auch genügend Kochschürzen, Küchenhandschuhe, Topflappen etc. bereit. Als Gastgeschenk dürfen Sie natürlich auch derlei Gerät oder einen Kochlöffel mit einem Bund ausgefallenen Gemüses mitbringen. Auch ein Glas mit Gewürz, vielleicht schon im letzten Urlaub im Ursprungsland persönlich gepflückt, bereitet jedem begeisterten Amateurkoch große Freude.

Anzugvorschriften gibt es bei einer Küchenparty nicht. Jeder kommt so leger gekleidet, wie er will. Sieben Uhr abends ist eine gute Zeit. Ein Aperitif weckt sowohl den Betätigungsdrang wie den richtigen Appetit. Nun wird es am lustigsten, wenn jeder, der sich berufen fühlt, nach eigenem Gusto beginnt zu kochen, zu braten oder zu grillen. Natürlich wird nicht gedrängelt, denn der Rest der Küchengesellschaft kann sich inzwischen an den im Kühlschrank wartenden Getränken schadlos halten. Die Arbeitsteilung wird im allgemeinen so sein, daß die Frauen die Speisen zubereiten und die Männer die Hilfsarbeiten verrichten, wie Kartoffelschälen, Karottenputzen und zum Schluß Abspülen. Glücklich der Mann, der den Besen umdrehen kann, die Damen die Schmutzarbeiten machen läßt und sich vom Durchschnitt seiner Zechgenossen durch Kochkünste abheben kann und diese auch noch vor der Schar der ihn umgebenden knurrenden Mägen demonstrieren darf. Vielleicht gelingt es ihm, die Ungeduldigen durch Aufträge, wie Tischdecken und Einschenken oder arrangieren der Musik, abzulenken. Apropos Tischdecken: lassen Sie das gute Porzellan im Schrank. Je älter das Geschirr, je unansehnlicher die Bestecke sind, je unterschiedlicher die Gläser, desto zünftiger ist die Küchenparty ausgestattet.

Eine sehr schöne Variante der Küchenparty ist es, sich mit einer Schar von Gleichgesinnten zusammenzutun und die alte geräumige Küche eines alten Dorfgasthauses, das an diesem Tag seinen Ruhetag hat, zu mieten und in dessen Küche zu feiern. Selbstverständlich müssen die Gerichte und Getränke dann auch in der Küche eingenommen werden und nicht in der Gaststube! Improvisieren Sie Sitzgelegenheiten, oder speisen Sie im Stehen.

Wir tun uns einmal im Jahr zu so einer Küchengaudi in einem alten Gasthof bei Bad Tölz zusammen. Dort ist die uralte Küche fast größer als das Gastzimmer. Der Partyspaß besteht im Kochen und Braten. Jeder kann das Mahl bereiten, mit dem er sich bei den anderen den größten Erfolg erhofft. Je kürzer das Zubereiten gerät, desto besser für alle Beteiligten. Die Vorbereitungen für eine solche Küchenparty dürfen natürlich nicht improvisiert sein. Eine Woche vorher haben wir mit einer »Planungssitzung« schon eine große Vorfreude. Dort werden die Rollen und die Gerichte, die der einzelne zu übernehmen hat, verteilt. Dann werden alle benötigten Zutaten gemeinschaftlich besorgt. Wir organisieren auch noch Schrammelmusik und proben Theatereinlagen, mit denen wir uns gegenseitig auf den Arm nehmen. Wir vergrößern die Gaudi, indem wir uns alle mit Kochgewändern – oder mindestens Teilen davon – verkleiden. Die Menüs und Rezepte werden mit Kreide auf eine schwarze Tafel, wie sie in alten Wirtshäusern hängen, verkündet.

Um das Gemeinschaftserlebnis schon von Anfang an zu betonen, mieten wir uns einen Omnibus, mit dem wir den Ort unserer lukullischen Fete aufsuchen. Daß die Heimfahrt wegen des zu erwartenden – um nicht zu sagen – angestrebten Alkoholpegels ohne Reue verläuft, ist ein angenehmer Nebeneffekt. Jeder Mitfahrer erhält beim Einsteigen ein altes Militärkochgeschirr mit einer heißen Bouillon, die ihm während der Fahrt schon einen Vorgeschmack auf die späteren kulinarischen Genüsse verschafft.

Welchen Anklang solche Veranstaltungen finden, hat uns die Einweihung unserer großen neuen Küche für die Käferschenke gezeigt. Wir hatten zur Küchenparty geladen, und – fast – alles, was in der Münchner Gesellschaft Ambitionen entwickelt, war gekommen. Zweihundert Gäste, von Verleger Burda bis Strafverteidiger Bossi, von Axel Springer jr. bis zu Gunter Sachs, von Marianne Koch bis zu Ruth Maria Kubitschek. Eine Einstandsparty im wahrsten Sinne des Wortes. Denn Sitzplätze gab es außer auf dem heißen Ofenblech fast keine. Das tat aber der Stimmung keinen Abbruch. Schon auf die Einladung hatten wir geschrieben: »Sie kochen und bedienen sich selbst.«

Doch zurück zur Privateinladung in die Küche. Der Charme dieser Party liegt einmal in der behaglichen Atmosphäre, zum anderen wieder in der zwanglosen und selbstverständlichen Selbstbedienung. Jeder darf tun und lassen, was er will; er kann sich aus dem Eisschrank ein kühles Bier holen, er kann sich an einer der bereitgestellten Mahlzeiten bedienen

oder sich auch selbst ein paar Spiegeleier brutzeln, wenn es zu mehr nicht reicht.

Wie ich schon mehrmals erwähnt habe, sind die Übergänge der verschiedenen Feste und Einladungen fließend. Das gilt ganz besonders für die Küchenparty. Wem eine wohnliche Küche zur Verfügung steht, der sollte die Party dorthin ausweiten. Ganz besonders bietet sich an das Kalte oder Warme Buffet bei der Hausmusik, beim Tanzabend. Beim Karnevalsball läßt sich die Küche zudem mit geringem Aufwand in einen lustigen Phantasieraum verkleiden. Andere Partys können Sie, vorausgesetzt die Gästezahl ist nicht zu hoch, direkt in der Küche feiern. Das sind die Kartoffel-, die Käseparty, die Vesper, der Brunch, das Schlachtfest, das Frühstück. Vielleicht ist beim Einzug die Küche, weil eingebaut, der einzige schon eingerichtete und damit einladende Raum, und genauso kann es beim Auszug der Fall sein.

An der Küchenparty sehen wir, wie weit es gekommen ist mit der Geselligkeit. Und das ist nur positiv zu verstehen. In früheren Zeiten wäre es völlig ausgeschlossen gewesen, seine Gäste in die Küche zu bitten, um sie dort ihre Gerichte gar selbst zubereiten zu lassen. Nein, in den besten Salon, in die gute Stube wurde man noch vor nicht einmal vierzig Jahren gebeten, und die Gastgeber haben sich nicht die Hände mit Kochen und Servieren schmutzig gemacht. Dafür hatte man Personal. Gott sei Dank wurden diese gekünstelten steifen Gesellschaften mit der vergangenen Gesellschaft auf den Müllhaufen der Geschichte geworfen. Die gute alte Zeit hat es nie gegeben! Das einzig Gute an ihr ist, daß das Schlechte vergangener Jahrhunderte, früherer Jahrzehnte in unserer Überlieferung und Erinnerung mehr oder weniger verblaßt. Das Heimweh nach unserer Jugend vergrößert zudem die Verklärung der Vergangenheit. Das alles verkomplizierende, dafür aber chic gewordene Soziologenchinesisch hat aus dieser simplen Tatsache dem Wort Nostalgie aktuelle Bedeutung gegeben. Die Aufwertung der Küche und damit die

Küchenparty ist nicht die schlechteste Errungenschaft, die aus diesem Heimweh nach Omas Küche unserer Jugendzeit hervorgegangen ist.

Rundes aus der Pfanne

Pfannkuchen – jeder backt seinen eigenen!
Eine große Schüssel Eierpfannkuchenteig anrühren. Jeder Gast sollte sich seinen Pfannkuchen selbst zubereiten.
Für die Füllung folgende Vorschläge:
Gebratenes Hähnchenfleisch mit gewürfelten Tomaten
Gedämpfte Champignons mit Schinkenwürfelchen und Petersilie
In der Pfanne ausgebratene Zucchinischeiben mit Pfeffer und Salz würzen und mit Sahne binden
Frische Krabben mit Dill und Zitrone gewürzt
Gedünstete Apfelscheiben mit Zimt und Zucker
Sahnig angerührter Quark mit Himbeergelee
Quittengelee mit Kristallzucker

Blinis (Buchweizenpfannkuchen)
250 g Buchweizenmehl
1 TL Backpulver
Milch
2 Eier
Salz

Mehl und Backpulver mit Milch, Eigelb und Salz zu einem dickflüssigen Teig anrühren. Eiweiß zu Schnee schlagen, darunterheben. In einer heißen gebutterten Pfanne kleine, runde Pfannkuchen von beiden Seiten backen. Blinis werden klassisch mit saurer Sahne, russischem Kaviar und frischen, hauchdünn geschnittenen Zwiebeln angerichtet.

Richtfest

Einen Sohn zeugen, ein Haus bauen und ein Buch schreiben waren die wesentlichen Leistungen, mit denen unsere Väter ihr Leben krönen wollten.

Seitdem die Töchter im Zuge der Emanzipation zu Recht aufgewertet wurden, verspüren nur noch wenige den Wunsch nach einem Sohn zu ihrer unentbehrlichen Selbstbestätigung. Mit Büchern sollte man seine Mitmenschen nicht behelligen, zumindest solange man noch kein bißchen weise ist. Und wer ist das schon! (Ich schreibe hier kein Buch, sondern einen Ratgeber). Lediglich der Bau eines eigenen Heims hat seine Gültigkeit für das Glück von Menschen beibehalten. Davon singen die Bausparkassen ein zufriedenes Lied.

So ist das Richtfest, bei uns in Bayern Hebauf genannt, nachdem der letzte Balken in den Dachstuhl gefügt worden ist, einer der sinnvollsten Anlässe zum Feiern. Alle Aufregung, jeder Ärger, die es seit der ersten Planskizze gegeben hat, sind zunächst vergessen. Das Haus ist zwar erst zur Hälfte fertig. Aber ein Gang durch den Rohbau zeigt: es hat doch schon deutliche Formen angenommen. Aber nicht nur der Bauherr freut sich ob seines verwirklichten Traums. Auch die Handwerker sind stolz auf ihre Arbeit. Auf dem Bau freut man sich noch, wie sonst wohl nirgends mehr im Handwerk, über eine gelungene Arbeit und macht ein Fest daraus. In der übrigen produzierenden Wirtschaft werden nur noch wenige Werke gebührend begossen. Man feiert höchstens noch Rekorde – das hundertste oder das millionste Werkstück einer Serie.

Das Richtfest ist eine große Veranstaltung, bedingt durch die Bedeutung wie auch durch die Zahl der Anteilnehmen-

190

den. Laden Sie neben den Handwerkern, die Ihnen Ihr Haus errichtet haben, möglichst viele Verwandte, Freunde und neue Nachbarn ein. Sie werden sich alle ehrlich freuen mit Ihnen. Ich bin auch der Ansicht, die Bauarbeiter auf keinen

Fall finanziell abzufinden. Leider greift diese Unsitte immer weiter um sich. Darin drückt sich die immer größer

»Dafür wollen wir den Bauherrn loben.
Für ihn das erste Glas gleich heben «

werdende Unfähigkeit zu feiern aus, wie unser wachsender Hang zum Materialismus. Alles gerät in Gefahr, in Geld umgesetzt zu werden. Selbst unsere ursprünglichsten Feste verkaufen wir! Wenn erst jedes Haus fabrikmäßig und mit Hilfe des Fließbands hergestellt wird, und das Richtfest nur noch als Gratifikation auf den Gehaltsstreifen von Arbeitnehmern erscheint, wird einer der letzten guten Handwerksbräuche dem sogenannten Fortschritt geopfert sein.

Nun, noch ist es nicht soweit. Freuen wir uns, daß wir noch feiern können! Zum Richtfest laden wir möglichst an einem Freitagnachmittag so ein, daß der ei-

gentliche Hebauf, das Einfügen des letzten Balkens in den Dachstuhl und das »Pflanzen« des Richtbaums noch bei Hellem vorgenommen werden können.

Wenn möglich, begrüßen Sie Ihre Gäste mit einer kleinen Kapelle. Danach wird ihnen ein Schluck zur Stärkung für die kommenden Ereignisse angeboten. Darauf packen die Zimmerleute zu und stellen den Dachstuhl fertig und setzen den Richtbaum, eine mit bunten Bändern geschmückte Fichte oder – zur Sommerszeit – Birke. Vielfach kündet auch eine aus Fichtengrün gewundene Richtkrone von der Fertigstellung des Rohbaus. Nun sagt der jüngste Lehrbub seinen Spruch auf, der bei aller Holprigkeit

sympathisch naiv ausdrückt, worum es beim Richtfest geht:

Der Hebauf ist im Bayernland/als schöner alter Brauch bekannt./Drum grüß' ich euch, ihr lieben Leut,/die ihr zum Richtfest kommen seid./So sag' ich denn hier meinen Spruch/von diesem schönen Platz hier oben,/den neuen Bau so recht zu loben./Es bringt das Bau'n in unserer Zeit/mit sich so manche Schwierigkeit./Doch immer ward ein Weg gefunden,/daß diese wurden überwunden./Dafür wollen wir den Bauherrn loben./Für ihn das erste Glas jetzt heben./

(An dieser Stelle wird mit entsprechenden Zeilen auch der übrigen am Bau Beteiligten gedacht – und das zweite, dritte und eventuell weitere Glas auf sie getrunken.)

Nun hab' ich meinen Spruch vollendet/ und hoffentlich allen Lob gespendet/und darf nun aber nicht vergessen,/euch einzuladen zum Hebaufessen./

Die Gläser, mit denen auf das Wohl der Bauherren, des Architekten, des Poliers, des Zimmermeisters und weiterer Bauarbeiter getrunken worden ist, werden nach jedem Schluck in den Bau geschmettert. Diese Zeremonie läuft bei jedem Wetter unter freiem Himmel ab. Anschließend steigt das eigentliche Fest. Ein Richtfest, das, aus welchen Gründen immer, in ein Wirtshaus verlegt wird, kann vielleicht ein lustiges Fest werden. Ein Richtfest wird es nicht. Das kann nur aus der wirklich einmaligen Atmosphäre des Rohbaus leben. Ein Rohbau ist zum Anfassen gewordene Vorfreude, und diese gibt der Feier ein ganz eigenes Fluidum. Und weil nicht so sehr viele stattfinden, sollte man Richtfeste oder Hebaufs auch feiern, wie sie fallen.

Wenn Sie alles im voraus bedenken und umsichtig vorbereiten, können Sie hier ein Fest feiern, wie es Ihr Haus später nie mehr erleben wird. Denn so viele Leute können sich nie mehr so ausgelassen vergnügen wie in einem halbfertigen Haus. Verabreden Sie mit den Bauarbeitern, den Rohbau wetter- und partyfest

herzurichten. Planen verkleiden Fenster- und Türlöcher und Treppendurchbrüche. Brettergeländer sorgen provisorisch für Sicherheit. Sind noch keine Treppen eingebaut, müssen Leitern nach Möglichkeit entfernt werden, sonst fordern sie unternehmungslustige Neugierige zu halsbrecherischen Kletterpartien heraus. Vor allem muß eine Behelfsstromleitung zu den nötigen Brennstellen geführt werden. Von der Brauerei, die Ihnen das Bier liefert – in erster Linie Faßbier, Flaschen nur zur Reserve –, lassen Sie Tische, Bänke und Stühle aufstellen. Wenn Sie nicht das Glück haben, das Fest im Sommer feiern zu können, müssen Sie unbedingt, je nach Anzahl der erwarteten Gäste, einige Räume heizen. Ihre Baufirma stellt Ihnen sicher gern ein Heizgebläse dafür zur Verfügung. Dekorieren Sie auch Eingang und die untere Etage mit Birken- oder Fichtengrün. Im Herbst wirkt buntes Laub besonders schön. Ich würde auch die Pläne des Hauses aufhängen und damit unter anderem das spätere Aussehen zeigen. Manche Gäste, unter denen bestimmt auch Möchte-gern-Bauherren sind, interessieren sich für Einzelheiten des Hauses, die sie eventuell später selbst verwirklichen können.

Als Gastmahl schlage ich, da ich Ihnen eine große Schar von anteilnehmenden Freunden wünsche, ein gemischtes Kaltes und Warmes Buffet mit einem großen warmen Braten, vielleicht einem ganzen Spanferkel, einem in Brotteig gebackenen Schinken oder einem Strang Kasseler, vor. Entlasten Sie sich beim Vorbereiten, und lassen Sie die Braten vom Schlachter oder einem Wirt zubereiten. Wenn Sie aber selbst die Speisen zubereiten müssen, empfehle ich, zu grillen. Stellen Sie in einem der Räume einen oder auch mehrere Roste auf, und bitten Sie einige junge Leute, das Feuer zu beaufsichtigen und Würstchen und Fleisch zu grillen. Das Spanferkel müssen Sie auf einem richtigen Barbecue-Spieß über offenem Feuer braten.

193

Beim Bauen braucht man halt Ideen – ein improvisiertes Buffet

Das Buffet bauen Sie in einem besonderen Raum auf (Sie werden nie mehr so viele Räume zum Feiern zur Verfügung haben!). Es wird, wie auch die Eßtische, mit einem bunten Papiertischtuch bedeckt. Das Buffet wird gefüllt mit Würstchen, Salaten, Käse, Broten und dekoriert mit Gemüsen der Jahreszeit. Am besten nehmen Sie Plastik-Geschirr und -Bestecke. Nur Bier, Wein oder Schnaps sollten Sie schon in Krügen oder Gläsern reichen. Aus Pappbechern kann man höchstens Cola oder Limonade trinken!

Was schenken Sie zum Richtfest? Ich würde das erste Werkzeug für die neue Wohnung, Hammer, Beißzange, Säge oder gleich eine Werkzeugtasche mit entsprechendem Inhalt, mitbringen. Auch Gartengeräte, wie ein Spaten oder eine Gießkanne, vergrößern die Vorfreude, zumal wenn der zukünftige Hausbesitzer bisher in einer Etagenwohnung gelebt hat. Alles natürlich etwas geschmückt mit Blumen oder bunten Bändern. Ein überraschender Gag ist es, wenn Sie sich mit einigen Freunden zusammentun und die ersten Dachlatten auf die Sparren nageln. Anschließend transportieren sie durch eine Kette hilfsbereiter Hände die ersten Pfannen auf den Dachstuhl und legen sie auf. Ich habe mir mal bei einem Richtfest den folgenden Spaß geleistet: ich versprach dem Bauherrn, mit einer Gulaschsuppe zum Essen beizutragen. Dann besorgte ich eine nagelneue, kleine Betonmischmaschine, wusch sie sorgfältig aus, legte die Trommel mit Folie aus, und am Richttag wärmte ich die Trommel mit heißem Wasser an und füllte sie unmittelbar vor dem Fest mit der Suppe. Die Maschine wurde hinter dem Buffet aufgestellt, kurz in rotierende Bewegung gesetzt und diente dann als Gulaschkanonenersatz. Lautes Hallo und Gedränge waren der Dank für unseren Einfall.

Ohne Musik kein rundes Fest – darauf habe ich schon mehrmals hingewiesen. Sollte Ihre Kasse durch die Kosten des Baus so sehr strapaziert sein, daß sie kein Honorar mehr für eine kleine Kapelle trägt, so stellen Sie Ihre Stereoanlage oder die Ihrer Kinder auf. Denn es soll ja

gefeiert und nicht nur eine Völlerei veranstaltet werden.

Das Richtfest ist auch eines der wenigen Feste, an denen jung und alt gemeinsam teilnimmt. Ihren Kindern bedeutet das neue Haus mindestens ebensoviel wie Ihnen selbst. Sie werden sich also auch freuen und deshalb ebenfalls ihre Freunde daran teilhaben lassen. Das gibt dem Fest jugendlichen Schwung. Es wird also getanzt werden. Auch deshalb müssen Sie für Musik-Platten oder -Bänder sorgen, nach der alle anwesenden Generationen sich drehen, hopsen oder sich rhythmisch verrenken können. Wenn die Woge tänzerischer Begeisterung in dem Bau zuviel Staub aufwirbelt, halten Sie diesen – vorsichtig – mit einer Gießkanne in Schach.

Es ist hier auch derselbe Rahmen für schauspielerische Einlagen gegeben, mit denen Anspielungen auf die Bauherrschaft, auf den Architekten, auf die Bauarbeiter auf den Plan gerufen werden können, wie ich sie anläßlich der Haus- und Wohnungseinweihung (siehe S. 152) beschrieben habe.

Ein besonders guter Freund wird bestimmt auch das Wort ergreifen und dem bauenden Ehepaar zu seinem Entschluß gratulieren und ihm im Namen aller Anwesenden Glück wünschen für sein Leben in dem schon Gestalt annehmenden neuen Heim.

Nicht nur für die Leute vom Bau

Kartoffelgulasch
(für 10 Pers.)
2 kg Zwiebeln in Scheiben
250 g Margarine
70 g Tomatenmark
1 Schuß Essig
2 kg gewürfeltes Rindfleisch
Salz, Pfeffer, Paprikapulver
1 l saure Sahne
2 kg geschälte Kartoffeln gewürfelt
Gulaschgewürz, Salz, Pfeffer,
gehackte Petersilie

Die Zwiebeln in Margarine weich dünsten. Tomatenmark mit andünsten und mit Essig ablöschen. Das Rindfleisch mit Salz, Pfeffer und Paprikapulver würzen. Das Fleisch zu den Zwiebeln geben und anbraten. Mit saurer Sahne auffüllen und schmoren. 20 Minuten bevor das Fleisch weich ist, die Kartoffeln dazugeben. Wenn das Fleisch und die Kartoffeln gar sind, mit Gulaschgewürz, Salz und Pfeffer nachwürzen.

Saures Kasseler Rippenspeer
(für 10 Pers.)
3 kg Kasseler schier
1 Zwiebel gespickt mit Lorbeerblatt und
Nelke
8 Wacholderbeeren
250 g Margarine
125 g Mehl
½ l flüssige Sahne
1 Tasse Essig
Salz, Pfeffer
250 g Karotten, Lauch, Sellerie in
Würfel geschnitten
1,5 kg geschälte Kartoffeln in Scheiben

Kasseler mit der gespickten Zwiebel und den Wacholderbeeren mit Wasser bedeckt garkochen. Aus Margarine und Mehl angebräunte Sauce bereiten und mit Kasselerbrühe auffüllen. Sahne und Essig dazugeben und würzen. Gemüsewürfel und Kartoffelscheiben in die Sauce geben und weichkochen. Mit Petersilie überstreuen und servieren.

Schlachtfest

Wir sind unglücklich über unsere Gegenwart. Wir hängen nostalgisch an der Vergangenheit. Wir möchten in Bauernmöbeln wohnen, und wir essen wieder Hausgemachtes. Und wir schätzen die glücklich, die sich nach dem Schlachten eines Schweines zu einem kulinarischen Fest an eine blankgescheuerte Tafel setzen können. Dort singen sie mit Ludwig Uhland (»Ihr Freunde, tadle keiner mich, daß ich vom Schweine singe, es knüpfen Kraftgedanken sich oft an geringe Dinge«) das hohe Lied auf das hausgeschlachtete Schwein. Bei dem oft faden Geschmack, den Fleischfabriken ihren Produkten mit auf den Weg geben, ist es erstaunlich, daß nicht mehr Menschen ein Schwein schlachten und nach Hausmacher Art verwursten lassen. In einer Stadtwohnung ist so etwas natürlich überhaupt nicht mehr zu machen. Dort hat man weder die Räume dazu, noch gibt es Hausschlachter. Das ist ein Beruf, der nur noch auf dem Lande eine gewisse Existenz findet. Er hat auch dort noch nie seinen Mann das ganze Jahr

über ernährt. Saisonarbeiter, wie Maurer oder Waldarbeiter, verdienen sich ein Zubrot mit dem Schlachten. Aber auf dem Lande findet man immer mehr Schlachter, die das Schwein zwar nicht mehr im Privathaus verarbeiten, es aber in der eigenen Schlachterei nach Hausmacher Art verwerten. Sie würzen die Wurst noch nach individuellen Wünschen. Sie pökeln das Fleisch wieder wochenlang und verwenden monatelange Sorgfalt auf das Räuchern der Schinken über Buchenspänen und -sägemehl. Nicht zuletzt besorgen sie auch noch ein Schwein, das mit Kartoffeln und Schrot gefüttert worden ist. Es soll sogar noch Bauern geben, die ihren Schweinen drei Tage vor dem Schlachten nur Magermilch mit etwas Holzkohle geben. Damit entsteht der unnachahmliche Geschmack, der Hausgeschlachtetes eben besser als jede Fabrikware schmecken läßt.

Schweinezüchter haben nach 3000 Jahren die Arbeit des listenreichen Odysseus, der das Wildschwein zum Haus-

Nostalgie aus der
Küche – Hausgemachtes
ist wieder ›in‹

schwein umerzogen hat, wieder aufgenommen und ein »verbraucherfreundliches«, fleischreiches und fettarmes Langschwein gezüchtet. Viel mageres Fleisch mit vielen Koteletts, dünnen Speckseiten und vor allem ein Paar dicken Schinken hat das Stromlinienschwein der siebziger Jahre. Natürlich ist ein Schwein auch heute noch fett, das muß es auch sein, denn das macht ja den saftigen und herzhaften Geschmack seines Fleisches aus.

Wer wirklich noch das Glück hat, selbst schlachten zu können, dem brauche ich nicht zu sagen, wie er das feiern muß. Er weiß es von den Vätern und Müttern her. Wenn ich es hier trotzdem schildere, so will ich damit den vielen anderen den Mund wäßrig machen, damit sie schließlich Möglichkeiten suchen, so etwas auch zu unternehmen. Es muß ja nicht gleich ein ganzes Schwein sein. Man kann sich mit Freunden eins teilen. Und jeder von uns hat entweder noch Kontakte und Beziehungen zum Lande, oder er kann sie wieder aktivieren. Nicht zuletzt aber kann man auch seinen Metzger in der Stadt bitten, einen am Schlachttag mit Wellfleisch, frischen Nieren, frischem Hackfleisch und Blut- und Leberwürsten zu versorgen. Aus dem Gehackten, aus dem die Mettwurst gemacht wird, bereiten wir mit viel Zwiebeln, Salz und Pfeffer Thüringer Mett. Auch so kann das Schlachtfest steigen.

Das Schlachtfest ist kein Fest im bisher beschriebenen Sinne. Man soll es nur feiern, wenn man sich noch auf eine deftige Mahlzeit freuen kann. Mickrige Esser, die immer nur an ihre Gesundheit, oder was sie dafür zuträglich halten, denken, die sich die Freude am Essen durch pedantisches Errechnen von Kalorien und Sorge um die nötigen Vitamine verderben, dürfen keine Einladungen erhalten.

Draußen muß es kalt sein, wenn das fette Schweinefleisch gut bekommen soll. Schlachtfeste steigen von November bis März. Als Einladung verschicke ich ein kleines Glücksschweinchen und beglückwünsche meine Gäste zu dem Vorzug, von mir ausersehen worden zu sein, an einem Mittagessen zu Ehren meines geschlachteten Schweins teilzunehmen.

Ein Schlachtfest muß nicht unbedingt zu einer langwierigen Abfütterung oder gar zur Völlerei ausarten. Es eignet sich ob seiner Vielfalt vorzüglich, so genossen zu werden, wie ein umfangreiches Essen ausgekostet werden sollte: von jedem der vielen Gänge nehmen wir nur jeweils kleine Happen zu uns. Hier probieren wir, dort nippen wir. Wir schlagen uns nicht den Bauch mit einem Gericht voll, sondern wir halten uns immer noch eine Ecke unseres Magens frei für eine der vielen Einzelheiten, die erst das Ganze ausmachen.

In die Mitte Ihres Tisches wird ein großer Kessel mit Fleischbrühe gestellt. Darin schwimmen der Schweinskopf, die Pfoten und das Bauchfleisch. In einem anderen Topf warten Nieren, Zunge, Leber und Herz und in einem dritten Blut- und Leberwurst. Dazu servieren Sie Speckkraut, Salzkartoffeln und Bauernbrot. Salz, Pfeffer, süßer und scharfer Senf sollen in Reichweite sein. Neben der großen Schüssel wird das Fleisch auf zwei dicken, mächtigen Brettern aufgeschnitten. Sorgen Sie dafür, daß die Messer scharf sind.

Sie können das Auftragen auch ganz anders organisieren. Die einzelnen Teile des Schlachtessens werden nacheinander ins Eßzimmer getragen. Vorweg kommt eines Ihrer Kinder als Koch oder Köchin verkleidet mit einer schwarzen Tafel herein, auf der das jeweilige Gericht angekündigt ist.

Beim Schlachtfest werden nur Bier und

eisgekühlter Schnaps getrunken. Mit einem Klaren sollten Sie Ihre Gäste gleich beim Eintreffen begrüßen. Die zünftige Nahrungsaufnahme steht zwar im Mittelpunkt eines Schlachtfestes. Aber auch hier können Sie sich etwas zur Unterhaltung einfallen lassen. Bei meinem letzten Essen wurde jeder der Herren ohne Vorwarnung verurteilt, eine Stegreifrede auf das Essen zu halten. Fünf Minuten lang sollte der Vortrag dauern. Es war auch erlaubt, zu singen oder zu dichten. Ganz besonderen Beifall erhielt eine Laudatio auf das Schwein. Es war wirklich lustig und gab für den Rest des Tages unerschöpflichen Gesprächsstoff.

Das Schlachtfest klingt aus mit einem Nachmittagskaffee. Dem Stil des bäuerlichen Gastmahls entsprechend, sollte der Kaffee in großen Bechern gereicht werden. Dazu werden entweder Apfelstrudel, Rohrnudeln oder, wenn noch Zwetschgenzeit ist, ein röscher Zwetschgenkuchen auf den Tisch gebracht. Ja, ein Schlachtfest ist nun mal ein opulentes Mahl. Und Sie haben ja keine Kostverächter eingeladen.

Trotzdem wird sehr wahrscheinlich einiges Fleisch oder auch Wurst übrigbleiben. Aber das macht nichts. Alles schmeckt an den folgenden Tagen auch kalt noch vorzüglich.

Montags ist Schlachttag

Mit den Vorbereitungen sollten Sie bereits an einem Montag beginnen. (Rezepte für 10 Personen.) Bestellen Sie beim Schlachter 13 frische kleine Blutwürste, 13 frische kleine Leberwürste, 2 kg rohen Schweinebauch, 5 Eisbeine halbiert und verschiedene Bratwürste.

Zuerst werden der Schweinebauch und die halbierten Eisbeine mit Zwiebeln, Lorbeerblatt und Pimentkörnern mit Wasser bedeckt gar gekocht. In etwas heißer, mit Majoran verfeinerter Fleischbrühe werden die Blut- und Leberwürste gegart.

Wurstsuppe
150 g Graupen
3 l Fleischbrühe
200 g gekochter Schweinebauch,
gewürfelt
3 Blutwürste
3 Leberwürste
Majoran, Salz, Pfeffer

Die Graupen kochen und kalt abspülen. In die Fleischbrühe die Graupen, den gewürfelten Schweinebauch und Blut- und Leberwürste ohne Darm geben. Mit Majoran, Salz und Pfeffer abschmecken.

Schlachtschüssel
Das gekochte Fleisch, die Blut- und Leberwürste und die gebratenen Bratwürste werden auf Sauerkraut mit Salzkartoffeln serviert. Dazu frisches Bauernbrot, Mustard-Sauce und Meerrettich-Sauce reichen.

Specksauerkraut
Mageren Speck und Zwiebeln klein gewürfelt andünsten und mit Weißwein ablöschen. Gewaschenes frisches Sauerkraut dazugeben und mit Lorbeerblatt, Kümmel und Wacholderbeeren gar kochen. Mit Salz und Pfeffer nachschmecken und falls nötig mit geriebener roher Kartoffel binden.

Silvester - Neujahr

Wenn das Jahr sich seinem Ende zuneigt, werden viele Leute von einer nervösen Betriebsamkeit befallen. Der Grund dafür ist das alte Ratespiel: laden wir zu einer Silvesterparty bei uns ein? Oder haben wir das nicht nötig, weil wir anderswo eingeladen werden, was unter Umständen vorzuziehen wäre? Dieses Spiel erfordert mindestens ebenso starke Nerven wie Poker. Denn wer darauf hofft, eingeladen zu werden, kann ja selbst nicht einladen. Und wer nicht rechtzeitig einladen kann, muß damit rechnen, daß ihm die »Schmuckstücke« seiner Silvesterparty bereits von einem anderen Gastgeber weggeschnappt worden sind.

Auch der Empfänger einer Einladung ist noch nicht unbedingt aller Sorgen enthoben. Dann nämlich, wenn er insgeheim auf eine attraktivere Silvesterparty hofft. In diesem Falle heißt es, die Zusage hinauszögern, aufschiebende Ausflüchte ersinnen, Zeit gewinnen! Kommt die ersehnte Einladung wirklich noch, so ist eine bedauernde Absage leicht erteilt. Kommt sie nicht, hat man wenigstens den Spatzen in der Hand behalten. Um so besser.

Das silvesterliche »Wer-lädt-wen-ein-Spiel« ist deshalb vergleichsweise aufregend, weil der Termin gnadenlos festgelegt ist. Kalender und Uhr dulden keine Manipulationen, lassen sich nicht anhalten oder aufschieben. Wer da den Anschluß verpaßt, ist – mindestens für dieses Jahr – nicht mehr zu retten.

Ich habe oft genug Gelegenheit gehabt, solche dramatischen, aufregenden oder zumindest komischen Situationen aus meiner Perspektive mitzuerleben. Aber ich weiß natürlich, daß es noch mehr Menschen bei uns gibt, die keinerlei Prestigeprobleme mit ihrem Silvesterprogramm haben. Sie feiern in der Familie oder mit der örtlichen Verwandtschaft, wenn sie es nicht sogar vorziehen, sich Ohropax in die Ohren zu stopfen und den ganzen Rummel zu verschlafen. Auch das ist ein Weg, und vielleicht nicht einmal der schlechteste, mit Anstand ins neue Jahr zu kommen. Wem das gar zu profan und unangemessen erscheint, der kann die Frage auch auf eine ganz bequeme Art lösen. Er entschließt sich einfach zur Teilnahme an einem der Silvesterbälle, die heute überall veranstaltet werden, im schlichten Dorfgasthaus ebenso wie im noblen Großstadthotel. Er braucht dann nur noch dafür zu sorgen, daß er genügend Kleingeld dabei hat. Ein immer beliebter werdender Ausweg aus der Silvesterbredouille ist es auch, zu verreisen. Im verschneiten Gebirge, an südlichen Gestaden oder auf einer Kreuzfahrt lösen sich die meisten Silvesterprobleme ganz von allein.

Wer aber wirklich gern feiert, der soll in der Neujahrsnacht getrost kräftig auf die Pauke hauen. Wer nicht gern auf die Pauke haut, sollte sich um Gottes willen nicht einreden lassen, er versäume etwas, wenn er auf seinem eigenen Weg abseits der ausgetretenen Trampelpfade ins neue Jahr wandert. So sieht zum Beispiel das Programm eines Ehepaars aus, das man ohne weiteres zu den »Spitzen der Gesellschaft« zählen kann und das wegen seiner sonst so zahlreichen gesellschaftlichen Verpflichtungen die Silvesternacht ganz zurückgezogen verbringt: die beiden gehen gegen 19 Uhr in ein sehr gutes Lokal sehr gut essen. Um 22 Uhr besuchen sie ein kirchliches Orgelkonzert, das etwa eine Stunde dauert. Dann fahren sie nach

*Der Sektkatarakt –
Glanzpunkt
in der Neujahrsnacht*

Hause, der Mann macht eine Flasche sehr guten Champagner auf, mit dem sie auf das neue Jahr anstoßen. Und um 1 Uhr liegen sie im Bett – Schluß, aus!

Eine ganz andere Situation ergibt sich, wenn Kinder zur Familie gehören. Nur solange sie noch ganz klein sind, kann man sie ins Bett stecken und den Jahreswechsel verschlafen lassen. Dann kommt eine Zeit, in der man sie etwa eine Viertelstunde vor zwölf aus den Federn holt. Man wickelt sie fest ein, läßt sie vom Balkon oder vom Fenster aus das Furioso des Silvester-Feuerwerks bestaunen, sagt einmal pro forma »Prost« zu ihnen und steckt sie wieder ins Bett – in der Hoffnung, daß sie sich keine Erkältung geholt haben. Etwa vom achten Lebensjahr an hört auch dieses bequeme Verfahren auf. Das Aufbleiben wird zur Prestigefrage für die Kinder, und es gehört fast schon ins Kapitel »Seelische Grausamkeit«, wenn man ihnen diesen Triumph verwehren will. Für die Eltern bedeutet das freilich, eine Zeitlang Abschied von allen gesellschaftlichen Ambitionen zu nehmen und dem Familienleben den Vorrang einzuräumen.

Ich kann nur hoffen, daß Eltern, die Silvester zusammen mit ihren Kindern feiern, das nicht als »Hausarrest«, sondern als Vergnügen empfinden. Gibt es doch in vielen Familien ohnehin zu wenige Tage und Stunden, in denen man sich ebenso ausgiebig wie entspannt einander widmen kann. Und ich hoffe weiter, daß die Eltern diese Stunden gut zu nutzen verstehen – doch das ist nicht mein Thema. Aber es gibt ja auch noch die Möglichkeit, innerhalb dieses familiären Rahmens eine kleine Party zu veranstalten. Dann nämlich, wenn man eine oder zwei andere Familien dazu bittet, bei denen die Eltern den Eltern und die Kinder den Kindern sympathisch sind.

In diesem Fall würde ich nicht zum Abendessen einladen, sondern für die Zeit danach. Dann bleiben nur ein paar Stunden bis Mitternacht, die man nach Generationen getrennt oder – wie ich meine, besser – mit gemeinsamen Spielen unterhaltsam gestalten kann. Bleigießen gehört dann ins Programm, und das ist zumindest immer dann fröhlicher Brauch, wenn einer aus dem Kreis sich auf originelle Deutungen versteht. Fernsehen, meine ich, gehört nicht ins Programm. Denn um Silvester gemeinsam in die Röhre zu starren, braucht man keine Gäste einzuladen. Was sonst noch gespielt wird, ob Rommé, Memory, Monopoli, Poch oder was auch immer, hängt wohl meistens von den familiären Traditionen ab und braucht hier nicht geschildert zu werden.

Zum Knabbern und Beißen gibt es Weihnachtsgebäck oder Häppchen oder frische Silvesterkrapfen, die in anderen Familien – das ist wieder eine Frage der Tradition – bereits zum Nachmittagskaffee oder erst nach Mitternacht auf den Tisch kommen. Ein oder zwei Glas verdünnter Punsch schaden auch den Kindern nichts, ebensowenig der Schluck Sekt zum Jahreswechsel. Auf den weiteren Ablauf der Silvester-Neujahrsfeier komme ich später noch zurück.

Wie sieht nun die Silvesterparty ohne Kinder aus? Ich kann mir den Ablauf sehr unterschiedlich vorstellen. Denn er hängt ja wesentlich von der Zahl der Gäste und dem vorgegebenen gesellschaftlichen Rahmen ab, ebenso davon, ob es überwiegend eine junge, mittlere oder ältere Generation ist, die hier feiert. Doch würde ich in jedem Fall gesteigerten Wert darauf legen, daß der besondere Anlaß der Party von Anfang an deutlich in Erscheinung tritt. Ich würde mir deshalb zur Dekoration des Raumes und der Tische etwas einfallen lassen, wenn ich nicht ohnehin auf traditionelle Bräuche zurückgreifen kann. Zumindest die verbreiteten Glückssymbole dürfen nicht fehlen: Hufeisen, vierblättriges Kleeblatt, Schornsteinfeger, Glücksschwein. Knallbonbons und Bleigießen gehören auch bei den Erwachsenen dazu, allerdings mehr am Rande. Denn im Gegensatz zu vielen anderen Partys erwarten wohl die meisten, daß am Silvesterabend getanzt wird. Dem tragen auch Nonstop-Musikprogramme der Rundfunksender Rechnung, die dem Gastgeber ersparen, sich um die passenden Platten oder Tonbänder zu bemühen. Zur Feier des Tages wird ihm alles frei Haus geliefert!

Im Lauf der Zeit ist man mehr und mehr davon abgekommen, den Silvesterabend mit einem gesetzten Essen zu beginnen. Ein Kaltes oder Warmes Buffet wird auch dem Ablauf des Abends besser gerecht. Es bringt mehr Leben und Bewegung in die Gesellschaft und entlastet die Hausfrau, die mit der Weihnachtswoche ohnehin schon eine harte Zeit hinter sich hat. Auch wenn getanzt werden soll, läßt sich ein Buffet besser ins Programm einbauen als ein zeitraubendes Menü.

Silvester, ist eine fröhliche Feier, ob im Familienkreis oder in größerer Runde.

Meistens wird es sogar ein ausgelassenes Fest. So können Sie Ihren Gästen auch ein Kaltes Buffet in so ungewöhnlicher Form präsentieren, wie ich es einmal bei einem befreundeten Maler erlebt habe. Das Atelier, in dem wir feierten, hing voll mit fertigen und halbfertigen Bildern. Wir, ungefähr vierzig Personen, trafen, alle schon angeheitert, gegen 23 Uhr bei unserem Gastgeber ein. Um Mitternacht stießen wir alle miteinander an. Dann gab es eine Überraschung: die Schiebetüren öffneten sich zum Nebenraum. Dort hing ein vollständiges Kaltes Buffet an der Wand. Sozusagen ein lebendes Bild. Das Zimmer war dunkel bis auf zwei zwölfarmige Leuchter und zwei Spotlights, die das einladende Bild anstrahlten.

Diese Idee können Sie ohne große Anstrengungen kopieren. Hier das Rezept: man nehme eine 4 Meter × 1,50 Meter große Hartfaserplatte. Verkleide sie mit Folie oder auch mit einem Dekorationsstoff. In diese Platte werden große fünfzöllige Nägel geschlagen. Auf diese Nägel spießen Sie alle für ein Kaltes Buffet nötigen Zutaten, als da sind: Koteletts, Bouletten, Hühnerkeulen, Entenbrüste, Schweinekoteletts, ganze Aalstücke, geräucherten Stör, Scampis, Zunge, Debreziner, Cocktail-Würstchen, rohen und gekochten Schinken, Salami, Bündner Fleisch, geräucherte Truthahnkeulen, Bärenschinken, kleine Wachteleier, Blumenkohl, Rosenkohl, Schwarzwurzeln, Karotten, Tomaten, Auberginen, Zucchini, Radieschen, lauwarme Kartoffeln, die erst unmittelbar vor dem Gebrauch aufgesteckt werden, verschiedene Sorten Brot. Dazwischen hängen Sie kleine Kindereimer mit Salaten und Saucen. Alles dekorieren Sie noch mit Ananas, Bananen, Clementinen, roten und weißen Weintrauben, Lychees, Zwergorangen, Mangos, Maracuja-Früchten und Äpfeln und Birnen. Auch hier können Sie dann noch Wannen mit warmem Wasser aufstellen und Trockeneis hineinwerfen. Dadurch tauchen Sie den

Gläserklang und Feuerwerk heißen das neue Jahr willkommen

ganzen Raum in dichten Nebel. Er erhöht die Spannung, die sich langsam mit dem sich lichtenden Nebel in überraschte Bewunderung auflöst.

Doch es gibt auch an Silvester Gourmets. Ich kenne einen Freundeskreis, der sich unter ausdrücklichem Verzicht auf Tanz und andere Lustbarkeiten am Silvesterabend zusammentut, um die Freuden der Tafel bei einem gemeinsamen Menü zu genießen. Man trifft sich jedes Jahr bei einem anderen Ehepaar. Dieser Freundeskreis läßt sich aber, und das ist wichtig, auch dadurch charakterisieren, daß die beteiligten Ehemänner mit Ehrgeiz in der Küche aktiv sind. Ich möchte diese Essen als kulinarische Liebhaberveranstaltungen bezeichnen, kann sie aber nur denen empfehlen, die Spaß am kultivierten Kochen und auch wirklich verständnisvolle Gäste haben.

Bei diesen Essen werden die Getränke natürlich nicht vom Silvestertermin, sondern von der Speisefolge bestimmt. Ansonsten aber plädiere ich für den Punsch als das traditionelle Silvestergetränk. Das schließt freilich nicht aus, daß die Gastgeber nicht auch anderes anzubieten haben: Wein, Bier oder Drinks – alles ist erlaubt. Nur eines ist absolut unerläßlich: ein paar Minuten vor zwölf Uhr hat jeder ein volles Sektglas vor sich zu stehen! Ob in den ersten Stunden des neuen Jahrs mit Sekt beziehungsweise

Champagner weitergetrunken wird oder ob die Gesellschaft dort anschließt, wo sie zehn Minuten vor Mitternacht unterbrochen hat, das kann jedermann selbst entscheiden.

Das Einschenken können Sie mit einem Gag zelebrieren, mit dem Sekt-Katarakt – es geht auch mit Champagner! Dazu nehmen Sie eine oben mit einer Glasplatte abgedeckte Kiste. Darin wird eine nach oben strahlende Lampe installiert. Das Ganze wird mit Alufolie verkleidet. Auf die Glasscheibe stellen Sie Sektkelche in aneinanderstoßenden Rechtecken pyramidenweise so übereinander, daß die Mittelpunkte der oben stehenden Gläser jeweils über die Lücken von vier Kelchen zu stehen kommen. Zehn Minuten vor 24 Uhr wird die Tür des dunklen Zimmers geöffnet. Nur der Gläseraufbau ist erleuchtet. Dann wird Sekt in das oberste Glas geschenkt. Der überschäumende Sekt fließt von Gläserstufe zu Gläserstufe, bis auch der unterste Kreis gefüllt ist. Jetzt nimmt jeder – vorsichtig! – sein Glas, stößt an und trinkt auf das kommende Jahr. Eine eindrucksvolle Zeremonie ohne großen Aufwand.

Ein Wort zum Feuerwerk: wer in der Silvesternacht Raketen abschießt, schmeißt sein Geld ganz offensichtlich zum Fenster hinaus. Scharfe Rechner begnügen sich deshalb damit, von ihrem Garten oder Balkon aus den Feuerzauber, den die Nachbarn in die Luft jagen, mit »Aah!« und »Ooh!« zu begrüßen, während sie insgeheim addieren, wieviel Geld sie auf schnelle Weise gespart haben. Wer nicht so kleinlich veranlagt ist, wird seinen Gästen die funkensprühende und knatternde Attraktion nicht vorenthalten wollen. Durch einen diskreten Hinweis auf sein Vorhaben kann er die finanzielle Belastung aber vermindern. Denn gern wird der eine oder andere Eingeladene statt eines schnell welkenden Blumenstraußes ein (allerdings ebenso vergängliches) Bündel Raketen mitbringen.

Die ersten Stunden im neuen Jahr: die Kinder, so vorhanden, werden auf dem schnellsten Weg ins Bett geschickt. Die Erwachsenen aber werden jetzt einen handfesten Imbiß freudig begrüßen. Das kann eine Gulasch- oder Bohnensuppe sein, ein Heringssalat oder ein Kartoffelsalat mit Wiener Würstchen. Bei uns in München wird es in neun von zehn Fällen Weißwürstl mit Laugenbrezen und Kümmelwecken geben. Hochwillkommen sind anschließend ein starker Kaffee und die traditionellen Neujahrskrapfen, die je frischer, um so besser sind. Ob das nun als freundlicher Schlußpunkt verstanden wird oder aber als schwunghafter Auftakt zur eigentlichen Party, das muß jeder Gastgeber nach eigenem Gutdünken steuern. Und ich kann ihm nur wünschen, daß er auch den Fall der Fälle einkalkuliert hat. Setzt sich nämlich die Party bis in die Morgenstunden fort, erhebt sich früher oder später die Frage: wie halten wir es mit dem Frühstück? Und da gibt es wiederum zwei Möglichkeiten: die Partygesellschaft verwandelt sich in eine Gammelfrühstücksgesellschaft im selben Hause, was zumindest bei den Gastgebern einschlägige Vorräte, gutes Stehvermögen und starke Nerven voraussetzt. Denn nun geht es den Vorräten im Kühlschrank an den Kragen. Oder man zieht um in ein anderes Haus oder auch in ein Lokal, das schon geöffnet ist, um ein zünftiges Katerfrühstück zu zelebrieren. Die Verabredung zum Katerfrühstück kann man natürlich auch für einen späteren Zeitpunkt treffen. Dann nämlich, wenn sich zeigt, daß die meisten es vorziehen, erst einmal ein paar Stunden an der Matratze zu horchen.

Silvester-Feuerwerk bei Käfer

Menüvorschlag 1
Schottische Langostinos vom Rost mit wildem Mississippireis und Sauce Douglere

Frische Wildente mit Pfeffersauce, Champignons, Broccoli mit Sauce Holandaise und Spinatspätzle

Maracujacreme exotisch

Menüvorschlag 2
Rebhuhnessenz mit Trüffelklößchen

Hummer Thermidor mit Melbatoast

Gefülltes Hamburger Stubenküken mit tournierten Karotten, Spargelspitzen, Prinzeßbohnen und Herzoginkartoffeln

Frische Ananas mit frischen Datteln

Menüvorschlag 3
Entenstopfleber auf gedämpftem Caville-Apfel

Englische Hochrippe in Salzkruste gebraten, mit gefüllten Tomaten, Morcheln in Kräutersauce, Staudensellerie, Sauce Béarnaise und Macaire-Kartoffeln

Haselnußeis mit flambierten Sauerkirschen und Bananenscheiben

Skihüttenparty

Kann es etwas Schöneres geben als einen zünftigen Abend auf der Skihütte – mit Wein, Weib und Gesang, daß sich die Balken biegen? So schwärmen sie alle, die Bayern wie die »Preußen«. Die Bayern, weil sie vielleicht ein- oder zweimal ganz zünftig auf einer Skihütte gefeiert haben, auch wenn's schon einige Zeit her ist. Die Preußen, weil sie noch nie eine Skihüttenparty mitgekriegt, aber schon so viel davon gehört haben, daß sie sich die noch viel toller vorstellen, als sie in Wirklichkeit sein kann. Denn das ist ja bekannt: je weiter die Entfernung, desto heißer die Sehnsucht nach dem typisch Bayerischen, sei's nun Jodeln, Fensterln oder Feiern auf einer verschneiten Skihütte. Aus der Nähe betrachtet, sieht das Ganze etwas problematischer aus. Das liegt daran, daß die Verhältnisse sich verändert haben und wir uns mit ihnen. Vor vierzig, ja noch vor zwanzig Jahren geschah es häufig, daß sich eine zünftige Clique für ein Wochenende auf einer Skihütte verabredete. Es wurde ausgemacht, was jeder mitbringen sollte: Brot, Schnaps, Käse, Wein und so weiter, und das mußte dann in zwei- oder mehrstündigem Anstieg auf die Hütte transportiert werden. Wer zuerst oben ankam, mußte damit rechnen, daß er zunächst den zugeschneiten Eingang freischaufeln durfte, bevor er die Chance hatte, in die Hütte zu gelangen und den einzigen Ofen im Aufenthaltsraum einzuheizen. Wenn die Vorräte an Brennholz nicht ausreichten, zog die ganze Mannschaft los, um Ersatz zu organisieren; wenn sie Glück hatte, war der nächste Holzstoß nur eine halbe Wegstunde entfernt. Trotzdem blieb der sogenannte Schlafraum natürlich immer eiskalt, es herrschte die ganze Nacht hindurch,

wenn nicht Heulen, so doch Zähneklappern. Deshalb gibt es auch eine ganz prosaische Erklärung dafür, daß die Abende auf der Hütte sich so feuchtfröhlich in die Länge zogen: weil keiner Lust hatte, auf einer harten Pritsche unter einer abgeschabten dünnen Decke dem späten Morgen schlaflos entgegenzufrieren!

Natürlich habe ich etwas übertrieben. Aber ich wollte Ihnen verdeutlichen, daß ein unmittelbarer Zusammenhang besteht zwischen dem »einfachen Leben« und der Fähigkeit oder Bereitschaft, die Feste zu feiern, wie sie fallen. Auch wenn man die Konservendosen mit dem Messer öffnen und den Schnaps aus dem Milchglas trinken muß! Heute werden uns bestimmte Dinge zu einfach gemacht, und deshalb haben wir nicht mehr die ganz große Freude an ihnen. Es scheint mir fast ein Naturgesetz zu sein, daß es auf einer Skihütte, die man erst nach mehrstündigem Aufstieg mit schwerem Rucksack erreicht, lustiger und ausgelassener zugeht als auf einer Hütte, zu der man mit dem Auto oder der Seilbahn fahren kann.

Damit soll keineswegs gesagt sein, daß man nicht auch unter komfortableren Umständen fröhlich feiern kann – wo bliebe ich mit meinem Geschäft, wollte ich diese Meinung vertreten! Doch wenn Sie heute auf einer Hütte feiern wollen, sei es Ihre eigene oder eine gemietete, die mehr Komfort bietet und leichter zugänglich ist als die oben beschriebene, dann lege ich Ihnen eines ganz dringend ans Herz: wählen Sie Ihre Gäste richtig aus! Auf einer Hütte lebt man eng beieinander, auch im – wahrscheinlich gemeinsamen – Schlafraum. Da kann man Egozentriker und verwöhnte Mode-

Wie in unseren Kindertagen: duftende Bratäpfel an einem kalten Winterabend

puppen ebensowenig gebrauchen wie Leute beiderlei Geschlechts, die unbedingt auf ein sexuelles Erlebnis aus sind. Solche Typen, die in einer anderen Umgebung ganz brauchbar sein können, stören hier nur. Suchen Sie sich als Gäste für Ihren Hüttenabend heitere, anspruchslose, sportliche, kameradschaftliche Leute aus – und es kann ein pfundiges Wochenende werden. Vor allem dann, wenn Sie auch einen dabei haben, der Gitarre, Ziehharmonika oder sehr gut Mundharmonika spielen kann. (Und der das entsprechende Instrument mitgebracht hat!)

Essen und Trinken auf der Hütte: das ist auch bei komfortableren Verhältnissen immer eine Frage der »Nachschubwege« und der Vorratshaltung. Jedenfalls müssen Sie besser und weiter vorausplanen, als wenn Sie eine Party in Ihrer Stadtwohnung geben. So wird man in vielen Fällen auf das gewohnte Bier verzichten müssen. Denn es ist schwer und nimmt viel Platz weg.

Dagegen müßte sich eine Möglichkeit finden, ein paar Zwei-Liter-Flaschen Rotwein zu transportieren. Zumal ich mir einen winterlichen Hüttenabend ohne einen Glühwein, einen Punsch oder auch einen steifen Grog überhaupt nicht vorstellen kann. Mit großem Vergnügen denke ich an ein Hüttenwochenende zurück, an dem wir bei herrlichem Wetter draußen eine Eisbar gebaut haben, an der zwischen Sonnenbädern und Schneeballschlachten vom Aquavit bis zum Wodka alles ausgeschenkt worden ist, was eiskalt am besten schmeckt.

Das Essen wird in der Regel kräftig und einfach in der Zubereitung sein – obgleich ich schon Wochenenden auf der Hütte erlebt habe, an denen kulinarisch hochwertige Konkurrenzen ausgetragen worden sind. (Unter anderem deshalb, weil das Wetter so miserabel war, daß man keinen Schritt vor die Tür setzen mochte!) Mein heißer Tip wäre hier eine Berliner Erbsensuppe mit Schweinsohren und Speck. Die macht sich besonders gut, wenn sie im farbigen Blechgeschirr serviert wird, wie man es heute wieder in jedem Kaufhaus bekommt. Auch eine kompakte Hüttenbrotzeit ist natürlich immer willkommen und schnell präpariert: ein großes Holzbrett mit mehreren Würsten am Stück, ein paar Sorten Käse, unter denen auch ein Stinkkäse sein darf, und ein großes, rundes Bauernbrot. Manchmal ergeben sich durch die Lage der Hütte auch erfreuliche Kontakte zu einem benachbarten Jagdpächter, dem man einen schönen Rehschlegel, einen Gemsenrücken oder ein paar Hasen abkaufen kann.

Ich kenne einen Freundeskreis, der sich einmal im Jahr auf einer Hütte zum Fondue-Essen trifft. Das ist ein herrlicher, ganz »hüttenadäquater« Spaß. Dabei gibt es dort oben überhaupt kein richtiges Fonduegeschirr, sondern nur einen prachtvollen alten Herd mit offenem Feuer und Eisenringen in der Mitte des Raumes, um den eine Holzbank herumläuft. Auf dem Feuer steht ein großer Topf mit Fleischbrühe, in die jeder seine dünn geschnittenen Fleischstückchen eintaucht. Dazu gibt es nur Brot und zum Trinken einen leichten Rotwein. Daß der Rotwein leicht ist, hat seinen guten Grund: bei diesem Fondue-Essen schlagen die Stimmungswogen sehr schnell sehr hoch. Bei einem schwereren Wein würde die ganze Gesellschaft bald unter dem Tisch liegen, und der Hüttenabend wäre vorzeitig zu Ende. Das aber ist weder im Sinn des Gastgebers noch im Sinn seiner Gäste, die im Anschluß an die Fondue noch lange und laut zu singen pflegen.

Après-Ski auf der Hütte

Kräuterschweinerolle
Einen Schweinenacken mit Senf, Salz und Pfeffer würzen und mit viel gehackter Petersilie, Estragon, Basilikum und gehacktem Dill bedecken. Den Nakken in Alustarfolie einschlagen und im Ofen bei 230 Grad ca. 70 Minuten garen.

Semmelknödel
Alte Brötchen in Scheiben schneiden und mit lauwarmer Milch übergießen. Dazu angedünstete Zwiebelwürfel, Eier und gehackte Petersilie geben. Mit Salz, Pfeffer und Muskat würzen. Vorsichtig mischen und zu Knödeln formen. Danach in heißem Wasser aufkochen und ca. 15 Minuten ziehen lassen. Sie können natürlich auch Knödel aus der Fertigpackung nehmen.

Bratäpfel mit Karamelsauce
(für 12 Pers.)
12 mittelgroße Äpfel
90 g Marzipanmasse
90 g geröstete gehobelte Mandeln
90 g Rosinen
3 EL Aprikosenmarmelade
1 Tasse Rum
900 g Zucker
2 Tassen flüssige Sahne
1 Tasse Rum

Äpfel leicht einschneiden und mit dem Apfelausstecher das Gehäuse entfernen. Eine Füllung aus Marzipan, Mandeln, Rosinen, Aprikosenmarmelade und Rum mischen. Die Äpfel füllen und in Alustarfolie einwickeln. Die Äpfel im Ofen bei 220 Grad ca. 30 Minuten garen. Zucker unter Rühren in der Pfanne schmelzen. Dann – ebenfalls unter ständigem Rühren – mit der flüssigen Sahne ablöschen und erkalten lassen. Rum darunterrühren und über die heißen Äpfel geben.

Spieleabend

Zuallererst liegt mir am Herzen, die Ehre eines Mannes wiederherzustellen, der sich selbst nicht mehr wehren kann. Denn er ist schon lange tot – gestorben anno 1792. Unter seinem Namen wird nämlich in wohl allen Sprachen der Welt ein Monstrum angeboten, das angeblich eßbar ist: zwei Scheiben gummiartiges oder vertrocknetes Weißbrot mit einem Blatt Salat und einem minderwertigen Aufschnitt dazwischen, oft noch in eine schwitzende Folie eingewickelt . . . Sie haben es erraten! Die Rede ist vom Sandwich, das uns im Leben überallhin verfolgt – in den Schnellrestaurants, Flugzeugen, Bahnhofswartesälen und sogar auf vielen Partys. Das Sandwich

Die Szene ist wieder vorbereitet, das Spiel kann weitergehen

aber schändet die Erinnerung an den ehrenwerten Lord Sandwich, der nichts weniger im Sinn hatte, als der Menschheit die Freude und den Geschmack am guten Essen zu verderben.

Seine Lordschaft wurden von ganz anderen Motiven zur Kreation des nach ihm benannten Sandwiches inspiriert. Er war ein passionierter Kartenspieler und hatte sich einmal zu einem vierundzwanzigstündigen Dauer-Bridge verabredet. Um das Spiel nicht unterbrechen zu müssen, beauftragte er seinen Butler, ihm ein paar belegte Brote neben den Spieltisch zu stellen. Das für die damalige Zeit offenbar gänzlich Ungewöhnliche daran war, daß der Belag zwischen den Brotscheiben verschwand, daß man also beim Essen nicht sonderlich achtgeben mußte und keine fettigen Finger bekam. Lord Sandwich war also an der Massenproduktion der Sandwiches total unschuldig. Was lernen wir außerdem aus der Geschichte? Daß passionierte Spieler sich nicht gern stören lassen, auch nicht durch Hunger und Durst. Das gilt für Spieler, die am Roulettisch ihr Glück versuchen, ebenso wie für die meisten Kartenspieler. Bei Spielern von der strengen Observanz ist es sogar verpönt, während des Spiels mehr zu sprechen, als unbedingt nötig ist, um sich über den Ablauf der Partie zu verständigen.

Bleiben wir noch ein wenig bei den »strengen« Kartenspielern. Nach dem bisher Gesagten versteht sich wohl von selbst, daß man sie nicht zum Essen einlädt. Eine Mahlzeit würde ja den Beginn des Spiels nur in unerwünschter Weise verzögern. Auch die sonstige Bewirtung sei so zurückhaltend und unaufdringlich wie möglich. Alles hat sich der reibungslosen Abwicklung des Spiels unterzuordnen. Jeder Spieler bekommt einen festen Platz für sein Glas, nach dem er, notfalls auch ohne aufzublicken, greifen kann. Appetithäppchen, die man aufspießen kann, Salzbrezeln, Käsestangen, gebrannte Salzmandeln, Kartoffelchips und dergleichen eignen sich besonders gut zum beiläufigen Verzehr. Doch dürfen Fingerschalen und Papierservietten keinesfalls fehlen. Denn die Karten mit fettigen Fingern in die Hand nehmen zu müssen, ist wohl jedem Spieler ein Greuel. Der perfekte Gastgeber eines Kartenabends unterscheidet sich also in fast allen Punkten von einem »normalen« Gastgeber. Er tritt möglichst wenig in Erscheinung; er vermeidet Neuerungen und originelle Ideen (Tisch, Karten, Gläser, alles muß am gewohnten Platz stehen, sonst sind die Spieler irritiert und verlieren kostbare Zeit); er spricht nur das Nötigste mit seinen Gästen. Eine einzige Konzession will ich ihm machen. Nach der letzten Partie darf er noch mit einem nächtlichen Imbiß aufwarten, zum Beispiel einer Mitternachtssuppe, Würsteln in Blätterteig oder Cevapcici.

Jetzt darf sogar diskutiert und gelacht werden! Nicht zufällig ist ja das »Nachtarocken« in unsere Umgangssprache eingegangen. In diesem Zusammenhang aber noch einen persönlichen Tip: achten Sie als Gastgeber darauf, daß der Abend sich nicht zu sehr in die Länge zieht. Angenommen, Sie haben den Beginn um 20 Uhr angesetzt, dann dürfen Sie die letzte Runde, den letzten Rubber ohne weiteres noch vor Mitternacht ansagen. Sie verhindern damit, daß eine ermüdete und gereizte Stimmung sich ausbreitet, so daß an dem Spiel niemand mehr Freude hat. Doch bei derartigen Kartenabenden pflegen sich die Spieler ja meistens gegenseitig und zu festgesetzten Tagen einzuladen. Da bilden sich ganz von selbst bestimmte Regeln heraus, nach denen der Abend verlaufen soll.

Ganz anders entwickeln sich die Dinge, wenn Sie sich vornehmen, Ihre Freunde zu einer Spielparty einzuladen. Da gilt fast nichts von dem, was ich oben gesagt habe. Da dürfen Sie Ideen und Abwechslung produzieren, soviel Sie wollen, und niemand wird sich gestört, aber alle werden sich angeregt fühlen. Ich kenne zum Beispiel einen Kreis von Damen und Herren »in den besten Jahren«, deren

lassen, Weichen und Signale zu stellen, riskante Manöver zu fahren oder Zusammenstöße zu produzieren.

Ich kann hier leider nicht auf die Einzelheiten eingehen, obgleich ich von klein auf passionierter Modelleisenbahner bin. Nur das will ich noch verraten: die gastgebenden Ehepaare bieten ihren ganzen Ehrgeiz auf, ihre Gäste mit neuen eisenbahntechnischen Raffinessen zu überraschen und zu übertrumpfen. Und ein Ehepaar hat sich dazu noch einen besonderen Gag ausgedacht: es hat in seinem Hobbyraum ein paar Speisewagenabteile nachbauen lassen. Und wenn sich die vom Spiel erhitzte Gesellschaft zum Essen niederläßt, gibt es eine typische Mahlzeit aus der Speisewagenküche (nur in der Qualität besser) und die typischen Speisewagengetränke. Schütteln Sie jetzt bitte nicht den Kopf! Jeder hat seine Macke – aber diese finde ich doch unterhaltsam und sympathisch.

Sehr beliebt sind die Flipper- und Tischfußball-Automaten. Sie stehen ja längst nicht mehr nur in zweitklassigen Lokalen, sondern auch in den Privatwohnungen von Liebhabern, die günstige Second-hand-Quellen an der Hand haben. Wer da die richtige Gesellschaft zusammenbekommt, kann auf seiner Party für eine Mordsgaudi garantieren. Da die Gäste bei den Automaten für jede Runde zahlen müssen, wäre es eine nette Geste des Gastgebers, wenn er von dem Kleingeld, das auf diese Weise zusammenkommt, ein paar Siegerpreise finanzierte. Vielen Spielern macht das Spielen ja auch deshalb Spaß, weil sie dabei bare Münze gewinnen (oder verlieren) können.

Einmal habe ich einen Spieleabend arrangiert, anläßlich dessen die Gastgeber alle verfügbaren Räume ihres Hauses gewissermaßen in eine Spielhölle verwandelt hatten. In jedem Raum wurde etwas anderes gespielt: Monopoly, Poker, Roulett, Bingo, Mikado, Backgammon, Poch. Die Verteilung auf die einzelnen Spiele wurde ausgelost, und jeweils nach einer

gemeinsame Leidenschaft Modelleisenbahnen sind. Jedes der fünf Ehepaare hat, in einem Keller- oder Hobbyraum, eine eigene Anlage stehen. Und einmal monatlich trifft man sich hier oder dort, um voller Hingebung Züge fahren zu

halben Stunde wurde ein Gong geschlagen. Auf dieses Zeichen hin mußte jeder Spieler nach vorher festgelegter Reihenfolge sich in den nächsten Raum begeben und da weiterspielen, wo sein Vorgänger hatte abbrechen müssen: eine Spielorgie im roulierenden Verfahren! Die Ergebnisse bei den einzelnen Spielen wurden nach Punkten bewertet und abschließend addiert. Selten habe ich einen ebenso unterhaltsamen, aufregenden und turbulenten Abend erlebt. Und ich bezweifle, daß sich alle Gäste eine Vorstellung davon gemacht haben, wie gründlich das alles hatte vorbereitet werden müssen.

Wir hatten uns aber noch mehr einfallen lassen. Ungefähr bei Halbzeit stand für alle Geladenen »eine Partie Simultan-Schach« auf dem Programm. Einige protestierten: »Ich kann doch gar kein Schach!« Andere jammerten: ». . . ewig nicht mehr gespielt!« Aber es gab kein Erbarmen, und niemand durfte sich drücken. Als der Gong ertönte, öffnete sich die Tür zu einem bis dahin nicht benutzten Raum, in dem ein großer quadratischer Tisch stand. Ein Schachtisch vermutlich? Doch ein Schachtisch nicht zum Spielen, sondern zum Essen. Das Schachbrettmuster wurde »dargestellt« von sorgfältig zugeschnittenen Schwarz- und Weißbrotscheiben in der entsprechenden Anordnung. Dazu gab es mehrere verschiedene Salate sowie kleine Hackfleischklößchen und Cocktailwürstel.

Nicht vorbehaltlos zur Nachahmung empfehlen möchte ich die Idee eines anderen Gastgebers, der zu einem Kartenabend gebeten hatte. Unter den Gästen befand sich einer, der sich ausgezeichnet auf Kartentricks verstand, was außer dem Gastgeber aber niemand wußte. Der »Zauberer« spielte nun einmal hier, einmal dort mit und brachte seine Partner durch allerlei haarige Tricks dermaßen in Verwirrung, daß sie die Welt nicht mehr verstanden. Als der Gastgeber am Schluß sein Geheimnis lüftete, war die Überraschung natürlich groß. Aber bei passionierten und seriösen Kartenspielern kann so etwas auch echten Ärger geben.

An einem Spieleabend würde ich immer zu möglichst leichten Getränken tendieren. Am Anfang auf keinen Fall Schnaps, höchstens einen Aperitif oder Cocktail. Später einen leichten Wein, im Sommer vielleicht eine Bowle, Bier, Fruchtsaft und vor allem Mineralwasser. Das hat, so prosaisch es ist, einen nicht zu unterschätzenden Vorzug: es löscht den Durst, ohne das Denken zu behindern!

Mexikanische Feuerbohnensuppe

(für 8 Pers.)
200 g gewürfelte Zwiebeln
100 g Butter
140 g Tomatenmark
Paprikapulver
200 g gewürfelte rote und grüne
Paprikaschoten
1 Flasche Chilisauce
2 l Fleischbrühe
½ l flüssige Sahne
Mehl
2 Dosen Feuerbohnen (Kidney Beans)
500 g Rinderfilet in Streifen
Salz, Pfeffer
¼ l saure Sahne
2 Bd gehackter Dill

Zwiebelwürfel in Butter glasig dünsten. Tomatenmark und Paprikapulver mitdünsten. Gewürfelte Paprikaschoten und Chilisauce dazugeben und mit Fleischbrühe auffüllen. Die flüssige Sahne mit Mehl leicht binden und ca. 10 Minuten langsam kochen. Angebratene Filetstreifen und Bohnen dazugeben. Mit Salz und Pfeffer abschmecken. Auf die angerichtete Suppe saure Sahne und gehackten Dill geben.

Tanzabend

Wer sagt denn, daß es unmöglich ist, auf zwei Hochzeiten zu tanzen! Nur zur selben Zeit geht es schlecht. Aber hintereinander getanzt bereitet doppeltes Vergnügen und macht nicht nur Hochzeiten zu fröhlichen Begegnungen mit dem anderen Geschlecht. Bei der Kellerparty, auf dem Fasching, beim Polterabend, beim – nun, die Liste von Vergnügungen, bei denen neben dem Trunk der Tanz wesentlich zum Amüsement des geselligen Beisammenseins beiträgt, ließe sich noch lange fortsetzen.

Doch überlegen wir zunächst erst einmal, was alles überlegt sein will, wenn wir mit dem Gedanken spielen, zum Tanze zu laden: 1. Die Raumfrage, 2. Die Gäste, 3. Die Musik . . . Nein, so würde ich nicht beginnen. Wir sind ja nicht mehr die Jüngsten. Das heißt, mit den modischen Tänzen sind wir wenig vertraut. Und nur Wiener Walzer zu drehen oder Berliner Schieber zu schliddern oder argentinischen Tango zu schlurfen, ist wohl nicht abendfüllend. Nein, ich würde mich als erstes mit drei, vier befreundeten Paaren zusammentun, einen Tanzlehrer engagieren und das studieren, was heute an rhythmischen Bewegungen »in« ist. Mit mehreren Lernwilligen beflügeln wir uns gegenseitig und halten außerdem die Kosten erschwinglich. Sehr praktisch ist es natürlich, einen solchen Tanzkursus im Winter anzufangen, vor dem Start in die Ballsaison. Sie beginnt nicht nur bei uns in Süddeutschland spätestens nach dem Dreikönigsfest am 6. Januar. Es wird wirklich höchste Zeit, die Tänze von heute zu lernen. Viele überlasse ich ruhig den jungen Leuten. Aber manche moderne Unterhaltungsmusik und mancher moderne Tanz entspricht durchaus meinem Lebensgefühl. Und ich sehe nicht ein, daß modern sein ein Vorrecht der Jugend ist. Auf jeden Fall stelle ich mir diesen Tanzunterricht sehr lustig vor. Der Ton würde bei allem Bemühen weniger auf Unterricht als vielmehr auf Tanz liegen. Die hier beschriebene Art eines Tanzkurses könnte sich wirklich als Jungbrunnen herausstellen. Ich würde mich gern physisch wieder auflockern lassen, und ich verspreche mir davon, auch psychisch wieder lockerer zu werden. Wir würden reihum bei den einzelnen Paaren einmal in der Woche ungefähr zwei Stunden üben. Wenn wir uns fit fühlen, uns der Allgemeinheit, vor allem den Jüngeren, zu stellen, bitte ich zum Tanzabend.

Nun erst sollten wir die oben angedeuteten Punkte wieder aufgreifen. Zum Tanzen braucht man Platz, doppelten! Zum Walzen und zum Atemholen. Wenn Ihre Platzverhältnisse es Ihnen erlauben, so räumen Sie in einem Zimmer Möbel und Teppiche so an die Seite, daß genügend Bewegungsfreiheit entsteht. Selbst ein Flur, eine große Küche eignen sich als Tanzfläche. Achten Sie aber auch darauf, daß der Boden nicht zu glatt ist. Und stellen Sie, bevor die ersten Gäste erscheinen, gegebenenfalls die Heizung herunter. Einmal erhöht sich, wenn mehr Menschen als sonst in einem Raum anwesend sind, die Temperatur automatisch, zum anderen wird den Gästen sowieso sehr schnell warm durch heiße Musik, flotte Bewegung und gewagte Flirts. Lindern Sie hin und wieder die Atemnot der Tänzer durch kurzes kräftiges Lüften. Schummeriges Licht verhilft zu »Atmosphäre«, grelles verbreitet Ungemütlichkeit.

Wenn es sich nicht gerade um eine Faschings- oder Karnevalsfete handelt, seien Sie mit der Dekoration zurückhaltend. Denken Sie an Aschenbecher, an Beistelltische für Gläser und Teller. Blumenvasen leben an einem Tanzabend gefährlich. Stellen Sie sie außer Reichweite Ihrer hoffentlich temperamentvollen Tänzer.

Laden Sie zum Tanzabend an einem Wochenende – am besten wieder an einem Sonnabend – schriftlich ein und bitten um Antwort. Denken Sie daran, daß einige abspringen werden. Ich rate, der Einladung zusätzlich noch telefonisch Nachdruck zu verleihen. Ein leichter Männerüberschuß läßt Mauerblümchen erst gar nicht in Erscheinung treten. Ja, laden Sie auch nicht nur Paare – ob mit oder ohne Trauschein – ein. Ihre Tanzparty knistert mehr, wenn weibliche und männliche Junggesellen mit von der Partie sind. Ob Sie sich nur innerhalb Ihrer Generation vergnügen wollen, müssen Sie wieder selbst entscheiden. Ich finde eine Gesellschaft gemischten Alters auf jeden Fall anregender. Sie ist für uns an Jahren etwas Ältere auch eine glückliche Gelegenheit, die Generationenlücke zu überwinden oder gar nicht erst klaffen zu lassen. Die Jungen sollen erleben, daß wir noch lange nicht so verknöchert sind, wie wir uns im Alltag, leider, vielfach geben. Und wir wiederum haben die Möglichkeit, auch die Freunde unserer Kinder zwanglos näher kennenzulernen. Unumgängliche sachliche Voraussetzung für eine Tanzveranstaltung, auf der jung und alt sich mischt, sind aber ausreichende Räume. Denn die Schar ist aus diesem Grund wohl größer, als wenn sich nur Feiernde einer Generation zusammenfinden. Die Tanzenden müssen sich nicht unbedingt kennen. Man muß sich nur als Gastgeber um oftmaligen Wechsel der Tanzpartner bemühen, nicht zuletzt durch die Spiele, auf die ich noch zu sprechen komme. Für einen harmonischen Verlauf eines Tanzabends ist nichts störender als ein Paar, das die ganze Nacht nicht voneinander lassen will. Liebe kann ja schön sein. Sie sollte aber nicht in Unhöflichkeit anderen gegenüber ausarten.

Tanzmuffel werden nicht eingeladen. Sie können zur Kartoffelparty (siehe S. 178) kommen.

Die Musik darf nicht nur mit Lärm verbunden sein. Sie sollte wie die gemischte Gesellschaft ebenfalls gemischt sein. Bei anderer Gelegenheit habe ich schon darauf hingewiesen: Platten sind nur für die erste Stunde praktisch. Erstens muß man den Plattenspieler bedienen, und zweitens wird man später gezwungen, dieselben Platten mehr oder weniger oft zu wiederholen. Eine weitere Gefahr ist, daß sich ein selbsternannter Disk-Jockey nur seine Favoriten auflegt. Im Gegensatz zu dem Mann am Klavier, der ja sein Bestes tut, sollte man auf diesen Musikanten schießen dürfen. Deshalb stelle ich mir immer einige Tage zuvor Tonbänder mit einem Mixtum aus konservativer Musik, Melodien aus den goldenen zwanziger Jahren und moderner bis ultramoderner Tanzmusik zusammen. Das mache ich durch Überspielungen von Schallplatten, Kassetten- und auch Radiomusik. Damit findet jeder die ihm gemäße Musik, sich zu bewegen. Ganz wichtig ist wieder die vorbeugende Entschuldigung bei den Nachbarn. Das entbindet Sie aber nicht von jeder Rücksichtnahme auf Ihre Umwelt. Wenn Sie nicht erst seit gestern in Ihrer Wohnung wohnen, kennen Sie ja auch schon die Einstellung Ihrer Umgebung zu diesem Problem, wie diese wiederum die Ihre. Lassen Sie mich auch etwas zur Kleidung sagen. Ich glaube, es war Voltaire, der etwas Selbstverständliches in die Worte faßte: »Man benimmt sich so, wie man gekleidet ist.« Das trifft wohl auf jede Lebenslage zu, ob auf den Beruf, den Sport oder auch die Geselligkeit. Wir sollten uns also überlegen, ob es angebracht ist, sich festlich und in lange Gewänder zu kleiden oder in legerer Aufmachung zu erscheinen, je nach der zu erwartenden Atmosphäre.

Ein voller Bauch tanzt nicht gern. Deswegen lade ich anläßlich eines Tanzvergnügens auch nicht zum Essen ein. Meine Gäste sollten schon Stunden vorher zu Hause etwas zu sich genommen haben. Ich begrüße sie mit einigen lustigen Cocktails. So hoffe ich, die nötige Anfangsgeschwindigkeit meines Tanzver-gnügens sehr rasch zu erreichen. Und, um mit Wilhelm Busch zu sprechen: Schon schwingt das Bein, das graziöse/ Sich nach harmonischem Getöse/ Bei staubverklärtem Lichterglanze/ In angenehmstem Wirbeltanze.

Für später können Sie eine Bar einrichten, wo sich jeder nach Durst und Geschmack selbst mit Bier vom Faß, Wein, Sekt, Long Drinks oder auch Fruchtsäften bedient. Vielleicht gelingt es Ihnen, die Raucher von ihrem Laster durch gesalzene Erdnüsse und Mandeln, durch Kartoffelchips oder kleines Käsegebäck abzulenken. Irgendwann im Verlauf des Abends richten Sie ein bescheidenes Kaltes Buffet her. Das kann aus Platzgründen auch sehr gut in der Küche geschehen. Treiben Sie keinen großen Aufwand. Bereiten Sie einige Club-Sandwiches vor, und schieben Sie sie kurz vor dem Verzehr in ein Backrohr. Das ist leicht und bekömmlich. Wenn sich Ihre Gäste bei Ihnen wohl fühlen und bis in die frühen Morgen bleiben, so bieten Sie ihnen eine kräftige Mitternachtssuppe, eine scharfe ungarische Gulaschsuppe, eine inhaltsreiche Hühnerbouillon oder eine französische Zwiebelsuppe. Zu fortgeschrittener Stunde finden Sie für einen starken Kaffee bestimmt dankbare Abnehmer.

Ich überlasse, wie ich es Ihnen schon mehrmals dargestellt habe, ein Fest nach Möglichkeit nie seinem eigenen Ablauf. Ganz besonders ist solch ein Tanzvergnügen geeignet, von starrer Partyroutine befreit zu werden. Da denke ich zunächst an die Tanzspiele. Sie können den Abend damit einleiten, daß Sie den Ankommenden eine Hälfte einer geteilten Postkarte überreichen und sie bitten, sich den Partner mit der dazu passenden anderen Hälfte zu suchen und mit ihm den ersten Tanz zu drehen. Damit haben Sie schon am Anfang eventuell zusammenhängende Paare auseinandergebracht. Oder, um es umgekehrt zu sagen, eventuell einander unbekannte Tänzer miteinander verkuppelt. Auch an die

*Requisiten eines stimmungsvollen
Tanzabends auf heimischem Parkett*

altbekannte Polonaise sei erinnert. Sie brauche ich wohl nicht mit ihren Möglichkeiten zu beschreiben. Beim Ballontanz hängt an einem Bein der tanzenden Herren ein bunter Luftballon. Dann beginnt die Jagd auf die Ballons, die durch Drauftreten zum Platzen gebracht werden müssen. Aufgabe der Damen ist es, den Ballon des Partners vor den Zudringlichkeiten der Meute zu schützen. Geplatzter Ballon bedeutet Ausscheiden. Das zuletzt übriggebliebene Paar wird zum Sieger erklärt. Es erhält einen Ehrentanz zugesprochen.

Mit einem Mini-Tanzturnier können Sie auch der Korona zeigen, was Sie in Ihrem privaten Tanzkursus gelernt haben. Vielleicht bringen Sie und Ihre Gäste auch so viel Mut und Humor auf und führen mit einem Partner eine komische originelle Tanznummer vor. Entweder einen verrückten Rock 'n' Roll, einen Schuhplattler, »Schmidtchen Schleicher« oder einen ausdrucksvollen Tango. Als Abschluß dieser Einlage würde ich vorschlagen, daß alle Versammelten einen Kaiserwalzer tanzen. Und in der anschließenden Pause stärkt man sich dann stilgerecht mit einem Wiener Kaiserschmarrn.

Zwischen Walzer und Tango

Club-Sandwiches
Eine Scheibe getoastetes Weißbrot mit grünen Salatblättern belegen und mit Mayonnaise bestreichen. Darauf Hühnerbrustscheiben legen und darauf wieder eine Scheibe Toast. Auf die zweite Scheibe Toast die folgenden Zutaten schichten: in Streifen geschnittenen grünen Salat, Mayonnaise und Ketchup, eine Chester-Scheiblette, in Scheiben geschnittene Hühnerbrust. Kurz im Ofen überbacken und mit Mandarinenfilets garnieren.

Forellencocktail
(für 8 Pers.)
8 geräucherte Forellenfilets
100 g Champignons in Scheiben
100 g Remoulade
Kopfsalatblätter
Zitronenecken
Olivenscheiben
Petersilie

Forellenfilets enthäuten und in große Würfel schneiden. Die Filetwürfel, Champignonscheiben und Remoulade vorsichtig miteinander mischen. Cocktailschalen mit Salatblättern auslegen, darauf den Cocktail anrichten. Mit Zitronenecken, Olivenscheiben und Petersilie garnieren. Dazu Toast und Butter reichen.

Kaiserschmarrn
(für 6 Pers.)
100 g Mehl
1 Tasse Milch
2 Eier
20 g flüssige Butter
das Abgeriebene von 1 Zitrone
Salz, Vanillezucker
25 g geröstete Mandeln
25 g Sultaninen

Mehl, Milch, Eier, Butter, abgeriebene Zitrone, Salz und Vanillezucker zu einer Masse verarbeiten. In einer heißen Pfanne die Masse auf der Unterseite anbacken, Mandeln und Sultaninen daraufstreuen. Mit einer Gabel die Masse auseinanderreißen und noch etwas bräunen.

Überraschungs-Stegreifparty

Ich habe Ihnen bisher manche Partys und Feste beschrieben, Ihnen gesagt, zu welchen Gelegenheiten man sie mit welchen Personen feiert. Was man dabei ißt und trinkt. Aber Sie haben bestimmt festgestellt, wie fließend die Grenzen vieler Veranstaltungen ineinander übergehen. Einen Geburtstag können Sie mit einem festlichen Abendessen feiern, aber auch einen lustigen Tanzabend. Die Gartenparty kann als ein Grillvergnügen, aber auch als Kartoffelfest gefeiert werden. Und nun beschreibe ich, wie auf einer Überraschungsparty aus dem Stegreif ein Quicklunch gezaubert werden kann. Das heißt, strenggenommen handelt es sich dabei um drei verschiedene Partyformen. Aber sie haben wie halt viele Partys so viel Gemeinsames, daß man auch eine daraus machen kann.

Wenn eine spontane Aktion zu einem schönen Erfolg geraten soll, gehört schon eine gehörige Portion Glück dazu. Es bleibt zuviel dem Zufall überlassen, als daß es immer gutgehen kann. Was nützt es, seine Freunde aufzufordern, vorbeizuschauen, wann immer ihnen danach zumute ist, und sie nehmen dann eine solche Aufforderung ernst, wenn man vor leerem Kühlschrank und leerem Keller steht! Was nützt die joviale, gute Absicht, einen Kollegen plötzlich am Abend mit nach Hause zu bringen, und die Ehefrau dreht ob des überraschenden Besuchers, einem Nervenzusammenbruch nahe, durch! Natürlich läßt sich aus all diesen leichtfertig heraufbeschworenen kleinen Katastrophen mit etwas Improvisationstalent immer noch etwas Gutes, eine beschwingte Überraschungsparty, ein erfolgreiches Quicklunch, machen. Aber ich halte doch mehr von planender Vorsorge.

Als erstes schlage ich deshalb für den Fall, daß einen liebe Freunde überfallen, vor, in der Kühltruhe einen eisernen Bestand an Fleisch zu horten. Es muß sich allerdings, soll es seinen Zweck erfüllen, schnell auftauen lassen. Zum Beispiel Leber, fertig zubereitetes Gulasch, Koteletts oder auch Forellen. Im Vorratsschrank sollten sowieso immer vorhanden sein: Tüten- und Dosensuppen, Fisch-, Fleisch- und Gemüsekonserven, Würstchen in Dosen und Mayonnaisen. Achten Sie also darauf, diese Nahrungsmittel sofort zu ersetzen, wenn sie im täglichen Gebrauch oder mit Freunden verzehrt worden sein sollten. Bier, Wein und sonstige Alkoholika sind im Hause eines Partyfreundes ja wohl immer zu finden.

225

Wir sollten uns darüber im klaren sein, unser Haus hat für gute Freunde stets offenzustehen. Auch wenn es mit momentanen beschwerlichen Umständen verbunden ist, haben sie ein Anrecht auf Gastlichkeit. Lassen Sie sie auf keinen Fall merken, daß sie sich besser angemeldet hätten. Zeigen Sie vielmehr, was ein wahrer Gastgeber ist. Sie werden schon nicht noch einen Liter Wasser in die bereits gekochte Suppe schütten müssen. Souverän werden Sie vielmehr mit den Ihnen zur Verfügung stehenden Vorräten eine Party aus dem Ärmel schütteln. Und Sie werden es zu schätzen wissen, daß man gern bei Ihnen feiert und daß man Ihnen zutraut, Ihren Gästen auch unvorbereitet einen schönen Tag oder Abend zu bereiten.

Aber auch die einfallenden Freunde könnten etwas vorausschauen. Als er-

stes müssen sie sich ihrer Menschen-
kenntnis erinnern. Neben guten Freunden sollten nur Leute mit viel Humor und
starken Nerven heimgesucht werden.
Überlegen Sie auch, ob ein nicht ange-
sagter Besuch nicht unter Umständen
völlig ungelegen kommen könnte. Und
sind Sie bei dem Beglückten eingetroffen, erwarten Sie nicht, daß er Ihnen
sofort um den Hals fällt. Lassen Sie ihm
erst einmal Zeit, sich wieder zu fangen.
Und wenn Sie ein wirklicher Freund des
Hauses sind, packen Sie mit zu und
decken den Tisch, brutzeln etwas, oder,
wenn Sie nicht sowieso etwas mitgebracht haben, gehen Sie schnell mal um
die Ecke und holen noch einige Kleinigkeiten ein.
Junggesellen muß man aufklären, daß
ein gefüllter Kühlschrank auf Junggesel-
linnen wirken kann wie ein Topf Honig

auf Bienen. Schaut dann tatsächlich die Angebetete vorbei, muß sich sein raffiniert assortierter Kühlschrank bei einem ohne großen Zeitverlust zu realisierenden Schmaus, eben einem Quicklunch, bewähren. Aber bitte nicht scharfen Getränken die Verführungskünste überlassen!

Ein schönes Beispiel, wie aus einem überraschenden Überfall eine runde Stegreifparty werden kann, erlebte ich vor kurzem. Durch Zufall hatte ich erfahren, daß ein guter Freund seinen fünfzigsten Geburtstag allein, nur mit seiner Familie, begehen wollte. Ihm stand wegen irgendwelcher Schwierigkeiten nicht der Sinn nach großem Feiern. Das konnten wir wirklich nicht zulassen. Jeder von uns übernahm einen Teil der Partyverpflegung. Einer brachte ein riesiges Trum Schweinsbraten, einer eine Menge Käse, einer alle möglichen Sorten Brot, wieder ein anderer ein Faß Bier mit Wechsel und Schlegel. Auch an Wein für die Damen und an Obst und Dessert für den Nachtisch

wurde gedacht. Mit einem Gitarren- und einem Zieharmonikaspieler hatten wir sogar unsere eigene Musik mitgebracht. Es hat nicht lange gedauert, bis für unseren Freund die Überraschung zu seiner schönsten Geburtstagsparty wurde. Ich bin sicher, wir haben ihm mit unserem rücksichtslosen, fröhlichen Antanzen die größte Geburtstagsfreude bereitet.

Sollten Ihnen noch Ideen für eine Stegreifparty (Stegreif = altertümlich für Steigbügel; aus dem Stegreif = ohne vom Pferd zu steigen, ohne Vorbereitung) fehlen: sie ist das Beste, was Sie aus einer schlechten, langweiligen Party machen können. Einige gleichgesinnte Unternehmungslustige werden Sie abwerben können. Und dann ist nur noch die Frage zu klären: bei wem feiern Sie jetzt richtig? Da zeigt sich dann der wahre Lebenskünstler, der ja immer auch ein Partykünstler ist. Er hat vorgesorgt und kann, ohne sich zu blamieren, die ganze Partie zu sich laden. Dann wird sich aber auch herausstellen, daß er die richtigen Kumpane mitgenommen hat. Denn einige schnelle Handgriffe sind schon nötig, bevor das improvisierte Fest steigen kann. In der Küche gilt es zunächst einmal, eine Grundlage zu zaubern. Getränke müssen aus dem Keller geholt oder zu lustigen Drinks gemixt werden. Ein Disk-Jockey sucht im Radio die richtige Musiksendung und sichtet gleichzeitig die vorhandenen Schallplatten und stellt ein individuelles Programm zusammen.

Sie können eine Überraschungsparty aber auch ganz anders feiern. Sie brauchen dann nur im Kapitel »Bottleparty« (siehe S. 98) nachzulesen. Dort werden Sie finden, daß der Erfolg einer Mitbringparty im wesentlichen davon lebt, daß jeder die anderen mit seinem Gericht, mit seinen Getränken überrascht.

Auf Partys und frohen Festen genießen wir die zwanglose Verbundenheit zu unseren Mitmenschen. Über den unverhofften Besuch freuen wir uns ganz besonders, kommen diese Menschen doch unaufgefordert zu uns. Sie können damit einen gewöhnlichen Alltag zu einem fröhlichen Festtag für alle Beteiligten werden lassen.

Rasch gemacht und gern gegessen

Roquefort-Birnen
Gedünstete Birnen aus der Dose abtropfen lassen. Halb Roquefort und Frischkäse cremig verrühren. In die Birnen füllen. Mit grobem Pfeffer und Paprikapulver bestreuen.

Überraschungssteak
Steak in der Pfanne von beiden Seiten braten. Banane der Länge nach halbieren, kurz anbraten und auf das Steak geben. Auf frisch getoastetem Weißbrot anrichten. Dazu Exotik-Relish oder Mexican-Relish.

Schweizer Kaffee
Heißen starken Kaffee halbvoll in Tassen gießen. Mit geschlagener Sahne auffüllen. Geraspelte Schokolade darüberstreuen und bei Tisch Kirschwasser darüberlaufen lassen.

Umzugsparty

Wer umzieht, und sei es gar von einer Stadt in eine andere, dem steht der Sinn zumeist nicht nach Festen und Feiern. Es gibt aber auch Leute, die sich gerade von dieser Art von Schwebezustand angeregt fühlen, etwas Besonderes aufzuziehen. Solche Leute waren es, die mich vor einiger Zeit eingeladen haben, an ihrer Auszugs- und Abbruchparty teilzunehmen. Die Gastgeber hatten eine alte Villa in der Nähe von München bewohnt, die einer Eigentumswohnanlage weichen sollte. Das war an sich kein erfreulicher Anlaß. Aber die Gastgeber hatten sich offensichtlich gesagt: wenn es schon sein muß – dann richtig!

Jeder der Eingeladenen mußte also im Maureranzug kommen und eine Axt mitbringen. Und dann durfte jeder auf seine Weise am – unausweichlichen – Abbruch dieses Hauses mitwirken. Die ganze Gesellschaft wurde auf das Haus losgelassen, haute Fenster, Türen und Türstöcke heraus und hauste, mit Verlaub, wie die Vandalen. Es ist erstaunlich, mit welcher Besessenheit sich sonst ganz gesittete Leute ihrem Zerstörungswillen hingaben. Und das sollten sie ja auch! Nach und nach fand sich schließlich alles, was seine Kräfte verausgabt hatte, in den beiden Räumen ein, die unversehrt geblieben waren: einem Kellerraum, in dem Brauereibänke aufgestellt waren, und der Küche nebenan, in der ein uralter Kohlenherd stand. Es gab Bier, es gab Schnaps, und auf dem Herd wurde gekocht, was die Eingeladenen mitgebracht hatten. Der eine fabrizierte ein sehr pikantes ungarisches Gulasch mit geschabten Nockerln, der andere servierte Blut- und Leberwurst mit Bratkartoffeln, einer briet ein Schweinskarree und machte Salat dazu, ein Paar schließlich hatte sich etwas Besonderes ausgedacht: einen Linseneintopf mit Kartoffeln und – Hummer, nach einer

Harter Arbeit raffinierter Lohn:
Linsen und Hummer in einem Topf

Empfehlung von mir. Einer brachte einen Riesenlaib Käse und Holzofenbrot, ein Paar hatte für die Getränke gesorgt – weißen und roten Landwein, Bier und Schnaps –, und ein anderes Paar hatte sogar einen Chansonnier mitgebracht, der Lieder zur Gitarre sang. Die Töpfe und Pfannen standen alle auf dem Herd, jeder schöpfte nach Belieben heraus, was er gerade essen wollte. Es wurde ein sehr vergnügtes Fest, genau das, was die Gastgeber gewollt hatten. Denn im Grunde waren sie ja traurig darüber, daß dieses schöne Haus abgerissen werden sollte.

Umzugspartys kann man entweder in der alten oder in der neuen Behausung machen. In jedem Fall wird der Rahmen denkbar einfach sein, um nicht zu sagen: primitiv. Keiner der Eingeladenen wird Komfort, Eleganz und ausschweifende Menüs erwarten. Außerdem läßt man ja schon bei der Einladung erkennen, was auf dem Programm steht: kommt und helft uns Abschied feiern von unserer alten Wohnung! Oder: kommt und seht euch unser neues Haus im Rohzustand an! Ob man sich für das eine oder das andere entscheidet, hängt wohl nicht nur von mancherlei Umständen, sondern auch von der persönlichen Einstellung ab. Bei einer Auszugsparty werden Kisten herumstehen, die noch nicht abtransportiert sind und als Sitzgelegenheiten herhalten müssen. Man kann dabei auch das Angenehme mit dem Nützlichen verbinden, lädt also seine Freunde ein zum Feiern, und anschließend trägt man gemeinsam die letzten Möbel und Kisten hinunter in den Möbelwagen!

Kindern – Ihren eigenen oder denen aus der Nachbarschaft – können Sie beim Auszug ein großes Freudenfest bereiten. Sagen Sie ihnen bei der Einladung, sie möchten alle einen Malerkittel oder etwas Ähnliches mitbringen. Dann stellen Sie ein paar Farbtöpfe und für jedes einen Pinsel bereit und geben ihnen einen Raum, in dem sie nach Herzenslust Wände, Fußböden und Decken bemalen

können. Dabei können Sie den Kindern, je nach Ihrem Geschmack, zwei Möglichkeiten zeigen. Entweder eine wilde Farborgie zu veranstalten, was natürlich ein Mordsspaß sein kann. Oder aber jedes Kind malt auf einer ihm zugewiesenen Fläche ein möglichst schönes Bild, und das schönste bekommt einen Preis. Bei einer Einzugsparty kann man das allerdings nicht machen. Dabei wird es aller Wahrscheinlichkeit nach überhaupt etwas gesitteter und vorsichtiger zugehen. Denn niemand sieht es gern, wenn die neu hergerichtete Wohnung schon am ersten Tag des Einzugs so strapaziert wird. Besonders festesfreudige Leute laden daher schon einige Zeit vor dem Einzug, manchmal sogar in den Rohbau ein. Denn da kann nicht viel passieren. Doch das geht dann schon mehr in die Richtung »Richtfest« (siehe S. 190) oder »Hebauf«, wie man in Bayern sagt.

Ob nun Auszugs- oder Einzugsparty: in jedem Fall geht es höchst zwanglos und ganz schlicht zu. Niemand wird Anstoß daran nehmen, daß er auf dem Fußboden

sitzen und vom Pappteller essen muß. Es gibt etwas ganz Einfaches: einen warmen Schinken, einen Schweineschlegel, einen frischen warmen Leberkäse oder ein Brett mit Gehacktem und eines mit Käse. Dazu ein Bier vom Faß und einen Obstler oder einen Korn. Hierzu noch einen Tip, der auch für andere Anlässe ähnlicher Art gilt. Wenn es schon Bier vom Faß gibt, dann sollte man auch noch Bierkrüge oder -gläser auftreiben! Denn Bier aus dem Pappbecher schmeckt nun einmal nicht halb so gut.

Wenn Sie sich in die Lage eines Umziehenden versetzen, werden Sie leicht verstehen, daß der wahrscheinlich lieber eine Auszugsparty feiert als eine Einzugsparty. Denn es ist leichter, gewissermaßen die Brücken hinter sich abzubrechen, als im neuen, noch unfertigen Heim schon wieder mit dem »liederlichen Leben« anzufangen. Trotzdem steigen verhältnismäßig viele Einzugspartys. Wie dieser Widerspruch zu erklären ist? Ganz einfach: wenn man nicht eingeladen wird, dann lädt man sich halt selber ein! Eine nette Idee: ein paar Freunde tun sich zusammen und »überfallen« die frisch Eingezogenen in ihrem neuen Heim. Jeder bringt etwas mit, der eine das Fleisch, der andere die Salate, der dritte Brot und Käse, der vierte das Getränk, der fünfte Teller, Gläser und Bestecke. Und dann fahren alle zusammen mit großem Hallo und lautem Auto-Hupen an der neuen Wohnung vor. Ich habe mich schon mehrfach davon überzeugen können: die also Überfallenen, so abgekämpft und müde sie auch gewesen sein mögen, haben sich immer herzlich über solche Heimsuchungen gefreut.

Auch das hat es schon gegeben: die Freunde kommen nicht zum Feiern, sondern zum Arbeiten, das heißt, daß sie sich vorgenommen haben, bei der Einrichtung des neuen Domizils mit Rat und auch mit Tat zu helfen. Da muß man natürlich schon sehr großzügige unfreiwillige Gastgeber haben, die sich das gefallen lassen. Denn der Witz bei einem

solchen Überfall ist ja der, daß die ungebetenen Gäste sich jetzt in Einrichtungsfragen einmischen und sagen: »Die Polstergruppe solltet ihr dahin stellen« oder: »Das Bild gehört meiner Ansicht nach dort aufgehängt.« Doch wer charakterstark genug ist, das über sich ergehen zu lassen, der kommt sicherlich zu einer originellen Einrichtung.

Linseneintopf mit Hummer

(für 10 Pers.)
3 l Hühnerbrühe
1 Bund Dill
Kümmel
5 lebende Hummer à 750 g
500 g Linsen
250 g mageren Speck gewürfelt
50 g gewürfelte Zwiebeln
100 g gewürfelte Karotten
100 g gewürfelte Sellerie
50 g gewürfelte Petersilienwurzel
500 g gewürfelte Kartoffeln
70 g Tomatenmark
Thymian, Salz, Pfeffer
2 EL Cognac
2 EL Weißwein

Die Brühe mit Dill und Kümmel aufkochen. Darin die Hummer ca. 20 Minuten sieden. Die Hummer herausnehmen, warm stellen und die Brühe durchsieben. Die Linsen in die Brühe geben und kochen. Speck, Zwiebeln, Karotten, Lauch, Sellerie und Petersilienwurzel in der Pfanne andünsten und mit den Kartoffeln zu den Linsen geben. Mit Tomatenmark, Thymian, Salz und Pfeffer abschmecken und garkochen. Cognac und Weißwein dazugeben. Die halbierten Hummer darauf anrichten.

Vesper

Ich bin kein Philologe und noch weniger ein Etymologe, wie man die gelehrten Leute nennt, die sich für die Herkunft und die Verwendung einzelner Wörter interessieren. Doch als gebürtiger Münchner, der hin und wieder auch über den Main nach Norden vordringt, fällt mir etwas auf – und ich glaube nicht, daß ich mich täusche: in Nord- und Westdeutschland scheint es kein eigenes Wort für die angenehme Zwischenmahlzeit am Nachmittag zu geben, die in Süddeutschland allgemein als »Vesper« bezeichnet wird. Die Österreicher haben dafür das appetitliche Wort »Jause«, das meines Wissens aus dem Slowenischen kommt. In der Schweiz gibt es das »Z'vieri« (was man, wie es das Wort sagt, gegen vier Uhr nachmittags zu sich nimmt). Und mit diesen Begriffen sind wir im süddeutschen Sprachraum so familiär, daß wir sie uns ohne Schwierigkeiten auch zu Tätigkeitswörtern zurechtgebogen haben. Wir gehen also vespern, brotzeitmachen oder jausen.

Diese zwanglose Mahlzeit kann ich jedem, wo er auch immer zu Hause sein mag, nur wärmstens ans Herz legen. Doch zuvor sollten wir uns noch kurz an ihren Ursprung und an ihre Tradition erinnern. Vesper, Brotzeit, Jause und so weiter stammen aus der Zeit, als man bei uns noch überwiegend körperlich schwer arbeitete, also zwischen Frühstück und Mittagessen, und zwischen Mittag- und Abendessen durchaus in der Lage war, eine stärkende Zwischenmahlzeit zu sich zu nehmen. In dieser Zeit gab es bekanntlich auch keine Probleme mit überschüssigen Kalorien. Daraus sollten wir, schlage ich vor, die Folgerung ziehen, eine Einladung zur Vesper oder Brotzeit mit körperlicher Betätigung zu verbinden.

Eine Vesper- oder auch eine Brotzeitparty kann ich mir am besten im Winterhalbjahr vorstellen. Zum Beispiel nach einer ausgedehnten Wanderung, nach einer großen, schweißtreibenden Runde in der Langlaufloipe, nach einer gemeinsamen Absolvierung des Fitneßparcours – oder auch im Anschluß an eine Do-it-yourself-Aktion. Ich kenne zum Beispiel einen Mann mit einem wunderschönen Wochenenddhaus in den bayerischen Bergen. Nach dem Motto »Der nächste Winter kommt bestimmt« bestellt er sich im Herbst ein paar Festmeter Holz für seinen Kamin. Und dann lädt er zum Wochenende vier, fünf schlagkräftige

Freunde ein, die ihm das Holz zerkleinern helfen. Natürlich hätte er sich das Holz auch in Scheiten kommen lassen können. Doch damit hätte er keinen Aufhänger für seine Brotzeitparty gehabt, und seine Freunde wären schön enttäuscht gewesen. So aber freuen sie sich schon die ganze Woche lang auf den Samstag, an dem sie auf dem Grundstück ihres Gastgebers Holz hacken können, daß die Späne nur so fliegen. Wenn dann die Scheite kunstgerecht an der Hauswand gestapelt sind, haben sich die Holzhacker ihre Vesper redlich verdient. Es bedarf eigentlich keiner besonderen Erwähnung, daß sie ihnen nach getaner Arbeit viel, viel besser schmeckt und bekommt, als wenn sie sich nach dem Mittagessen zwei Stunden aufs Ohr gelegt oder einen Fernsehfilm angesehen hätten. Die Damen, die bekanntlich fürs Holzhacken weniger geeignet sind, hatten unterdessen einen ausgedehnten Spaziergang durch die bayerische Voralpenlandschaft unternommen.

In diesem Fall also waren die Damen mit von der Partie. Aber eine derart deftige Vesperparty kann auch ein Anlaß sein, zu dem die Männer einmal unter sich bleiben wollen. Daher erklärt es sich wohl auch, daß das die Gelegenheiten sind, bei denen ich die meisten Witze höre. Witze sind ja, weil sie meistens sehr schnell sehr eindeutig werden, vor allem etwas für sogenannte Herrengesellschaften. Leider gehöre ich selbst zu den Leuten, die sich keinen Witz merken können. Wenn ich aber ahne, daß ich in einen Kreis komme, in dem reihum Witze erzählt werden (man kennt ja seine Pappenheimer!), dann helfe ich mir mit folgendem Trick: Ich habe mir Papiermanschetten machen lassen, auf denen ich gelegentlich geschäftliche Notizen festhalte. Nach Besprechungen oder Telefongesprächen ziehe ich die Manschette einfach aus und gebe sie meiner Sekretärin, die das Weitere veranlaßt. Auf diese Manschetten schreibe ich auch meine »witzigen« Stichwörter, mit deren Hilfe ich mich bisher noch immer mit Anstand aus der Affäre gezogen habe.

Zugegeben, das Verfahren ist nicht sehr originell, aber zweckmäßig. Und das zählt. Übrigens, kennen Sie den? »Der Ober bringt dem Gast eine Tasse mit einem Sprung. Der Gast moniert das. Darauf der Ober: ›Da können Sie sehen, wie stark unser Kaffee ist.‹« Oder den: »Der Geschäftsführer geht durchs Restaurant. Ein Gast hält ihm vor: ›Ich habe auch schon besser gegessen.‹ Der Geschäftsführer: ›Aber nicht bei uns!‹« »Der Ober bringt ein Schnitzel, trägt es aber in der bloßen Hand. Der Gast: ›Servieren Sie das immer so?‹ Der Ober: ›Nein, nur dieses Mal, damit es nicht wieder herunterfällt.‹«

Aber diesen kennen Sie doch sicherlich noch nicht: »Ein Angehöriger der Philharmoniker wird gefragt, was Karajan heute dirigiere. Er antwortet: ›Was Karajan dirigiert, weiß ich nicht, wir spielen auf jeden Fall die Fünfte von Beethoven.‹«

Zurück zur Vesper. Es liegt in der Natur der Veranstaltung (denken Sie nur an die Holzhacker), daß man handfeste, nahrhafte Kost in einfacher Form anbietet. Ich würde einen Vespertisch anrichten, den ich zuvor mit Zweigen und Blättern ganz schlicht dekoriert habe. Herbstlaub oder Latschengrün machen sich dabei immer gut. Auf den geschmückten Vespertisch würde ich stellen: große Holzbretter mit Hausmacherwurst, mit kaltem Braten, mit Kasseler, alles im Stück, von dem sich jeder herunterschneiden kann. Dazu eine große Schüssel mit lauwarmem Kartoffelsalat und vielleicht auch hartgekochte Eier. Wenn es sich

machen läßt, ebenfalls lauwarm, denn so schmecken sie besser. Das wäre sozusagen die Grundausstattung, die Sie noch anreichern können: zum Beispiel mit einer hausgemachten Sülze oder einem schwarzen und weißen Preßsack, jeweils in Essig und Öl; mit einem angemachten Camembert oder einem Stückkäse oder beidem; mit einem großen Topf Landbutter und/oder frisch ausgelassenem Griebenschmalz; mit ein paar Sorten kräftigen Landbrots, Radieschen, Salzgurken, Senfgurken, Rote Rüben und mehreren Senfsorten.

Apropos Senf: wissen Sie, woran die Senffabrikanten reich werden? An dem nicht gegessenen Senf, der in den Gläsern und Tuben eintrocknet und dann weggeworfen wird. Da ich nichts dagegen habe, wenn andere Leute (auch) gut verdienen, mache ich mir immer einen Spaß daraus, bei solchen Gelegenheiten möglichst viele verschiedene Sorten Senf

Deftige Spezialitäten

Bayerische Hausmachersülze
Gepökeltes Eisbein ca. 1 Stunde mit Lorbeerblättern, Zwiebeln und Pimentkörnern kochen. Das Eisbein von dem Knochen lösen und die Haut abziehen. Das Fleisch, die Haut, Gewürzgurken und Zwiebeln in Würfel schneiden. Die Eisbeinbrühe sieben. Die Zwiebeln in der Brühe kochen. Danach Fleisch, Haut und Gewürzgurke dazugeben und mit Salz, Zucker und Essig abschmecken. Eingeweichte Blattgelatine darunterziehen und kalt stellen.

Gänseweißsauer
Eine frische Gans mit Zwiebeln, Salz,

Lorbeerblatt und Pimentkörnern ca. 1½–2 Stunden kochen. Die Gans enthäuten und die Knochen entfernen. In eine durchsichtige rustikale Glasform zuunterst das Keulenfleisch legen, darauf die in Scheiben geschnittene Gänsebrust anrichten. Am Rand abwechselnd Gewürzgurkenscheiben und Tomatenviertel legen. Die Gänsebrühe entfetten, mit Essig, Salz und Zucker abschmecken und mit eingeweichter Gelatine gelieren. Mit der Brühe Gans, Gurke und Tomaten bedecken und kalt stellen.

Miesbacher Nockerl
aus dem Hause Käfer
Miesbacher Käsewürfel mit gleicher Menge Butter vermengen. Viel gehackten Schnittlauch dazugeben und darunterziehen. Die Käse-Buttermasse eiförmig auf einem Holzbrett anrichten.

aufzutischen: süßen, scharfen, extra scharfen Senf, Meerrettichsenf, englischen Senf, Dijoner Senf und so weiter. Das ist ein hübscher kleiner Gag, der nicht viel kostet, doch die Gäste zu allerlei Experimenten anregt.

Getränke: auf einen Aperitif würde ich verzichten. Er paßt meiner Meinung nach weder zur Vesper noch zur Brotzeit. Statt seiner würde ich einen gekühlten klaren Schnaps anbieten. Sehr willkommen wird Gästen, die aus der Kälte kommen, auch ein heißer Tee sein, zumal wenn dieser mit Rum »verstärkt« ist; in Österreich nennt man ihn dann »Jagertee«. Anschließend sollte es nur noch einen schönen kräftigen Landwein aus der Karaffe oder ein frisches Bier geben. Dem Charakter einer Vesper entspricht ein gemächlicher Ablauf. Sie kann sich ruhig über zwei, drei Stunden hinziehen. Machen Sie also nicht den Fehler, und räumen Sie den Tisch ab, wenn Ihre Gäste gesättigt zu sein scheinen. Lassen Sie alles stehen, wie es steht, und Sie können sicher sein, daß spätestens nach einer halben Stunde besinnlichen Verdauens der erste wieder aufsteht und noch einmal zulangt. Die anderen werden wahrscheinlich folgen – und so soll das auch sein!

Handfeste Kost auf dem appetitlich gedeckten Vespertisch

Wahlparty

Es ist schon merkwürdig. Als eine Wahlnacht noch ungeheuer spannend verlaufen konnte, weil die Ergebnisse sich erst langsam, Wahlkreis für Wahlkreis, addierten, kam kaum ein Mensch auf die Idee, zu einer Wahlparty einzuladen. Heute aber häufen sich, zumindest in den großen und größeren Städten, die Wahlpartys. Dabei ist die Spannung an einem solchen Abend schnell raus. Unsere Fernseh-Elektronengehirne wissen ja schon eine knappe Stunde nach Schließung der Wahllokale ganz genau, wohin die Reise geht. Und ab zwanzig Uhr handelt es sich gerade noch um die erste oder zweite Stelle nach dem Komma. Darüber sollte man sich jedenfalls im klaren sein, bevor man sich zu einer Wahlparty-Einladung entschließt – und die entsprechenden Konsequenzen ziehen.

Eine andere Überlegung, mit der man vorher im reinen sein muß: will man die Wahlparty mehr als politische Diskussion oder mehr als Unterhaltung aufziehen. Angenommen also, Sie haben sich stark für eine Partei engagiert und halten es für sehr wichtig, daß die von Ihnen favorisierte Richtung sich durchsetzt. Dann werden Sie sich bestimmt im Kreis Ihrer Gesinnungsfreunde am wohlsten fühlen – nach dem Motto: geteiltes Leid ist halbes Leid, geteilte Freud ist doppelte Freud. Und die Gäste von der anderen Seite würden sich wahrscheinlich unbehaglich fühlen, es könnte gar zu gereizten Reaktionen oder Reibereien kommen. Und das kann ja nicht der Sinn einer Party sein.

Sollten Sie dagegen den Ausgang der Wahl als eine Art spannenden Politkrimi betrachten – mal sehen, wer's war –, dann können Sie natürlich Ihre Gäste nach Belieben mischen. Aber laden Sie auch dann keine Fanatiker ein. Von denen genügt ein einziger, um die Atmosphäre zu vergiften. Andererseits macht es den Abend nur reizvoller und auch unterhaltsamer, wenn man über die verschiedenen Parteiexponenten, die unterschiedlichen Standpunkte diskutieren und freundschaftlich streiten kann. Es ist ja schade, aber das liegt wohl in der menschlichen Natur und ist deshalb kaum zu ändern; nur wenige Menschen sind so tolerant und hören aufgeschlossen die Meinung des anderen an und ziehen sie gar bei den eigenen Gedankengängen in Erwägung. Die meisten wissen von vornherein, daß es nur ein politisches Programm gibt, das alle Probleme menschlichen Zusammenlebens löst. Dabei sollte es doch unter erwachsenen Menschen möglich sein, politisch auch kontrovers zu diskutieren. Wer allerdings überhaupt keine politische Meinung hat, der hat, meine ich, auf einer Wahlparty auch nichts zu suchen. Denn er kann ja nichts zur Unterhaltung beitragen.

In welcher Form zieht man eine Wahlparty auf? Ich meine, so ungezwungen wie möglich. Am besten ist sicher dran, wer sagen kann, am Sonntag ab 18 Uhr ist »open house« bei uns. Schaut zu, daß Ihr kommen könnt. Wer sich zum »open house« entschließt, sollte aber sicher sein können, daß er letzten Endes in seinem Haus nicht allein bleibt. Er muß also einerseits eine ganze Menge Leute einladen, die dann vielleicht auch erst viel später vorbeikommen. Und er muß andererseits eine ausreichende Anzahl von festen Zusagen haben, damit aus der Wahlparty keine Zitterparty wird. Zwölf bis fünfzehn Gäste sind das Minimum für eine Wahlparty. Sonst kann sich nicht die knisternde Atmosphäre entwickeln. Zu einer Wahlparty braucht man sich nicht unbedingt etwas einfallen zu lassen, weil die entscheidenen Impulse ja von außen kommen. Man kann sich aber auch eine ganze Menge einfallen lassen, um den Abend – trotz der schnellen Computer – unterhaltsam und spannend zu gestalten. Zumindest würde ich zwei Fernsehgeräte aufstellen. Der Ton eines Apparats läßt sich ja abdrehen. Damit ist man in der Lage, die interessantesten Interviews der verschiedenen Matadore mitzubekommen. Weiter würde ich ein Wahlquiz organisieren, bei dem jeder seinen Tip für den Ausgang der Wahl abgeben kann. Die besten Voraussagen werden im Lauf des Abends, aber nicht, bevor das vorläufige Endergebnis feststeht, mit einer Flasche Schampus oder ähnlichem prämiiert. Das Wahlquiz hat deshalb seinen besonderen Reiz, weil viele Leute auf ein Ergebnis tippen, das nicht mit ihren politischen Wünschen übereinstimmt. Geht die Wahl also nicht nach ihren Wünschen aus, so können sie sich wenigstens mit dem gewonnenen Quiz trösten – und umgekehrt. Ein Verfahren, das übrigens nicht nur beim Wahltip praktiziert wird. Selbst den Ausgang von Ereignissen im täglichen Leben sagen sich viele Unsichere mit dieser fragwürdigen Methode voraus und glauben, sich selbst so oder so eine Freude zu bereiten.

Eine Wahlparty ist kein Faschingsfest. Aber ich habe volles Verständnis für die Veranstalter einer Wahlparty, die sich von der Fülle der Möglichkeiten zu einer faschingshaften Dekoration ihrer Räume bewegen lassen. Alles, was die Parteien während des Wahlkampfs unter das umworbene Volk gestreut haben, eignet sich zur Dekoration: Plakate, Aufkleber, Handzettel, Anstecknadeln – bis hin zum Streichholzheftchen. Den Perfektionisten aber genügt das alles noch lange nicht. Sie bemühen sich auch um Plakate und Werbemittel aus Adenauers und Erhards Zeiten oder zumindest um Zeitungen mit den Schlagzeilen der Wahlergebnisse von 1949, 1957, 1969. Gerade die heute schon historischen Zeitungsseiten können Unterhaltung und Diskussion

ungemein anregen und beleben: was hat man damals gedacht, gehofft, befürchtet – und was ist daraus geworden?

Wer noch einen Schritt weitergehen will, kann den optischen Eindruck durch den akustischen verstärken: mit Tonbandaufnahmen aus Wahlveranstaltungen, die er besucht hat, aber auch mit historischen Mitschnitten aus früheren Wahlkämpfen. Ich möchte hierauf nicht näher eingehen. Denn passionierte Tonbandjäger wissen selbst am besten, welche phantastischen Möglichkeiten sich ihnen auf diesem Felde bieten.

Sie sehen schon: Essen und Trinken auf einer Wahlparty spielen selbst aus meiner Sicht eine sekundäre Rolle. Bei allen Dispositionen ist zu bedenken, daß es sich um einen Sonntagabend handelt. Meine Empfehlung lautet deshalb, auf die kürzeste Formel gebracht: so einfach wie möglich! Ich stelle mir da ein großes Brett mit verschiedenen Würsten im Stück vor, von denen man sich einfach etwas herunterschneidet. Und ein ebensolches Brett mit Käse, dazu mehrere Sorten Brot – Schluß, aus! Auf einer Wahlparty hat keiner Zeit und Lust, dem Essen große Aufmerksamkeit zu widmen, auch die Gastgeber nicht.

Apropos Käse: einen Gag, der allerdings nur im bayerischen Sprachraum denkbar ist, habe ich auf meiner letzten Wahlparty in München erlebt. Da hatte der Gastgeber ein schönes Käsebuffet angerichtet, darunter auch ein paar Stücke Stinkkäse, wie Harzer Roller, Mainzer Käse, Limburger, Münsterkäse. Und als die Wahl entschieden war, servierte er den Verlierern den Stinkkäse mit den Worten: »Gell, jetzt stinkt er dir!« Auf hochdeutsch: »Nicht wahr, jetzt ärgerst du dich!« Und weil er den richtigen teilnehmenden Ton fand, trösteten sich die Gäste, deren politische Hoffnungen sich nicht erfüllt hatten, mit diesem echt bayerischen Aperçu.

Das handfeste Thema »Wahl« bestimmt auch die Auswahl der Getränke. Achten Sie also darauf, daß ein schönes frisches Bier da ist, möglichst vom Faß, oder ein offener Landwein, am besten aber beides. Und wenn es darum geht, einen Wahlsieg unter Gesinnungsfreunden zu begießen, dann muß natürlich Champagner oder Sekt kalt gestellt werden. Die ernüchterten Verlierer sollten aber auch nicht mit Sprudel und Obstsäften abgespeist werden. Ein wachsames Auge gilt es, auf diejenigen unter den Gästen zu haben, welche ihre Enttäuschung über die Wahlniederlage in Alkohol zu ertränken suchen.

Sie haben die Wahl!

Russische Bitocks in Sauerrahm
Gemischtes Hackfleisch mit Ei, gedünsteten Zwiebelwürfeln, Knoblauch, Pfeffer, Salz und gehackter Petersilie zu einer Masse verarbeiten. Zu kleinen, flachen Frikadellen formen und in heißem Fett anbraten. Gehackte Zwiebeln und Steinpilze in Butter dünsten, mit saurer Sahne aufgießen und mit Salz, Pfeffer und Streuwürze abschmecken. Falls nötig, leicht binden, danach die angebratenen Frikadellen dazugeben und ziehen lassen. Die Bitocks in Sauerrahm im Tontopf servieren.

Gemüsebrühe mit pochierten Eiern
Aus Rinderbeinfleisch, Markknochen, Karotten, Lauch und Sellerie eine kräftige Brühe kochen. Die Brühe durch ein Sieb geben und würzen. Das Fleisch und Gemüse in Streifen schneiden und zur Brühe geben. Die Eier aus der Schale vorsichtig in eine Schöpfkelle geben und in Essigwasser ca. 3 Minuten leicht sieden. Die Brühe in eine Suppentasse geben, ein Ei mit dem Schaumlöffel dazugeben und mit gehacktem Schnittlauch bestreuen.

Weinprobe

Sicherlich muß ich bei Ihnen nicht erst das hartnäckige Vorurteil ausräumen, eine Weinprobe sei nur der Vorwand für eine muntere Zecherei unter Männern. So gehe ich gleich in medias res. Eine Weinprobe soll Weinkennern und

solchen, die es werden wollen, Gelegenheit geben, sich im Kreis von Gleichgesinnten über die Kreszenzen eines bestimmten Weingebietes zu informieren und ein Urteil zu bilden. Damit das möglich ist, muß die Weinprobe gut vorbereitet sein und nach festgelegten Regeln ablaufen.

Zur Vorbereitung: der Weinproben-Veranstalter sollte entweder selbst ein beschlagener Vinologe sein oder sich von einem Fachmann beraten lassen. (In eigener Sache darf ich verraten, daß gute Delikatessen- oder Weinhandlungen solche Fachleute für eine Weinprobe kostenlos zur Verfügung stellen – in der Erwartung, damit neue und anspruchsvolle Kunden zu gewinnen; diese Erwartungen gehen meistens in Erfüllung.) Zur Vorbereitung gehört ferner die Auswahl der Weine. Die Probe sollte sich unbedingt auf ein genau bestimmbares Weingebiet beschränken, also etwa den Rheingau, Franken, die Mosel. Und aus diesem Gebiet sollten dann Weine von höchstens zehn verschiedenen Lagen und Jahrgängen auf dem Tisch stehen. Schließlich sollte auch die Auswahl der Gäste im voraus richtig bedacht werden. Sie sollten Freude am und Verständnis für den Wein mitbringen. Für Kostverächter und Bier-Dimpfl ist der Aufwand zu schade.

Unter Aufwand möchte ich allerdings nur die geistige Investition verstanden wissen, denn der materielle ist für den Veranstalter nicht allzu groß. Mehr als acht bis zehn Personen würde ich nicht einladen, damit die einzelne Meinung noch richtig zur Geltung kommt. Weniger aber auch nicht. Denn nur so bleibt die Vielfalt der Urteile gesichert, die nun einmal zur Weinprobe gehört. Bei dieser Teilnehmerzahl aber genügt eine Flasche pro Lage und Jahrgang, die ja nur in kleinen Probiergläschen ausgeschenkt wird, wie man sie in jedem Kaufhaus für

Nach der Parade der guten Tropfen ein kleiner Imbiß zur Stärkung

243

ein paar Pfennige bekommt. Und zum Essen – besser: zum Beißen und Kauen – gibt es nur Brot. Am geeignetsten ist wohl immer noch ein einfaches, möglichst ungewürztes Bauernbrot. Bei vielen Weinproben werden Käsewürfel gereicht. Doch das halte ich nicht für ganz richtig, weil auch der Käse eine geschmackliche Ablenkung von der Hauptsache bedeutet, und die ist der Wein.

Mit der Einladung sollten Sie Ihren Gästen empfehlen, schon zu Hause eine nahrhafte Grundlage zu legen – denn bei Ihnen bekommen sie zunächst ja nur besagtes Brot zu essen. Wenn man aber zehn Weine durchprobiert und den einen oder anderen vielleicht sogar wiederholt, weil man ihm noch nicht so richtig auf die Spur gekommen ist, dann ist die Grundlage sozusagen lebensnotwendig. Denn so professionell wird eine Weinprobe im privaten Kreis ja doch nicht aufgezogen, daß die Probierer den Wein gar nicht trinken, sondern nur kauen und beißen und rollen und ihn dann wieder ausspukken. Der Spaß an der Freude muß schon auch dabei sein. Trotzdem sollte der große Holzbottich nicht fehlen, der den ungetrunken gebliebenen Wein aufnimmt. Denn es wird immer Weine geben, die einigen Probierern nicht behagen oder die sie sich zugunsten eines anderen Tropfens ersparen wollen.

Bei der anspruchslosesten Form der Weinprobe wird im Grunde keine Kennerschaft vorausgesetzt. Der Gastgeber oder sein Weinfachmann erzählt etwas über das ausgewählte Weinbaugebiet und die verschiedenen Weine, die nacheinander in jeweils frische Gläser ausgeschenkt werden.

Die Reihenfolge, in der die Weine kredenzt werden, sollte die Unterscheidungsmerkmale der Lagen und Rebsorten möglichst deutlich werden lassen. Auf diese Weise haben auch weniger erfahrene Weinbeißer die Chance, sich ein Urteil zu bilden. Zugleich sollte in der Reihenfolge auch eine gewisse Qualitätssteigerung zu erkennen sein. Das ist nicht immer ganz einfach, denn der Weingeschmack ist individuell doch recht unterschiedlich. Während der eine die milde Süße bevorzugt, ist der andere viel mehr auf rassige Säure aus. Der Preis allein kann dabei nicht als Maßstab dienen. Denn durchaus nicht immer ist der teurere Wein auch der, der besser ankommt. Jedenfalls aber sollte es sich einrichten lassen, daß der zuletzt probierte Wein einen von der Allgemeinheit anerkannten Höhepunkt bildet. Das könnte dann auch der Wein sein, der im Anschluß an den »offiziellen Teil« der Weinprobe, der gern zwei Stunden und mehr dauern darf, weitergetrunken wird. Von diesem Wein muß der Hausherr sich also mehrere Flaschen hinlegen. Will er es besonders gut machen, hält er sogar zwei Weine zur Auswahl bereit, falls die Gesellschaft sich nicht zu einem einhelligen Urteil durchringen kann.

Die anspruchsvollere Form der Weinprobe ist natürlich die, bei der mit verdeckten Karten gespielt wird. Auf den zu probierenden Flaschen treten Nummern an die Stelle der Etiketten, die nur der Gastgeber kennt. Auch die Probiergläser werden entsprechend der Zahl der Weine numeriert. Jeder Teilnehmer erhält Papier und Schreibgerät, damit er sich seine Notizen machen kann. Dabei geht es darum, für jeden Wein die betreffende Rebsorte, das Anbaugebiet, den Jahrgang, vielleicht sogar die Lage herauszufinden: mit den Augen an der Farbnuance zu erkennen, mit der Nase zu »erschnüffeln« und mit der Zunge und dem Gaumen herauszukosten. Erfahrungsgemäß fällt das Nicht-Fachleuten sehr schwer. Doch zumindest die Charakteristik des betreffenden Weins sollte möglichst treffend formuliert werden können. Am Schluß werden dann die Karten aufgedeckt, und jeder liest seine Notizen vor. Dabei stellen sich zwar immer wieder die erstaunlichsten Fehlleistungen heraus. Wer Angst hat, sich zu blamieren, sollte sich auf eine verdeckte Weinprobe gar nicht erst einlassen. Um so mehr Beifall verdienen diejenigen, die ganz oder teilweise richtig geraten haben. Auch da kann man die Feststellung machen, daß es immer noch (oder schon wieder?) Leute mit einem erstaunlichen Weinverstand gibt.

Es ist eine nette und empfehlenswerte Geste, wenn der Gastgeber für die erfolgreichsten Weinnasen einen Preis in Gestalt einer Flasche eines besonders guten Weins aussetzt. Im Grunde geht es aber bei der Weinprobe ja nicht um ein Wettraten, sondern um die ernsthafte Beschäftigung mit einer schönen und kultivierten Liebhaberei. Und für das Gelingen des Abends entscheidend ist es, daß die Gäste die Gelegenheit wahrnehmen, ihre Meinungen auszutauschen, sich ein Urteil zu bilden und die Qualitätskriterien sicherer zu handhaben.

Das Gespräch über den Wein ist eines der ergiebigsten und dankbarsten. So wird die Runde es auch nach dem Abschluß der eigentlichen Weinprobe fortsetzen wollen. Und jetzt können Sie als Gastgeber auch noch einen kleinen Imbiß reichen. Zum Beispiel ein schön angemachtes Beefsteak Tartar mit Brot. Vielleicht im Anschluß noch etwas Käse. Das genügt. Denn Ihre Gäste sind ja nicht mehr hungrig. Auch der Wein ist bekanntlich nahrhaft, und das Brot zwischen dem Probieren der einzelnen Weine hat ein übriges getan.

Die schönste Jahreszeit für eine Weinprobe ist der Herbst. Im heißen Sommer vertragen viele Leute keinen Wein. Wenn Sie Ihre Weinprobe in den November legen, können Sie auch schon den ersten jungen Wein dazugeben.

Um noch einmal auf das eingangs erwähnte Vorurteil zurückzukommen: ich finde es schade, daß eine Weinprobe meistens als Männerangelegenheit behandelt wird. Da heißt es immer, daß die Frauen nichts vom Wein verstehen – aber woher sollen sie es denn wissen, wenn sie von der Weinprobe ausgeschlossen werden! Wo sollen sie denn die Erfahrung machen, daß ein süßer Wein nicht unbedingt auch ein guter Wein sein muß – wenn nicht auf einer Weinprobe! Wenn schon jemand von dieser Veranstaltung ausgeschlossen werden muß, dann sind es die starken Raucher, die während der Probe nicht von ihrem Tobak lassen können oder wollen. Sie betäuben nicht nur ihre eigenen Geschmacksnerven, sondern stören auch den Genuß und die Urteilsfindung der anderen Weinprobenteilnehmer.

Ein kleiner Imbiß nach dem Wein

Roggenbrötchen mit Lachs
Halbe Roggenbrötchen mit Philadelphia-Frischkäse bestreichen. Darauf den geschnittenen Räucherlachs anrichten. Mit Dillzweig und Kaviar garnieren.

Grüne Nudeln mit Schinken
(für 4 Pers.)

250 g grüne Nudeln
150 g gekochter Schinken in Streifen
50 g Butter
¼ l flüssige Sahne
¼ l Milch
Mehl
Salz, Pfeffer, Streuwürze
4 EL Parmesan

Die Nudeln in Salzwasser nicht zu weich kochen, abgießen und abschmecken. Den Schinken in Butter anbraten, die Nudeln dazugeben und heiß in eine flache, feuerfeste Form geben. Sahne und Milch aufkochen, mit Mehl binden und mit Salz und Pfeffer abschmecken. Die Sahnesauce über die Nudeln geben, mit Parmesan bestreuen und im Ofen goldbraun überbacken.

Formelle
Einladungen

Festliches Abendessen

Mit den großen Festen des Jahres – Ostern und Weihnachten – bietet der Kalender ebenso Anlässe für festliche Abendessen wie die traditionellen Familienfeiern – Hochzeit und Geburtstag. Aber auch unsere Freundschaften und unsere gesellschaftlichen Verpflichtungen verlangen und rechtfertigen den großen, festlichen Abend. Den Tag, das Ereignis, den Nächsten gilt es zu feiern. Wir tun das im privaten Kreis, indem wir die guten Gaben, die die Natur uns schenkt, zum Abend in festlichem Rahmen mit unseren Freunden teilen. Ich will hier nicht über die Sublimierung des Essens und Trinkens im christlichen Abendmahl philosophieren. Aber vielleicht denkt doch einmal jemand darüber nach, warum und wieso gerade das Nachtessen schon bei den Vorfahren unserer Kultur, Griechen, Juden und Römer, zu mystischer Relation gekommen ist.

Das *Diner* (mit der Betonung auf der zweiten Silbe) nennen wir das festliche Abendessen, wollen wir uns gewählt, das heißt französisch, und *Dinner*, wollen wir uns modern, das heißt englisch, ausdrücken. Es verlangt nicht nur einen nicht alltäglichen Rahmen, sondern auch von allen Beteiligten die Aufgeschlossenheit, zum stilvollen Gelingen beizutragen. Ich kann die Menschen nicht ausstehen, die meinen, Äußerlichkeiten seien nur Äußerlichkeiten, und die sich ein Vergnügen daraus machen, gute Formen in Frage zu stellen. Äußerlichkeiten haben etwas mit Schönheit zu tun, und Schönheit und Festlichkeit sind Schwestern.

Schön gerichtet muß zunächst die Tafel werden. Das feinste Damasttuch bedeckt den Tisch. Das Geschirr soll zwar auch das beste sein, das wir im Schrank stehen haben. Aber machen Sie sich keine Kopfschmerzen, wenn Sie nur zwölf Teile von einem Service haben. Mischen Sie ruhig.

Damit sind wir bei der Zahl der Einzuladenden. Es gab zu Zeiten so etwas wie eine magische Zahl, die ein Essen zum Diner macht. Das war die Zwölf. Aber das ist nun wirklich eine inhaltslose Äußerlichkeit gewesen. Und wer hat heute schon einen so großen Tisch oder so viel Platz, um einen Tisch so weit ausziehen zu können. Auch mit weniger Personen werden Sie, wenn sonst alles stimmt, einen festlichen Abend beim Essen feiern.

Prüfen Sie also Ihre Möglichkeiten. Und wenn Sie zu dem Ergebnis kommen sollten, Ihre Raumverhältnisse lassen nur eine geringere Gästezahl zu, kürzen Sie Ihre Gästeliste. Es werden ja ohnehin die einen oder anderen betrübt sein, nicht eingeladen worden zu sein. Diejenigen aber, die kommen durften, sollen sich wohl gefühlt haben.

Blumen auf der Tafel sind ein Kapitel für sich. Sie können stören, wenn wir mit unserem Gegenüber durch dieselben sprechen müssen. Sie sollten vermeiden, daß Ihre Gäste zur Selbsthilfe greifen und kurzerhand Blumen samt Vase auf das Vertiko stellen, um Ihnen in die Augen blicken zu können. Stecken Sie kurzstielige Blumen in eine Schale. Besser noch: Sie arrangieren eine Blumenkugel auf einem gedrechselten Stock. Der Fuß des Stockes wird ebenfalls mit Blüten dekoriert. So prangen Blumen über Augenhöhe. Mit sonstigem Blumenschmuck seien Sie zurückhaltend. Sie dürfen ja damit rechnen, daß Ihre Gäste welche mitbringen. Also Vasen bereithalten!

248

Das Aussehen einer Festtafel sollten Sie sehr ernst nehmen. Mit diesem ersten Eindruck werden Ihre Gäste sogleich in festliche Stimmung versetzt. Sehr dekorativ macht sich immer ein gutes altes Stück, vielleicht eine ererbte Meißner Schale, auf dem Tisch, und selbstverständlich sind Kerzenleuchter immer ein Schmuckstück. Einen kleinen netten Gag habe ich bei einem Freund gesehen: er schrieb die Vornamen seiner Gäste auf bunte Streichholzheftchen. Es ist durchaus legitim, gute Partyideen zu stehlen, wo man sie findet. Sie müssen sie ja nicht einfallslos plagiieren. Wandeln Sie sie ab, oder entwickeln Sie sie weiter. Und sollte sie der Erfinder bei Ihnen wiederfinden, so wird ihm das nur schmeicheln. Es ist sehr praktisch, wenn Sie neben die Tischkarte eine – handgeschriebene – Menükarte legen. Dann wissen die Gäste, was sie erwartet, sie halten sich bei den ersten Gängen zurück und können so das Hauptgericht genießen.

Eine Party muß entspannt und locker sein. Das ist eine der wichtigsten Voraussetzungen für einen guten Verlauf. Nichts ist schlimmer als ein Abend, bei dem die Dame des Hauses oder der Herr oder gar beide aus dem Häuschen geraten. Die Gastgeber sollen so gelöst sein wie die erwartungsvollen Gäste.

Das ist so leicht getan, wie gesagt. Sie müssen mir allerdings erlauben, an dieser Stelle einmal pro domo zu sprechen. Nicht unbedingt für mein eigenes Haus, aber für meine »Zunft«. Es gibt heute in jeder größeren Stadt einen Partyservice oder eine Stadtküche, wie sich solche Unternehmen auch nennen. Und wenn das nicht der Fall sein sollte, so forschen Sie bei Restaurants, Delikatessengeschäften oder auch bei Metzgern nach, ob sie Ihnen helfen können. Das kostet weniger als gemeinhin angenommen wird. Besonders, wenn Sie berücksichtigen, was Sie mit einer gelungenen Party dafür einhandeln. Und wenn Sie sparen müssen, tun Sie das lieber beim Blumenschmuck, beim Wein oder auch beim Menü. Bei letzterem kommt es viel mehr auf die außergewöhnliche Zubereitung an als auf die teure Grundlage. Mit einem solchen Service werden Sie aber in die Lage versetzt, Ihren Gästen ein guter aufmerksamer Gastgeber zu sein.

Sollten Sie auf meinen Vorschlag eingehen, so lassen Sie als erstes einen Vertreter eines solchen Partyservice zu sich kommen. An Ort und Stelle erkennt er am besten Ihre Voraussetzungen und Bedürfnisse. Nennen Sie den Anlaß des Abendessens, natürlich Zahl und Zusammensetzung der Gäste. Dann lassen Sie ihn auch den Geldbetrag wissen, den Ihnen das Fest wert ist. Der erfahrene Partyspezialist macht Ihnen dann Vorschläge, wie diese Summe am wirksamsten aufzuteilen ist.

Aus eigener Erfahrung empfehle ich Ihnen dringend, das Essen auf keinen Fall in Ihrer Küche zubereiten zu lassen. Entweder sind die Heizflächen Ihres Herdes oder Bratofens zu klein, oder Ihre schöne Küche nimmt Schaden. Wir selbst kochen und braten auf mitgebrachten Brennstellen in der Garage, im Keller oder in einer Waschküche. Auch Tischtücher können Sie leihen und damit Ihre eigenen wertvollen schonen. Wie Sie überhaupt von einem Unternehmen, das unserem entspricht, alles, aber auch wirklich alles leihen können, vom kleinsten Dessertteller bis zu der Frau, die sich um die Garderobe kümmert. Sehr wichtig ist auch eine möglichst frühzeitige Bestellung des Partyservice. Um so länger können Sie dessen Vorschläge überlegen und gegebenenfalls verbessern. Lassen Sie sich auch unbedingt ein schriftliches Preisangebot machen. Erst wenn Sie das bestätigen, ist der Auftrag erteilt. Und wenn wir schon davon sprechen: kaum ein Unternehmen ist sich zu fein, ein Essen für nur zwei Personen auszurichten. Nach oben sind für leistungsfähige Firmen sowieso kaum Grenzen gesetzt.

Der erfahrene Partyberater wird Ihnen sicher auch noch manchen – kostenlosen –

Diner auf italienisch:
Carpaccio alla cipriani

Rat geben: Wie Sie die Blumen am wirkungsvollsten arrangieren, wie Sie die Beleuchtung strahlen lassen, wie Sie eventuell Ihre Möbel umstellen. Aber lassen Sie sich auch wieder nicht zu viel aufschwatzen, vor allem keine zu komplizierte Speisefolge. Hüten Sie sich vor Partyklischees. Eindruck machen Sie mit der Qualität des Gebotenen, nicht mit der Ungewöhnlichkeit. Seien Sie jedoch flexibel, wenn Ihnen jahreszeitlich bedingte Vorschläge gemacht werden.

Sie werden schon festgestellt haben, ich schätze sehr das Einfache, vielleicht gar Hausgemachte. Besitzen Sie also spezielle Kochbegabung – vielleicht haben Ihnen Ihre Gäste mehr als einmal bestätigt, wie exzellent Ihre Wildschweinkeule mundet –, so bauen Sie Ihre Spezialität ruhig in das Serviceprogramm ein. Das Abendessen behält so seinen individuellen Charme.

Auch bei den Getränken können Sie sich beraten lassen. Welche Cocktails gereicht, welche Weine zu welchen Speisen serviert werden sollen. Meistens hat man die Getränke ja bereits im Keller. Befürchten Sie jedoch, daß Ihre Vorräte nicht reichen, so bestellen Sie entsprechende Mengen in Kommission. Dann wird nur der Verbrauch berechnet, und der Rest zurückgenommen. Ganz wichtig ist die Terminabsprache für die eventuelle Abholung des gebrauchten Geschirrs. Das ist ja am nächsten Morgen kein angenehmer Anblick und sollte so schnell wie möglich aus dem Haus.

Zum festlichen Diner wird mindestens zwei Wochen vorher schriftlich eingeladen. Als Beginn schlage ich 20 Uhr vor. Zu dieser Zeit können die Kinder, so vorhanden, in Ruhe dem Babysitter überantwortet sein. Und man selbst kann sich vom Zeitdruck etwas erholen. Zollen Sie dem feierlichen Anlaß dieses Abends durch festliche Kleidung Tribut. Abendkleid und mindestens dunklen Anzug halte ich für angebracht. Vor dem Essen werden die klassischen Drinks gereicht wie Martini, Whisky sour mit Soda oder mit klarem Wasser, trockener Sherry, Gin-Tonic. Für Gäste, die keinen Alkohol trinken, halten Sie Grapefruit-, Orangen- und Zitronensaft bereit. Auch ein Glas Sekt wird sehr gern als Aperitif genommen.

Nach dreißig Minuten wird zu Tisch gebeten. Eine Sitzordnung sollte, wenn überhaupt, nur so angelegt werden, daß voraussichtlich sich füreinander interessierende Gäste nebeneinandersitzen können. Dabei sehe ich es als selbstverständlich an, daß Damen und Herren – und zwar nicht die Ehepaare – gemischt sitzen. Wenn man mehrere Tische besetzt, sollte das gastgebende Paar oder auch ein enger Freund an je einem Tisch den »Vorsitz« übernehmen.

Wenn die Gäste Platz nehmen, sollte das Vorgericht schon gereicht sein. Reden werden vor der Hauptmahlzeit gehalten. Stimmen Sie das Essen so ab, daß möglichst nur eine Weinsorte ausreicht. Rotwein nur anbieten, wenn es das Essen vorschreibt. Schenken Sie den Alkohol immer selbst ein oder ein als Mundschenk gebetener Freund. Nur so behalten Sie die Kontrolle über den Alkoholkonsum Ihrer Gäste – auch in deren Interesse – und können später stolz auf Ihre Party sein.

Serviert wird im allgemeinen zunächst eine kalte Vorspeise, dann eine kleine Tasse Suppe, darauf ein kleines Zwischengericht, dann folgt das Hauptgericht, anschließend Käse und Dessert. Da Sie ja das Menü annonciert haben, ist die Speisefolge bekannt, und jeder nimmt von den einzelnen Gerichten nur soviel, wie ihm bekommt. Die Gourmets wissen ohnehin: die kurzen Genüsse sind die schönsten.

Es hat sich bewährt, nach dem Essen, wenn möglich, das Eßzimmer zu verlassen und im Wohnraum den Kaffee, wenn gewünscht, mit einem Cognac oder einem Calvados zu nehmen. Ein Diner soll nicht viel länger als bis Mitternacht dauern. Dann kann man den Tag nach dem Abend loben.

FESTLICHES ABENDESSEN für 4 Personen

Carpaccio alla cipriani mit venetianischer Zitronen-Pfeffer-Sauce, eine Käfer-Spezialität

Rinderfilet (500 g) ohne Fett und Sehnen im Tiefkühler leicht anfrieren. Mit einer Aufschnittmaschine in hauchdünne Scheiben schneiden und mit gestoßenem Lemon-Pfeffer bestreuen.

Zitronen-Pfeffer-Sauce
3 Eigelb
¼ l Olivenöl
1 Fl. Weißwein
1 Spritzer Zitronensaft
Salz, Pfeffer

Eigelb, Salz, Pfeffer, Zitronensaft und Weißwein verrühren, nach und nach das Öl unterrühren.

Klare Schildkrötensuppe
Mit altem Sherry verfeinern. In kleinen Tassen servieren. Dazu Chesterstangen.

Champagnersorbet
– ein Appetizer
8 Kugeln Zitronensorbet
½ Flasche Champagner

Je zwei Kugeln Sorbet in Champagner-schalen anrichten. Mit Champagner auf-füllen und leicht umrühren. Eiskalt ser-vieren.

Wachteln in Trüffelsauce
mit gefüllten Tomaten und
Spargelspitzen auf Artischockenböden
und Strohkartoffeln
4 Wachteln
Salz, Pfeffer

Petersilie
40 g Sonnenblumenöl

Die Wachteln innen und außen würzen. Mit Petersilie füllen und bei 220 Grad im Ofen ca. 60 Minuten braten.

Trüffelsauce
¼ l Madeira
¼ l Kalbsbrühe
1 kleine Dose schwarze Trüffel
Salz und Pfeffer
Stärkemehl

Madeira und Kalbsbrühe getrennt zur Hälfte einkochen und zusammengeben. Trüffel in feine Streifen schneiden, dazu-geben und mit Salz und Pfeffer würzen. Falls nötig, mit Stärkemehl binden.

Gefüllte Tomaten
8 Tomaten
1 kleine Dose extra feine Erbsen
Salz, Zucker
80 g Butter

Von den Tomaten einen Deckel abschnei-den und aushöhlen. Erbsen würzen und in die Tomaten füllen. Je 10 g Butter auf die Erbsen geben und mit etwas Erbsen-wasser im Ofen dünsten.

Spargelspitzen auf Artischockenböden
1 Dose Spargelspitzen
1 Dose Artischockenböden
Salz, Pfeffer

Spargelspitzen und Artischockenböden würzen und erhitzen. Beim Anrichten die Spargelspitzen so zuschneiden, daß sie auf die Artischockenböden passen.

Strohkartoffeln
Geschälte Kartoffeln (600 g) in gleichmä-ßige feine Streifen schneiden und im heißen Fettbad goldbraun ausbacken.

Orangensoufflé

Arbeitsessen

Essen muß jeder. Zeit hat niemand. Aus diesem Gegensatz entstand das Arbeitsessen. Aber erst ein zweites Moment hat es zu einer so beliebten Institution gemacht. Das ist die Tatsache, daß das Arbeitsessen das Nützliche, das geschäftliche Gespräch, mit dem Angenehmen, das nun einmal jede Nahrungsaufnahme bedeutet, verbindet.

Zwei Geschäftspartner, die, über die Speisekarte gebeugt, beide getrüffelte Lachsforelle in Hechtmus wählen und sich auf eine Trockenbeerenauslese vom Rhein verständigen, können in ihren geschäftlichen Ambitionen nicht sehr gegensätzlich sein. Es ist daher nicht erstaunlich, daß geschäftliche Partnerschaften, die beim Essen einmal geschlossen wurden, im allgemeinen recht lange halten.

Die Arbeit wird in einer Atmosphäre der Geselligkeit, der Verbindlichkeit, weit weniger ernst genommen. Die Wogen geschäftlicher Auseinandersetzungen können gar nicht so hoch gehen, solange man noch zusammen ißt. Hat man sich zu sehr in ein Problem verbissen, läßt sich ohne Gesichtsverlust das Thema wechseln, und man kann sich zunächst erst einmal wieder völlig den Genüssen des Tisches zuwenden. Der Partner kann auch abgelenkt und beim Zuprosten mit dem harmonischen Geschmack eines edlen Weines wieder milder gestimmt werden. Danach läßt sich eine schwierige Frage sicherlich noch einmal von einer anderen Seite anpacken.

Sehr gern wird auch der Bewerber um einen neuen Posten, vielfach sogar mit Ehefrau, zum Essen geladen. Da werden nicht nur seine beruflichen Qualifikationen in der Unterhaltung ergründet, sondern man gewinnt auch einen Eindruck von seiner Persönlichkeit und seinem gesellschaftlichem Auftreten.

Auch aus der Geschichte wissen wir, wie sehr Essen und Trinken nicht nur Leib und Seele, sondern ganze Weltreiche zusammengehalten haben. Auf dem Wiener Kongreß 1814/15 wurde nach den Napoleonischen Kriegen nicht zuletzt bei Tanz und Tafel Europa neu geordnet. Der französische Unterhändler Talleyrand forderte von seinem König Kasserollen anstatt schriftlicher Instruktionen. Und bösartige Beobachter registrierten, der König von Bayern esse für alle, der König von Württemberg saufe für alle und der Kaiser von Österreich zahle für alle. Nun, was die »Restaurateure« Europas bei dem, wie es den Anschein hatte, 100 Tage währenden Fest leisteten, hatte auf jeden Fall besseren Bestand als das, was die sogenannten Friedensmacher nach den beiden letzten Weltkriegen schufen.

Welche Bedeutung Arbeitsessen heute haben, erkennen wir daran, wie die Bonner Finanzbürokratie neuerdings mit der Elle pingeliger Paragraphen die Steuerabzugsberechtigung von Bewirtungen aus geschäftlichem Grund mißt. Dabei ist die Politik selbst ohne das gesellschaftlich bedingte Essen, aber auch ohne das Arbeitsessen, bei dem wirklich gearbeitet wird, das heißt, Politik gemacht wird, nicht mehr vorstellbar. Der Ablauf von Staatsbesuchen ist von Protokoll- und Ministerialbeamten so bis auf die letzte Minute geplant, daß die Arbeit auch bei Rehmedaillons mit Pfifferlingen und Assmannshäuser Höllenweg fortgesetzt werden muß.

Ich hatte die Ehre, das viele Male aus unmittelbarer Nähe beobachten zu können. An den von meinen Mitarbeitern

und mir angerichteten Essen saßen unter anderen Bundespräsident Scheel, das sowjetische Staatsoberhaupt Podgorny und der ehemalige amerikanische Präsident Ford. Ich wurde auch Zeuge der Arbeitsweise des »rasenden« Außenministers Henry Kissinger.

Anfang Juli 1974 jettete Mr. Kissinger durch Europa, um die KSZE, die Konferenz für Sicherheit und Zusammenarbeit in Europa, die ein Jahr später in Helsinki zusammentrat, vorzubereiten. Er wollte Bundesaußenminister Genscher über seine Gespräche in Paris und Rom unterrichten. Ich erhielt vom Protokoll des Auswärtigen Amtes den Auftrag, einen abgelegenen Ort zu finden, an dem ein Essen zwischen den beiden Ministern

arrangiert werden kann. Ich fand ihn in dem 200 Jahre alten Gutshof eines Bankiers am Tegernsee. Das in einem großen Park stehende Herrenhaus ist mit allen Schikanen, vor allem modernen Sicherheitsvorkehrungen ausgestattet. Solche Sicherheitsanlagen, die der Besitzer zum Schutz seiner Millionen werten Gemäldesammlung einbauen ließ, sind ja heute, leider, ein unumgänglicher Schutz für prominente Politiker.

Auch meine Mitarbeiter, die die ministerliche Runde bedienten, mußten alle eine Sicherheitsprüfung über sich ergehen lassen.

Um 11.30 Uhr erschienen die Gäste. Sie wurden vom Hausherrn begrüßt und anschließend in die Wohnhalle gebeten.

Geschäfte beim Entrecôte

Tomatensaft mit Salz, Pfeffer und Tabascosauce gewürzt

Entrecôte Montmartre mit Salatteller und warmem Stangenbrot
(für 4 Pers.)
4 Entrecôte à 200 g
Salz, Pfeffer
2 EL Olivenöl
50 g gewürfelte Zwiebeln
¼ l Weißwein
80 g Ochsenmark in Scheiben
1 Bund gehackter Dill
1 Bund gehackte Petersilie
Salz, Pfeffer

Die Entrecôtes sehr flach klopfen, mit Salz und Pfeffer würzen und in heißem Olivenöl kurz auf beiden Seiten anbraten. Die Entrecôtes aus der Pfanne nehmen, die Zwiebeln darin weichdün-

sten und mit Weißwein ablöschen. Stark einkochen lassen. Die Markscheiben, Dill und Petersilie dazugeben, aufkochen und vom Feuer nehmen. Mit Salz und Pfeffer würzen und über die Entrecôtes verteilen.

Reis Romanoff
(für 4 Pers.)
25 g Milchreis
50 g Zucker
Prise Salz
¼ l Milch
2 Blatt Gelatine
200 g Erdbeeren
¼ l geschlagene Sahne

Den Reis mit Zucker und einer Prise Salz in Milch weichdünsten. Die Gelatine beigeben und kalt stellen. Sobald der Reis zu gelieren beginnt, die Hälfte der Erdbeeren und die Schlagsahne darunterziehen. In Förmchen füllen und in den Kühlschrank stellen. Den Reis auf Glasteller stürzen. Die restlichen Erdbeeren durch ein Sieb streichen und als Sauce über den Reis geben.

Dort wartete ein Drink auf sie. Campari Soda, Gin-Tonic, Sherry sowie Whisky Soda mit Orangensaft. Es wurde jedoch fast nichts getrunken. Henry Kissinger und Hans-Dietrich Genscher zogen sich mit ihren Mitarbeitern zu ersten Beratungen zurück. Über den Inhalt erfuhr ich natürlich nichts. Aber die ernsten Mienen sprachen für sich.

Nach einer Stunde begab man sich zu Tisch. Wir servierten – da für das Essen nur eine knappe Stunde zur Verfügung stand, wurde auf die Vorspeise verzichtet – eine typisch deutsche, um nicht zu sagen, bayerische Speisefolge. Bauernsuppe, Kalbshaxe, frische Steinpilze, kleine Semmelknödel, Salatteller und Eis mit frischen Sauerkirschen. Dazu kredenzten wir aus der fränkischen Heimat Kissingers eine Originalabfüllung 1972er Würzburger Stein. Da er von dieser Aufmerksamkeit sehr gerührt war, wurden ihm zwei Kisten davon überreicht. Natürlich wurde auch bayerisches Bier ausgeschenkt. Nach Tisch servierten wir noch einen spezial gebrannten Obstler und Kaffee in alten bayerischen Bechern. Nach dem Essen konnte ich feststellen, daß sich die Gesichter gelöster zeigten. Und ich wäre stolz, wenn nicht zuletzt mein Essen dazu beigetragen haben sollte. Anschließend verschwanden die Minister mit Gefolge in acht Hubschraubern nach München zur Fußball-Weltmeisterschaft.

Die politische Gastronomie ist seit alters her ein Regierungsmittel. Das Schicksal mancher Nation hing schon vom guten Essen seiner Staatsmänner ab. Sie ist im Prinzip nichts anderes, als wenn Bauern einen Kuh- oder Pferdehandel im dörflichen Gasthaus besiegeln, und als das Essen zwischen Geschäftspartnern. Das einigende Band zwischen Gastgeber und Bewirteten macht das Arbeitsleben nicht leichter, aber angenehmer.

Cocktailparty

Cocktail heißt wörtlich »Hahnenschwanz«. Und so ist das Ding zustande gekommen. Da war einmal ein Wirt im Wilden Westen. Dem war sein bester Kampfhahn entlaufen. Der betrübte Mann versprach dem, der ihm den Hahn wiederbrächte, seine einzige – und natürlich sehr schöne – Tochter. Tatsächlich brachte nach einigen Tagen bangen Wartens einer den Hahn unterm Arm zurück, und der Wirt rief seiner Tochter zu, sie möge ihrem Zukünftigen schnell etwas Gutes und Kräftiges zu trinken geben. In der Aufregung schüttete das Mädchen ein halbes Dutzend Schnäpse und Liköre in das Glas, dessen Inhalt schillerte wie ein Hahnenschwanz. Und daher . . .
Eine hübsche Geschichte, nicht wahr! Sie hat nur den einen Nachteil, daß sie garantiert nicht stimmt. Sie ist auch nur eine von vielen, welche die unbekannte Herkunft des Wortes »Cocktail« zu erklären suchen. Spätestens nach dem dritten Glas stellt unweigerlich ein Cocktail-Gast die altbekannte Frage und beantwortet sie selbst mit einer, wie er meint, neuen Variante. Es ist die Variante 378! Dabei gilt nur eins als ziemlich sicher: das Wort kommt aus dem Französischen, wo es bereits vor der großen Revolution 1789 als »coquetel« bekannt war. Und das war schon damals, wenn man den Beschreibungen glauben darf, eine alkoholreiche, meist ziemlich süße Mixtur.

Cocktailparty und Empfang haben vieles gemeinsam, sind sozusagen enge Verwandte. Es gibt im gesellschaftlichen Leben heute auch allerlei Misch- und Übergangsformen – oft erkenntlich daran, daß man von einem Cocktail-Empfang spricht. Aber in ihrer »klassischen« Ausprägung unterscheiden sie sich doch deutlich voneinander. Um im Verwandtschaftsbild zu bleiben: die Cocktailparty ist die jüngere, fort-

258

1

schrittlichere, ungezwungenere Schwester des älteren, konservativeren, förmlicheren Empfangs. Und zu diesem Steckbrief paßt recht gut, daß die Cocktailparty ursprünglich in Amerika beheimatet war, mittlerweile aber auch in Europa wie in aller Welt Fuß gefaßt und sich beliebt zu machen verstanden hat.

Noch ein paar Unterschiede zum Empfang: Cocktailpartys steigen ausschließlich am späten Nachmittag: nicht vor 17.30 Uhr, nicht nach 18.30 Uhr. In ihrer stilreinen Form liegt ihnen meist kein offizieller Anlaß zugrunde. Deshalb werden auch keine begrüßenden oder sonstigen Reden gehalten. Das wiederum bedeutet, daß innerhalb des festgesetzten Zeitraums die Gäste kommen und gehen können, wie es ihnen paßt. Entsprechend dem überwiegend privaten Charakter der Cocktailparty liegt die untere Gästegrenze – von mir über den Daumen gepeilt – bei etwa zwanzig Personen. Natürlich kann man auch bei noch kleinerer Besetzung gemeinsam einen Cocktail trinken. Nur sollte man dann doch nicht von einer Cocktailparty sprechen.

Am nettesten können sich solche Partys entwickeln, die einer anderen, größeren

Veranstaltung »vorgeschaltet« werden. Ich erinnere mich zum Beispiel an eine wahrhaft »berauschende« Party bei einem Freund, der uns auf einen Cocktail zu sich geladen hatte, bevor wir alle zusammen – an die dreißig Leute – auf einen großen Faschingsball gehen wollten. Der Freund, der lange Zeit in der Karibik gelebt hatte und dort ein Rum-Spezialist geworden war, kredenzte uns die raffiniertesten Drinks auf Rum-Basis, und das in Riesengläsern.

Dazu ließ er, was nicht unbedingt typisch für eine Cocktailparty ist, eine irrsinnig heiße Steel-Band-Musik laufen. Als die Zeit gekommen war, da wir auf den Ball hätten gehen müssen, waren wir alle so unbeschreiblich »high«, daß wir zu jeder Schandtat bereit waren – nur auf das andere Fest wollten wir auf keinen Fall! Wir blieben und blieben, erfanden immer neue Vorwände, warum wir noch weiter bleiben mußten. Und irgendwann stellten wir dann fassungslos fest, daß es draußen schon wieder hell wurde. Die ganze Maskerade, mit der wir uns soviel Mühe gegeben hatten, war für die Katz gewesen!

Diese Cocktailparty hatte nicht allein ihre zeitlichen Grenzen weit überschritten. Auch in einem anderen, noch wichtigeren Punkt war hier schwer über die Stränge geschlagen worden. In dem der Quantität nämlich. So etwa sieht die Skala meiner Erfahrungen aus: der erste Drink ist angenehm. Mit dem zweiten Drink lockert sich, was vorher steif oder verklemmt war. Nach dem dritten Drink wird es schon gefährlich. Der vierte Drink schließlich ist fast immer einer zu viel. Um so mehr, wenn man fröhlich durcheinander getrunken hat! Das ist so gut (oder schlecht) wie der Garantieschein auf einen handfesten Katzenjammer am nächsten Morgen. Wie sagt der gewiefte Cocktail-Experte? Lieber eine ganze Flasche Whisky am Abend als drei verschiedene Drinks! Für den Gastgeber, der seinen Gästen wohlwill, gilt deshalb ebenso wie für den

Gast, der es gut mit sich selbst meint, als oberstes Gebot: Zurückhaltung üben – auch wenn es schwerfällt!

Es gibt viele Gründe und, wenn man so will, Vorwände für eine Cocktailparty. Sie kann dazu herhalten, den persönlichen Kontakt zu ausländischen Geschäftsfreunden herzustellen, einen neu zugezogenen Kollegen samt Frau im eigenen Bekanntenkreis heimisch zu machen. Sie kann die Funktion einer Housewarming-Party übernehmen, oder man lädt ein, weil man nach der Urlaubszeit wieder alle seine Freunde um sich versammeln will. Das am meisten verbreitete Motiv aber ist der Wunsch, sich auf einen Schlag und mit möglichst geringem Aufwand an Umständen, Arbeit und Geld all der gesellschaftlichen Verpflichtungen zu entledigen, die sich im Lauf der Zeit angehäuft haben. Dazu gehört allerdings ein bestimmtes Gefühl für Fairneß und Ausgewogenheit. Für ausgesprochen schofel würde ich es zum Beispiel halten, wenn einer seine Freunde mit ein paar Cocktails und Erdnüssen abspeist, bei denen er zu großen, liebevoll vorbereiteten Hochzeiten, Gartenfesten, Abendessen eingeladen war. Auch ohne Mark um Mark aufzurechnen, sollte man wenigstens der Größenordnung nach ein gewisses Gleichgewicht beachten. Dagegen wird jeder Verständnis für einen Junggesellen oder auch eine beruflich sehr engagierte Ehefrau aufbringen, denen eben nur eine Cocktailparty die Chance gibt, sich für andere Einladungen zu revanchieren.

Gemixtes aus der Karibik

Planters Punch
2 cl Jamaica Rum
2 cl weißer Rum
4 cl Ananassaft
1 Spritzer Zitronensaft
1 Spritzer Grenadine
1 Prise geriebene Muskatnuß
1 kleiner frischer Pfefferminzzweig
1 Orangenscheibe
1 Zitronenscheibe
1 Sherry Kirsche
Mit gestoßenem Eis auffüllen

Flamingo Cocktail
3 cl Bourbon Whiskey
2 cl Bananenlikör
1 cl Grenadine
6 cl frischer Orangensaft
4 cl Eiweiß
1 Cocktailkirsche
1 Orangenscheibe

Maracuja Cocktail
4 cl Maracuja-Sirup
6 frische Passionsfrüchte
1 Schuß Zitronensaft
¼ Ananas in Würfel
1 Mangofrucht in Würfel
Nach dem Mixen mit der gleichen Menge Champagner auffüllen

Außerdem: eine Cocktailparty wird zwar recht oft einigermaßen lieblos inszeniert – muß aber nicht. Wenn auch der große Rahmen ziemlich klar abgesteckt ist, innerhalb dessen sich eine Cocktailparty abzuspielen hat, so kann der Gastgeber im Detail doch deutlich erkennen lassen, ob er nur eine lästige Verpflichtung absolviert oder ob er sich darüber freut, Gäste bei sich zu sehen. Das beste Rezept, Gastfreundschaft auch auf einer Cocktailparty zu demonstrieren, scheint mir immer noch zu sein, daß der Hausherr selbst die Rolle des Barmixers übernimmt.

Nun kenne ich Leute, die sich – in der Meinung, für sie gebe es keine Schwierigkeiten – das erste Mal hinter einen Bartisch gestellt und ein fürchterliches Chaos angerichtet haben. Offensichtlich haben sie sich noch nie Gedanken darüber gemacht, warum ein Barkeeper ein hochbezahlter Mann ist. Auf der anderen Seite gibt es auch keinen Grund, die Probleme zu überschätzen – vorausgesetzt, man sieht den Dingen realistisch ins Auge. Warnen kann ich nur vor falschem Ehrgeiz, etwa dem, es den »Profis« gleichtun zu wollen. Auch am Bartresen ist noch kein Meister vom Himmel gefallen! Wenn Sie es also selbst versuchen wollen, wozu ich Sie gern ermutigen möchte, dann heißt es zunächst einmal: üben, üben! Experimentieren Sie rechtzeitig vorher mit diesem oder jenem Drink, von dem Sie sich etwas versprechen. Ich hoffe, die Frau Gemahlin stellt sich Ihnen als Versuchskaninchen zur Verfügung. Wahrscheinlich wird es so sein, daß als erstes Nebenprodukt Ihrer Bemühungen Sie einen Mordsspaß am Mixen bekommen. Und daß Sie auch bei dieser »Übung« bleiben, wenn Sie sie nicht mehr nötig haben. Im Hinblick auf Ihre erste selbstgemixte Cocktailparty kann ich Ihnen aber nur das Motto ans Herz legen: »In der Beschränkung zeigt sich der Meister!« Starten Sie also bescheiden. Wenn Sie eine Runde von etwa zwanzig Personen auch nur mit drei, höchstens fünf Drinks (Säfte eingeschlossen) versorgen wollen, sind Sie voll ausgelastet.

Was müssen Sie vorbereiten? Zunächst nur einen einfachen Arbeitstisch, wenn Sie keine Hausbar haben, auf dem Sie Geräte und Getränke griffbereit haben, an dem Sie werken können. Dann Ihr Handwerkszeug, bestehend aus: Mixglas, Barsieb, Löffel (langstielig), Messer (verchromt), Reibeisen, Zitronenpresse, Schneidebrett, Zucker, Pfeffer

Cocktails – schillernd die Farben, schillernd ihre Herkunft

und Salz. Ferner Flaschenöffner, Eiswürfelbehälter, Zuckerzange, Pfeffermühle und – als stolzes Statussymbol jedes Mixers – den verschließbaren Mixbecher (Shaker). Schließlich die dazugehörigen Gläser: Cocktailschalen, Whiskybecher, Sektschalen, hohe Gläser für Long Drinks und Fruchtsäfte, eventuell Punschgläser.

Drei bis allerhöchstens fünf verschiedene Drinks, wie gesagt, für den Anfang. Da kommen natürlich keine ausgefallenen Kompositionen in Frage, sondern nur der »harte Kern« bewährter Bar-Bestseller, zum Beispiel: Martini dry, der als klassischer Cocktail unentbehrlich ist; Manhattan, ein Cocktail auf Whisky-Basis; Champagner-Cocktail; als Long Drink entweder Gin-Tonic oder Wodka Bitter Lemon; schließlich Orangen- oder Tomatensaft. Das ist für die ersten »Selbstversuche« mehr als genug. Noch ein paar Tips und Tricks zum Mixen: Cocktails sollen immer eiskalt serviert werden. Das erfordert a) genügend Eis und b) eine gewisse Mindestgeschwindigkeit bei der Arbeit. Sie geben also einige Eiswürfel (man spricht von walnußgroßen Stücken) in das Mixglas, dazu die im Rezept angegebenen Zutaten. Dann rühren Sie mit dem langstieligen Löffel so schnell, bis die Flüssigkeit die notwendige Kälte erreicht, ohne daß das Eiswasser die Cocktail-Mischung verwässern kann. Durch das Sieb wird der fertige Drink in die Gläser gefüllt. Selbstverständlich können Sie den Drink auch im geschlossenen Mixbecher (Shaker) schütteln, wenn Sie das vorher schön geübt haben und Ihren Gästen eine kleine Show bieten wollen. Wirklich nötig ist das aber nur bei Mixturen, die sich durch Rühren allein nicht innig genug vereinigen, etwa solchen, denen Fruchtsäfte (Sours), Eier (Flips). oder Sahne beigemischt sind. Normale Drinks werden zehn bis zwanzig Sekunden geschüttelt, Sours, Fizzes, Flips und dergleichen an die zwei Minuten.

Im Lauf der Jahre habe ich Gastgeber von Cocktailpartys fürchten gelernt, die ihre Gäste mit selbst erfundenen Schöpfungen traktieren. Wenn Sie diesen Ehrgeiz nicht entwickeln, werden Sie voraussichtlich viele gute Freunde behalten. Die Hobby-Mixer wollen nämlich nicht einsehen, daß eine wirklich neue und gute Kreation ebenso selten ist wie ein Sechser im Lotto. Sie meinen ferner, wenn man nur recht viel Verschiedenes durcheinanderschüttelt, dann müsse jedenfalls etwas Originelles herauskommen. Originell mag es ja auch sein. Aber

Klassische Cocktails

Martini dry
²/₃ *Gin*
¹/₃ *franz. Vermouth*
1 dash (Spritzer) Orangen-Bitter
Mit Eis gut rühren, abseihen, mit Olive im Glas servieren

Manhattan
¹/₃ *Whisky*
²/₃ *ital. Vermouth*
1 dash (Spritzer) Angostura
Mit Eis gut rühren, abseihen

Champagner-Cocktail
2 dash (Spritzer) Angostura
1 Stück Würfelzucker
Orangenschale
Angostura auf den Würfelzucker träufeln, dazu ein Würfel Eis. Mit stark gekühltem Sekt auffüllen, mit Orangenschale garnieren

---

Gin and Tonic
1 Likörglas Dry Gin
Tonic Water
1 Scheibe Zitrone ohne Kern und Schale
Mit Eis gut rühren, abgießen, mit Tonic-Wasser auffüllen, mit Zitrone garnieren

gut ist es sicher nicht. Von Ausnahmen abgesehen, sind die besten und bekömmlichsten Cocktails immer noch die klassischen Mixturen, deren Charakteristikum das Einfache ist, bei denen also ein einziges Basis-Getränk – Gin, Whisky, Wodka, Weinbrand, Rum – dominiert.

Sie sehen also: der Mann, der mixt, hat keine Minute Zeit für andere gastgeberische Obliegenheiten. Er ist sogar gut beraten, wenn er sich noch einen Helfer für mindere Arbeiten zur Seite stellt. Denn ständig geht etwas aus, ist etwas unauffindbar, muß Eis, Sekt, Orangensaft ergänzt oder wieder kalt gestellt werden. Und ohne eine weitere Hilfskraft, die nichts anderes tut, als leere Gläser einzusammeln, in die Küche zu tragen, dort von Hand abzuwaschen und abzutrocknen, dann wieder zur Bar zu bringen, übernimmt man sich als Gastgeber gewaltig.

Angesichts der Aufmerksamkeit, die das Getränk auf sich konzentriert, ist es kein Wunder, daß Eßbares auf einer Cocktailparty meistens ganz in den Hintergrund tritt. Außerdem: wer im Stehen essen, trinken, rauchen und Hände schütteln soll, wird von sich aus keine übertriebenen kulinarischen Ansprüche stellen, sondern zufrieden sein mit dem, was üblicherweise auf Cocktailpartys angeboten wird: Salzmandeln, Erdnüsse, Kartoffelchips, Oliven, kleine Gurken, Käsewürfel. Soll es doch etwas weniger frugal zugehen, empfehlen sich Kanapees oder die kleinen warmen Leckereien (Fleischklößchen, Bratwürstl, Fleischwürfel) zum Aufspießen. Die Atzung der Gäste richtet sich ja auch danach, ob man die Cocktailparty rigoros nach zwei Stunden beenden will oder ob man nicht abgeneigt ist, sie mit dem engeren Freundeskreis und den notorischen »Dableibern« noch in einen gemütlichen Teil hinüberzuretten. Für diesen Fall bieten sich wieder die Miniatur-Menüs aus dem Töpfchen an, die ich im Kapitel über den Empfang (siehe S. 267) empfohlen habe.

Ladykillers

Bronx
²/₃ Gin
¹/₃ Orangensaft
Orangen- oder Ananasscheibe in das Glas
Mit Eis gut rühren

White Lady
¹/₂ Gin
¹/₄ Zitronensaft
¹/₄ Cointreau
Mit Eis gut rühren, abseihen

Merry Widow
¹/₂ Gin
¹/₂ franz. Vermouth
2 dash (Spritzer) Benediktiner
2 dash Pernod
Mit Eis gut rühren, abseihen, mit einem Stück Zitronenschale garnieren

---

Ladykiller
2 Likörglas Whisky
2 dash (Spritzer) Pernod
4 dash Anisette
1 dash Orangen-Bitter
Mit Eis rühren, abseihen

Sidecar
¹/₂ Weinbrand
¹/₄ Cointreau
¹/₄ Zitronensaft
Mit Eis gut schütteln, abseihen

Bloody Mary
1 Glas Wodka
2 Gläser Tomatensaft
¹/₃ Glas Zitronensaft
1 dash (Spritzer) Worcester-Sauce
Salz und Pfeffer
Mit Eis im Becher gut schütteln, abseihen

Empfang

Wenn der Präsident der Bundesrepublik Deutschland das Diplomatische Corps zum traditionellen Neujahrsempfang bittet, dann wählt er einen repräsentativen Rahmen, das schöne Rokokoschloß in Brühl etwa oder die »Redoute« in Bad Godesberg. Anläßlich der Verleihung des Bayerischen Verdienstordens gibt der Ministerpräsident von Deutschlands eigenwilligstem Freistaat einen Empfang im prunkvollen »Antiquarium« der Münchner Residenz. Und wenn ein Industriekonzern sein hundertjähriges Jubiläum feiert, dann geht der Reigen der Veranstaltungen ebenfalls nicht ohne einen festlichen Empfang in einer »Jahrhunderthalle«, einem Staatstheater oder Kongreßsaal ab.

Ein Empfang, das will ich damit sagen, ist keine Veranstaltung, zu der man sich gerade mal so entschließt, weil einem nach einem gemütlichen Beisammensein oder einer pfundigen Sauferei mit Freunden zumute ist. Ein Empfang ist eine mehr oder weniger offizielle Angelegenheit aus einem mehr oder weniger offiziellen Anlaß. Zum Beispiel: eine Film- oder Buchpremiere; eine Hochzeit oder ein runder Geburtstag von Leuten, die man Persönlichkeiten nennt oder die Wert darauf legen, als solche angesehen zu werden; die Einweihung eines Gebäudes oder die Eröffnung einer Ausstellung, eines Geschäfts. Ein Empfang, so möchte ich zusammenfassen, ist eine recht konservative Veranstaltung, bei der nur wenig Spielraum für individuelle Arrangements und originelle Improvisationen bleibt. Am besten, man hält sich an die Spielregeln, die sich im Laufe der Zeit herausgebildet haben, und tanzt nicht aus der Reihe. Das ist die sicherste Gewähr dafür, daß es keinen Ärger und keine Enttäuschung gibt.

Ministerpräsidenten, Firmenbosse oder Oberbürgermeister haben für ihre repräsentativen Veranstaltungen ja Protokollexperten zur Verfügung. So möchte ich mich hier vor allem mit Empfängen im kleineren Rahmen beschäftigen. Dazu aber gleich eine Faustregel vorweg, die ich immer wieder bestätigt gefunden habe: als Veranstalter eines Empfangs sollten Sie mit mindestens vierzig Teilnehmern rechnen können. Was unter dieser Zahl liegt, rechtfertigt den Anspruch und den Aufwand im allgemeinen nicht. Die obere Grenze dagegen wird nur durch die räumlichen Verhältnisse (und die finanziellen Möglichkeiten natürlich) bestimmt.

Das heißt aber auch, daß nur verhältnismäßig wenige Gastgeber die Möglichkeit haben, einen Empfang in ihren eigenen Räumen zu veranstalten. Diese Einschränkung bezieht sich nicht allein auf die Größe, sondern auch auf den Zuschnitt der Räume. Um es anders zu sagen: in einer großen Wohnküche kann man mit einigem Geschick herrliche Partys aufziehen, doch gewiß keinen Empfang. Überhaupt besteht bei einem Empfang in den eigenen vier Wänden leicht die Gefahr zu großer Privatheit und Familiarität. Deshalb plädiere ich in der Regel für einen Empfang an einem anderen Ort. Da gibt es nämlich nicht nur das Hotel, das ja auf derartige Anlässe sowieso eingerichtet ist. Je nach Bedeutung und Größe Ihres Wohnortes bieten sich noch viele andere Möglichkeiten an, denen ich stets den Vorzug vor dem Empfang zu Hause geben würde.

Zum Beispiel habe ich wiederholt sehr gute Erfahrungen mit Museen gemacht. Auch dann, wenn der Anlaß zum Empfang nicht im geringsten »museal« war. Fast immer verfügt das Museum über die notwendige Infrastruktur, wie Anfahrt, Parkplatz, Garderobe, Nebenräume usw. Vor allem aber bietet es seiner Natur nach einen angemessenen und stilvollen Rahmen, wie man ihn sich besser nicht wünschen kann. Als Veranstalter des Empfangs müssen Sie dem Museum natürlich eine Gegenleistung für die Nutzung seiner Räume bieten. Da habe ich mit dem Vorschlag, einen kleinen Geldbetrag zu stiften, die besten Erfahrungen gemacht. Angenommen, Sie rechnen mit 200 Anwesenden und fünf Mark pro Person. Dann können Sie dem Museum immerhin einen Betrag von 1000 DM für seinen außerplanmäßigen Etat anbieten. Da es sich wohl immer um ein kleineres Institut – es muß ja nicht gleich das Deutsche Museum in München sein! – handeln dürfte, wird der Direktor sicherlich gern zugreifen. Und vielleicht läßt es sich sogar arrangieren, daß der für diesen Betrag erworbene Gegenstand schon auf Ihrem Empfang gezeigt werden kann. Auf diese Weise bekäme die Veranstaltung noch einen besonderen Pfiff (und Sie kämen in den Ruf eines Mäzens).

Wo auch immer Sie wohnen, in der Großstadt, in der Kleinstadt oder auf dem Lande: wenn Sie die Augen offen halten, werden Sie überall geeignete Empfangsräume finden. Das kann eine alte Burg in der Nähe sein, das Foyer des Stadttheaters oder eines repräsentativen Kinos, der Sitzungssaal im Rathaus oder der Gemeindesaal der Pfarrei; die Kirchen haben heute ja viel Platz und oft überraschend schöne architektonische Lösungen anzubieten. Nur sollten Sie darauf achten, daß der von Ihnen gewählte Ort nicht zu weit ab liegt. Da der Empfang ja nur ein bis zwei Stunden dauert, sollte man von seinen Gästen nicht erwarten, daß sie große Entfernungen zurücklegen oder hohe Taxirechnungen bezahlen müssen.

Ein Empfang kann ziemlich zu jeder

Tageszeit zwischen 11 und 21 Uhr stattfinden. Während bestimmter Kongresse und Messen zum Beispiel ist es kaum zu vermeiden, daß ein Empfang dem anderen folgt. Doch bei einem individuellen Anlaß wird man sich in der Regel nur zwischen dem Vormittags- und dem Nachmittagstermin entscheiden wollen. Für den Empfang am Vormittag sind die Stunden zwischen 11 und 13 Uhr am beliebtesten, für den Empfang am Nachmittag wird meistens die Zeit zwischen 17 und 20 Uhr gewählt. Da es keine prinzipiellen Unterschiede gibt, kann der Gastgeber seine Entscheidung ganz nach praktischen Gesichtspunkten treffen. Wobei er sich darüber im klaren sein sollte, daß der nachmittägliche Termin als etwas festlicher und anspruchsvoller gilt. Auch ist zu berücksichtigen, ein Empfang am Vormittag findet ziemlich automatisch gegen 13 Uhr sein Ende, während er am Nachmittag zuweilen recht zwanglos in ein abendliches Zusammensein übergehen kann. Das ist besonders dann von Bedeutung, wenn sich an dem Empfang im großen Kreis noch ein Essen in kleinerer Runde anschließen soll. Oft geschieht das ja bei Hochzeiten, Jubiläen und ähnlichen Festen.

Der Empfang erfordert eine offizielle schriftliche Einladung, mindestens zwei Wochen im voraus. Im Text sollte auch das festgesetzte Ende angegeben sein. Selbstverständlich müßte es eigentlich sein, daß der spezielle Anlaß nicht fehlt, ist es aber nicht. Manche Einlader scheuen aus falsch verstandener Bescheidenheit entsprechend konkrete Hinweise. Sie übersehen dabei, wie peinlich es für uneingeweihte Gäste ist, wenn sie erst an Ort und Stelle erfahren, daß hier ein 70. Geburtstag, die Verleihung eines hohen Ordens oder ein verdienter Jubilar gefeiert wird. Die Garderobevorschriften richten sich nach der Tageszeit und dem festlichen Rang des Ereignisses.

Viele Empfänge werden, weil der Anlaß es erfordert, mit einer Begrüßungsansprache oder einer Laudatio und einer kurzen Entgegnung des Dankes eingeleitet. Für die Eingeladenen bedeutet das die Verpflichtung zum pünktlichen Erscheinen – im Gegensatz zur Cocktailparty, wo man kommt und geht, wie es einem beliebt.

In diesem Zusammenhang noch zwei Tips für Gäste. Erscheint ein Geschenk angebracht, so ist es entschieden eleganter, das Präsent vorher durch das entsprechende Geschäft oder einen Taxifahrer abliefern zu lassen, als sich mit einem Riesen-Bukett oder »Freßkorb«, nach dem Gastgeber suchend, durch die Menge zu drängen. Zum anderen sollte man wissen, daß es bei einem größeren Empfang nicht notwendig und oft auch

gar nicht möglich ist, daß der Veranstalter alle seine Gäste persönlich begrüßt. Deshalb legt er am Eingang ein Gästebuch aus, in das sich jeder Ankommende einträgt. Bei Empfängen von hochoffiziellem Charakter hat das Gästebuch sozusagen protokollarische Bedeutung. Würdenträger und Leute mit vielen gesellschaftlichen Verpflichtungen können oft nur kurz erscheinen, sie hinterlassen ihren dekorativen Namenszug und verschwinden bald wieder. Mehr wird von ihnen auch nicht erwartet. Hauptsache, sie haben der Höflichkeit Genüge getan. Bei Empfängen mit weniger offiziellem Charakter dient das Gästebuch zumindest als Gedächtnisstütze: wer war da? Bei wem muß ich mich bedanken oder eventuell revanchieren? Darüber hinaus sind die Eintragungen natürlich auch eine nette Erinnerung für später.

Zum Thema »Was bietet man an?« will ich einmal eine vereinfachende Formel riskieren, für die es allerdings wieder Ausnahmen gibt: je offizieller der Empfang, desto bescheidener die Bewirtung! Ist ja auch ganz einleuchtend. Denn angenommen, unser Bundespräsident oder der schwedische König oder der Schah von Persien laden mich anläßlich eines Staatsfeiertags zu einem Empfang ein, dann haben sie mir damit und mit ihrer höchstpersönlichen Gegenwart schon genügend Ehre erwiesen. Dann brauchen sie sich nicht noch durch besondere Üppigkeit in Speis und Trank bei mir hervorzutun. Wenn andererseits ein Filmverleih anläßlich der Premiere eines neuen Streifens oder ein Kaufhaus anläßlich der Eröffnung einer neuen Filiale einen Empfang gibt, dann wollen solche Unternehmen verständlicherweise eine günstige Stimmung für sich erzeugen, müssen also auch entsprechend mehr bieten. In der Mitte zwischen diesen beiden Extremen dürften sich Empfänge im Rahmen einer Hochzeit, eines hohen Geburtstags, eines Dienstjubiläums halten. Bei denen wird eine gute Bewirtung wohl geschätzt, aber die Geladenen wer-

den sie nicht zum alleinigen Maßstab für die Qualitäten der zu feiernden Person machen.

Gewissermaßen als Normalausstattung an Getränken würde ich vorschlagen: einen trockenen Sherry, einen Martini-Cocktail, ein Glas Sekt, einen Orangensaft, die beiden letzteren auch gemischt. Dazu vielleicht noch einen Tomatensaft mit Selleriesalz und schönes, frisch gezapftes Pils, das ja schon längst gesellschaftsfähig ist. Bei den Empfängen am späten Nachmittag kann man auch Wein – weißen und roten – reichen. Das ist vor allem dann üblich und angebracht, wenn der Empfang in einer Weinlandschaft gegeben wird oder in einer weinnahen Region. So kann ich mir einen offiziellen Empfang in Stuttgart kaum ohne die ebenso begehrten wie außerhalb des Landes seltenen Württemberger Weine, desgleichen in Wiesbaden ohne Rheingauer kaum vorstellen. Denn immer ist ja auch etwas Stolz mit im Spiel: so etwas Gutes wächst hier bei uns!

Zum Essen, besser, zum Knabbern und Beißen werden vorzugsweise Sandwiches gereicht oder, wenn es eleganter sein soll, Kanapees, also kleine Brothäppchen mit interessantem Belag, zum Beispiel Gänseleber, Lachsschinken, Räucheraal, Hummerfleisch, Roastbeef und ähnlichem. Zu geeigneten Anlässen (das kann man nicht immer machen) schlage ich auch eine etwas deftigere Kost vor, nämlich schlichte Hausmacher-Brote, die mit grober Leberwurst, grober Mettwurst, gehacktem Schinken oder Schweinebraten belegt und gar nicht weiter dekoriert sind. Das wirkt natürlicher, weniger kostspielig und wird auch von vielen Leuten bevorzugt. Beim Vormittagsempfang sollte man es auf alle Fälle dabei bewenden lassen. Bei Empfängen dagegen, die sich vom späten Nachmittag in den Abend hineinziehen, darf man ruhig auch etwas kompakter werden. Denn der Gastgeber kann damit rechnen, daß nicht wenige seiner Gäste mit gutem Appetit kommen und durchaus geneigt sind, auf seine Kosten das Abendessen einzusparen. In solchen Fällen empfehle ich gern, was man in meiner Branche den warmen kombinierten Cocktail nennt. Das sind gewissermaßen Miniaturgerichte, die in kleinen Steingut-Töpfchen – wir in München sagen »Haferl« dazu – gereicht werden. Beispiele: kleine Fleischbällchen in einer Sauce, ausgelöste Krebse im Wurzelsud, kleine Schnitzel in einer Kräutersauce, Kalbsgeschnetzeltes mit Rösti, Entenbrüstchen mit Semmelknödeln, kleine Lammkoteletts mit Minzesauce, Nürnberger Bratwürstl, englische Hochrippe in Würfeln mit einer Sauce Béarnaise . . . Ich könnte noch viele dieser Gerichte aufzählen. Denn im Grunde kann man jedes »normale« Essen in der Miniaturausgabe anrichten und in einem Töpfchen mit Spieß oder Zahnstocher servieren. Und der Gast kann es mit viel Vergnügen sowie ohne Umstände im Stehen essen. Das Ganze ist natürlich auch eine Preisfrage, es gibt mehr und weniger aufwendige Gerichte unter diesen »Haferl-Menüs«. Doch wer sich dazu entschließt, der sollte seinen Gästen auch eine genügende Auswahl bieten können. Denn gerade die Abwechslung bringt ja den speziellen Spaß mit sich.

Abschließend noch ein paar Tips für Gastgeber, die ihren Empfang doch im eigenen Haus geben wollen: laden Sie ruhig etwas mehr Leute ein, als Sie theoretisch unterbringen können. Denn sie werden höchstens eine Viertelstunde lang, wenn überhaupt, alle gleichzeitig anwesend sein. Ein Empfang ist ein Steh-Empfang. Sparen Sie den Platz für Sitzgelegenheiten, es sei denn, Sie erwarten besonders ehrwürdige oder betagte Gäste. Sorgen Sie für genügend Aschenbecher und Abstellfläche (bei empfindlichem Holz mit Tischtüchern). Wenn Sie Ihren Empfang nicht einem Party-Dienst übertragen wollen, brauchen Sie gute und eifrige Hilfskräfte zum Anbieten. Zwei wichtige Funktionen werden dabei meistens vergessen: eine Garderobenfrau mit gutem Gedächtnis und eine Kraft zum Gläserspülen. Sie glauben gar nicht, wie schnell in der Kleiderablage ein totales Chaos und bei den Gläsern ein hoffnungsloser Engpaß entstehen kann, wenn Sie diese beiden neuralgischen Punkte vernachlässigen!

Feine, warme Cocktailspießchen

Entenbrust mit kleinen Kartoffelknödeln
Ente braten und auslösen. Kleinste Kartoffelknödelchen in Salzwasser kochen. Die Entenbrust in kleine Stücke schneiden, mit Sauce übergießen und darauf einen Knödel spießen.

Kartoffelpuffer mit Räucherlachs und Apfelmeerrettich
Kleinste Kartoffelpuffer backen und mit einer aufgerollten Scheibe Lachs belegen. Geriebenen Meerrettich mit geriebenem Apfel mischen und auf den Lachs geben.

Gefüllte Backpflaumen mit Speck
Backpflaumen aufschneiden und entkernen. Mit pikanter Hackmasse füllen und mit einer Scheibe durchwachsenem Speck umwickeln. Bei geringer Hitze in der Pfanne braten.

Kleine Rinderrouladen in Rotweinsauce
Kleine Fleischscheiben mit Senf, Salz und Pfeffer würzen. In die Fleischscheiben gedünstete Zwiebelringe, Gewürzgurke und fetten Speck einrollen. Die Rouladen anbraten, mit Rotwein ablöschen und so lange immer wieder einkochen, bis eine dunkelbraune Sauce entsteht. Die Roulade garschmoren, mit etwas Sauce übergießen und anrichten.

Nachfeiern

Alle guten Dinge nehmen einmal ein Ende. Nicht so ein rundes Fest. Da finden wir, wenn's schön war, immer einige Gleichgesinnte, mit denen wir noch einmal den Faden der Party dort aufnehmen können, wo wir ihn in der Nacht zuvor liegengelassen haben.

Zunächst aber ist das eigentliche Fest für uns noch nicht zu Ende. Wenn der letzte Gast gegangen ist, versuchen wir die größte Unordnung, die auch und gerade das lustigste Fest hinterlassen hat, zu beseitigen. Vor allem räumen wir die Speisen und Getränkereste so weg, daß sie am nächsten Tag noch gegessen und getrunken werden können. Für erfahrene Hausfrauen – und das sind nicht von ungefähr auch meistens die sparsamsten – bedeutet das kein Problem. Darum will ich hier darüber auch nicht viele Worte verlieren. Da es erfolgreicher Partystrategie entspricht, immer mehr vorzubereiten, als ich voraussichtlich brauche, habe ich auch meistens für eine kleine Nachfeier immer noch genug zu essen und zu trinken. Und da bei einem Fest auch fast immer besonders gute Dinge auf den Tisch kommen, kann man sie meistens auch am folgenden Tag noch einmal servieren. Und weil mir nun einmal Essen und Trinken in Gesellschaft besser schmeckt, so lade ich mir oft Gäste, engste Verwandte, liebste Freunde, zu einer Nachfeier ein.

Am nächsten Morgen – die meisten Feste werden ja am Sonnabend gefeiert – veranstalten wir ein kombiniertes Frühstück und Mittagessen, in der Partysprache, ein Brunch. Natürlich müssen wir uns schon noch einmal besondere Mühe geben mit dem Zubereiten beziehungsweise Herrichten der Speisen. Nach dem Motto: »Alter Witz, gut erzählt, wirkt wie neu.« Besonders aufmerksam wird es sicherlich aufgenommen, wenn Sie hierzu Freunde laden, die sich zu der eigentlichen Feier mit guten Gründen entschuldigen mußten.

Ich rate ja immer, während einer Party weniger an Fleisch, Wurst, Käse oder Brot aufzuschneiden, als unmittelbar gegessen wird. Das ist nicht nur für das Fest nützlich. Die Speisen bleiben so frischer und ansehnlicher. Nein, spätestens bei der Nachfeier wird es sich doppelt auszahlen. Die Lebensmittel werden nicht ausgetrocknet sein und immer noch einen frischen Eindruck machen. Und über die Delikatesse eines kalten Spanferkels, eines Wild- oder auch Geflügelbratens brauche ich ja sowieso nicht viele Worte zu verlieren.

Wenn Sie von den einzelnen Gerichten – und auch Getränken – zu wenig über behalten, um alle Nachfeierer beglücken zu können, würde ich die Portionen auslosen. Das ist gerecht, und wenn der eine oder andere mit seinem Los nicht zufrieden ist, kann er seine Partie ja mit dem einen oder anderen tauschen. Nach dem Motto: ein Hühnerschenkel und ein Käsehappen gegen ein Stück Roastbeef. Ähnlich kann man auch mit den Getränken verfahren.

Vorschläge für eine Nachfeier zu geben, ist wohl müßig. Sie ist ja gewissermaßen eine Fortsetzung des vorangegangenen Abends. Und das nicht nur im Kulinarischen. Ja, sicher werden auch Gesprächsthemen noch einmal aufgegriffen. Eine unserer liebsten Beschäftigungen ist ja das »Nachtarocken«. Eigenartig, daß unsere Sprache dafür nur einen bayerischen Ausdruck kennt. Wo doch diese liebe Gewohnheit, noch einmal etwas durchzunehmen, in ganz Deutschland verbreitet ist. Was lesen wir alle in der Zeitung am liebsten? Kaum das, was in der weiten Welt geschieht, sondern das, was wir vor unserer Haustür erlebt haben. Über die Politik um unseren Kirchturm, über das Fußballspiel, das wir selbst gesehen haben, wollen wir noch einmal lesen. Und eben das hat etwas mit »Nachtarocken« zu tun. Und so lassen wir alle Diskussionen der vergangenen Nacht noch einmal Revue passieren. Die interessantesten Themen, die besten Pointen und Witze werden noch einmal in Erinnerung gerufen. Und es spricht für die Güte der Party, die wiederum von der Qualität guter Gäste lebt, wenn sie noch einmal Unterhaltungsstoff für Stunden gibt.

Lassen Sie uns noch einmal zusammenfassen, was eine Party zu einem Fest macht, das das höchste Lob der Beteiligten »schön war's!« erfährt: Gastgeber sein, bedeutet Verpflichtung, denn ich muß um das Glück meiner Gäste besorgt sein, solange diese unter meinem Dach weilen. Diese Forderung stellte der französische Schriftsteller Brillat-Savarin, das geistige Oberhaupt aller Gourmets, in seinem unsterblichen Werk »Physiologie des Geschmacks« auf. Das bedeutet in der Paxis, ein Fest, eine Party, ich kann das nicht oft genug betonen, muß sehr sorgfältig geplant, vorbereitet und ausgeführt werden. Nicht zuletzt deshalb hat sich in den letzten Jahrzehnten ein neuer Beruf, mein Beruf des Partyspezialisten, entwickelt. Je ernster Sie eine solche Aufgabe angehen, um so eher wird auch Ihre Festlichkeit zu einem Erfolg werden. Fühlen Sie sich mit Ausnahme feststehender Familien- oder Kalenderfeiertage nie zu einem Fest verpflichtet, wenn Ihnen nicht danach zumute ist. Und wenn Sie monatelang nicht feiern! Nach Beantwortung der Frage, welches Fest ich feiern will, überlege ich als nächstes: welche Gäste lade ich mir ein? Die Antwort lautet ganz simpel: nur sympathische Leute! Ich weiß, das sagt sich so leichthin. Aber im

Laufe der Zeit lernt man ja seine Pappenheimer kennen. Ganz wichtig ist die Mixtur. Vermeiden Sie, immer wieder nur dieselben Personen einzuladen, die Mitglieder Ihres Vereins, Ihres Büros, Ihre Nachbarn. Das wird allen Beteiligten auf die Dauer langweilig. Vergessen Sie auf keinen Fall einige schöne Frauen. Eifersüchtige Ehefrauen verleihen einer Party eine prickelnde Atmosphäre, die Sie durch noch so gute unterhaltende Gags kaum erzielen können. Und beziehen Sie so oft wie möglich Ihre Kinder – vorausgesetzt, sie sind alt genug – in die Einladung ein. Auch das belebt die Gesellschaft.

Lassen Sie mich auch noch ein Wort verlieren über ein Übel, das leider hin und wieder eintritt. Das ist der angetrunkene Gast. Nehmen Sie ihn so lange

RESTEPARTY

Tiroler Geröstel mit Schnittlauchrührei
Zwiebelscheiben mit Butter in der Pfanne dünsten. Übriggebliebenes Fleisch in Streifen schneiden, mit Salz und Pfeffer würzen und in die Pfanne geben. Gekochte Kartoffeln in Scheiben dazugeben und mit in der Pfanne braten. Die Eier aufschlagen und mit geschnittenem Schnittlauch zum Fleisch geben. Locker verrühren, bis das Ei gestockt hat. Mit gemischtem Salat servieren.

Würzige Käsehappen
Übriggebliebenen Weichkäse mit einer Gabel zerdrücken. Weiche Butter, Salz, Paprikapulver, gewürfelte Zwiebeln und Kümmel dazugeben und gut vermischen. Mit einem Eßlöffel portionieren und mit Radieschenscheiben servieren.

wie möglich nicht zur Kenntnis. Vermeiden Sie auf jeden Fall Streit mit ihm. Das würde die Situation nur noch unangenehmer machen. Am besten ist es, ihn mit Hilfe eines Freundes nach Hause oder zumindest in ein Taxi zu schaffen. Und wenn Ihnen das mit derselben Person mehr als einmal passiert und, vor allem, wenn er einer jener Zeitgenossen ist, die dann immer Streit anfangen müssen, überlegen Sie, ob Sie ihn nicht besser aus Ihrer Partyliste streichen. Gott sei Dank sind solche Personen selten anzutreffen. Zumal von einer gut angelegten Party sich doch jeder so beeindruckt fühlt, daß er sich zusammennimmt.

Nehmen Sie Äußerliches nicht zu leicht. Ihre Party lebt ebenso vom festlichen Rahmen Ihrer Räume wie von der passenden Kleidung aller Anwesenden. So wie man mit einem dunklen Anzug auf der Kartoffelparty leicht overdressed ist, so unpassend erscheint ein Jeans-Anzug auf einer festlichen Veranstaltung.

Und der Satz, man benimmt sich so, wie man gekleidet ist, muß nicht bedeuten, im Smoking oder im Abendkleid könne man nicht lustig sein. Schmücken Sie Ihre Räume mit der jeweils angebrachten festlichen oder fröhlichen Dekoration. Damit signalisieren Sie Ihren Gästen, was sie erwartet, und fordern zum Mitmachen auf. Vergessen Sie nicht: nur mit Lichtern, mit Lampen, Punktstrahlern und mit Kerzen können Sie schon sehr viel an Atmosphäre zaubern.

Bemühen Sie sich, sich zwanglos zu geben. Förmlichkeit und Steifheit ziehen schon lange nicht mehr. Geben Sie sich locker. Das steckt an. Ohne Fröhlichkeit läuft nichts, nicht einmal der offiziellste Empfang.

63 910 Stunden unseres Daseins verbringen wir mit Essen und Trinken, errechnete eine kluge Frau und machte einen Beruf aus dieser Erkenntnis. Die Zahl, wieviel Stunden wir davon mit Feiern verbringen, würde mich mehr interessie-

ren. Denn sie erst würde etwas aussagen über die Qualität unseres Lebens. Je öfter wir ein Fest aus der Nahrungsaufnahme machen, um so lebenswerter ist es. Denn die Freuden an der Tafel sind nur menschlichen Wesen bekannt.

Bemühen Sie sich, so oft wie möglich Mahlzeiten von der Jahreszeit bestimmen zu lassen und nicht von der Kühltruhe. Zwar verlieren durch die Haltung in derselben nur wenige Nahrungsmittel. Aber Lebensmittel, die zu »ihrer« Jahreszeit, das heißt, dann, wenn sie geerntet worden sind, verspeist werden, schmecken einfach besser. Ausnahmen, die diese Regel bestätigen, sollten Ausnahmen bleiben. Übernehmen Sie sich auch nicht mit Ihren Mahlzeiten. Kochen und braten Sie nur, was Sie wirklich beherrschen. Man wird nicht Ihre Absicht, sondern nur Ihren Erfolg honorieren. Die liebevolle Zubereitung ist wichtiger als die teure Grundlage.

Wenn irgend möglich, feiern Sie in Ihren eigenen vier Wänden. Nur dort erhält Ihre Party Ihre unverwechselbare Ausstrahlung.

Partygeben hat etwas mit dem Show Business zu tun. Sie müssen sich als Schauspieler und als Regisseur zugleich produzieren. Und deren Talente schlummern ja in jedem Menschen. Sollten Sie jedoch glauben, auf diesem Felde völlig unbegabt zu sein, dann zeigen Sie Ihre Stärke als Koch, als Bühnenbildner und treten vor den damit geschaffenen Werken in den Hintergrund zurück.

Und wenn Sie sich sicher fühlen und einen unverwechselbaren Stil für Ihre Partys entwickelt haben – das beste Kriterium dafür ist, wenn Ihre Gäste gern zu Ihnen kommen –, dann vergessen Sie alle meine Ratschläge. Denn es gibt kein sehr starres Reglement, wie Feste und Partys abzulaufen haben. Dann mixen Sie ruhig meine Vorschläge mit eigenen Ideen zu einem neuen Cocktail, den nur Sie servieren können.

Register

Die nachstehenden vier Rubriken des Registers sollen Ihnen helfen, die für Ihre Partys und Feste wichtigen Informationen und Anregungen zu finden. »l« nach der Seitenzahl bezeichnet die linke Spalte, »r« die rechte.

So finden Sie Einzelheiten

282

So finden Sie Ideen und Tips

So finden Sie Käfers Rezepte

Übrigens, es gibt noch mehr Partys und Feste

Wie und welche Partys und Feste zu welchen Gelegenheiten gefeiert werden, bleibt mehr oder weniger der individuellen Entscheidung jedes einzelnen überlassen. Der Phantasie sind dabei kaum Grenzen gesetzt. Es ist auch oft empfehlenswert, verschiedene Partyformen miteinander zu mischen. So lassen sich auch völlig eigene Feste gestalten.

Atelierfest
Faschings- oder Karnevalsparty in einem Künstleratelier oder in einer Privatwohnung, die als Atelier ausgestaltet worden ist (siehe S. 116).

Barbecue
Eine Party, bei der ein am Spieß gebratenes Tier, meistens ein Spanferkel, Mittelpunkt des Mahls ist. Das Wort ist ein von den Amerikanern aus dem Französischen verballhorntes Wort. »Barbe à queue« = vom Maul bis zum Schwanz (siehe S. 145).

Beatparty
Teenager- und Twenparty, bei der, meistens des zu erwartenden Lärms wegen im Keller, mehr getanzt als gegessen und getrunken wird (siehe S. 76).

Bierparty
Ein Fest, bei dem neben dem Gerstensaft auch dazu passendes deftiges Essen geboten wird (siehe Frühschoppen S. 132).

Brotzeitparty
Frühstücksveranstaltung ähnlich dem Frühschoppen (siehe S. 132).

Dämmerschoppen
Zusammenkunft von Freunden und Bekannten zwischen dem Arbeitsschluß und dem Abendessen oder zu entsprechender Zeit (siehe Vesper S. 234).

Do-it-yourself-Party
Modische Umschreibung für Küchenparty, bei der sich jeder etwas kocht oder brät, gegebenenfalls mit mitgebrachten Zutaten (siehe S. 186).

Fiesta Mexicana
Eine Party, die sich, wie der Name verrät, um mexikanische Folklore, Musik und nicht zuletzt Rezepte und Getränke dreht.

Fondue-Party
Eine Party um das schweizerische Nationalgericht. Vor allem Fleisch und Käse werden aus dem Fonduetopf gegessen. Ideale Gästezahl 6 (siehe Abendessen S. 80).

Fünfuhr-Tee
Klassische Nachmittagseinladung (siehe Damenparty S. 112).

Gabelfrühstück/Sektfrühstück
Beim Gabelfrühstück wird auch warmes Essen, beim Sektfrühstück eben nur Sekt als Getränk gereicht.

Grillparty
Mittelpunkt dieser Party ist der Grill. Gefeiert wird sie überall dort, wo sich ein solcher aufstellen läßt (siehe Gartenparty S. 141, Bootsparty S. 91).

Hausball
Ein Fest, bei dem das Vergnügen am Tanzen Hauptbeschäftigung ist (siehe S. 219).

Jourfix
Ein ein für allemal festgesetzter Tag, an dem immer wieder dieselbe Veranstaltung, zum Beispiel eine Damenparty, ein Dämmerschoppen oder ein Saunaabend, stattfindet.

Kaffee-Einladung
Weniger fein ausgedrückt, Kaffeeklatsch, weil dabei sehr gern mit spitzer Zunge diskutiert wird. Da die Kaffee-Einladung meistens nachmittags und nur unter Damen stattfindet, eine Damenparty (siehe S. 112).

Katerfrühstück
Morgenimbiß, der die Folgen zu ausgiebigen und zu alkoholischen Feierns mit Tee, Kaffee, Obstsäften, Milch, gekochten Eiern, gekochtem Schinken und Saurem vertreiben soll.

Picknick
Schon unsere Altvorderen kannten diese Krönung eines geselligen Ausflugs: Essen und Trinken im Grünen (siehe Boots- und Strandparty S. 91).

Schauer-Shower
Diese Idee haben wir auch von den Amerikanern. Eine Party, bei der eine Ehrenperson mit Geschenken überschüttet wird. Am verbreitetsten die Verlobungsschauer (siehe S. 31).